Poétique des textes

Collection créée par Henri Mitterand

Jean Milly

Professeur émérite à l'université Paris 3 Sorbonne Nouvelle

Poétique des textes

2e édition

ARMAND COLIN

Du même auteur

Proust et le style, Paris, Minard, 1970 ; rééd. Genève, Slatkine, Reprintz, 1991.
Les Pastiches de Proust, édition critique et commentée, Paris, A. Colin, 1970.
La Phrase de Proust, Paris, Larousse, 1975 ; rééd. Champion, 1983.
Édition d'*À la recherche du temps perdu*, G.-F., Flammarion (1984-1987) :
— présentation générale (*Du côté de chez Swann*) ;
— présentation, établissement et annotation de *La Prisonnière* et de *La Fugitive*.
Proust dans le texte et l'avant-texte, Paris, Flammarion, 1985.
La longueur des phrases dans « Combray », Paris-Genève, Champion-Slatkine Reprints, 1986.
Édition intégrale d'*Albertine disparue*, Paris, Champion, 1992.
Édition critique et génétique de Marcel Proust, *L'Affaire Lemoine, pastiches* (réédition des *Pastiches de Proust*), Genève, Slatkine Reprints, 1994.
Proust, Combray (analyse), Paris, Nathan, coll. « Balises », 1994.
Co-édition avec Rainer Warning de *Marcel Proust : écrire sans fin* (collectif), Paris, CNRS, coll. « Textes et manuscrits », 1996.

Dans la même collection

M. Patillon, *Éléments de rhétorique classique*, 1990.
P. Lane, *La Périphérie du texte*, 1992.
J.-M. Adam, *Les Textes : types et prototypes*, 1992.
J.-M. Adam, A. Petitjean, *Le Texte descriptif*, 1992.
B. Valette, *Esthétique du roman moderne*, 2e éd. 1993.
A. Bouillaguet, *La Didactique à l'oral du CAPES de Lettres modernes*, 2e éd., 1994.
J.-M. Adam, *Le Texte narratif*, 1994.
N. Toursel, J. Vassevière, *Littérature : textes théoriques et critiques*, 2e éd., 1994.
M. Patillon, *Précis d'analyse littéraire*, t. 1 : 2e éd., 1995 ; t. 2 : 2e éd., 1997.
A. Bouillaguet, *L'Écriture imitative. Pastiche, parodie, collage*, 1996.
Y. Baudelle, J. Deguy, C. Leroy, P. Renard, D. Viart, *Dissertations littéraires générales*, 1996.
J. Kokelberg, *Les Techniques du style*, 3e éd., 1996.
P. Jourde, P. Tortonese, *Visages du double. Un thème littéraire*, 1996.
J. Rohou, *Les Études littéraires. Guide de l'étudiant*, 2e éd., 1997.
J.-M. Adam, M. Bonhomme, *L'Argumentation publicitaire. Rhétorique de l'éloge et de la persuasion*, 1997.
J.-J. Vincensini, *Motifs et thèmes du récit médiéval*, 2000.
C. Chelebourg, *L'Imaginaire littéraire*, 2000.
F. Berthelot, *Parole et dialogue dans le roman*, 2001.
F. Dugast-Portes, *Le Nouveau Roman*, 2001.

Internet : http://www.armand-colin.com
ISBN 978-2-200-35406-0

Avant-propos

La lecture, c'est d'abord — ou ce devrait être — la recherche d'un plaisir. Lecture-évasion, hors des limites et des contraintes du quotidien. Lecture-découverte, qui enrichit notre connaissance et, indirectement, notre expérience. Lecture-participation, mobilisation, en pour ou en contre, de notre affectivité et de nos énergies psychiques. Se laisser porter et emporter, à l'écart de l'écran fascinateur de nos télévisions. Avec, en prime, la possibilité de nous arrêter, de revenir en arrière, de fermer le livre, de l'abandonner. Bel exercice de liberté, déploiement du goût, excitation de l'appétit, « fêtes de la faim », dirait Rimbaud ; primauté au régal, aux œuvres sur le commentaire. Et cela est bon.

Puis arrive un moment où le lecteur, devenu capable d'objectiver ses lectures, voit en elles des fictions, ou même des objets d'art, perçoit et interroge leur fonctionnement, soupçonne derrière les livres tout un travail habile de fabrication à partir de matériaux spécifiques comparables aux couleurs des peintres, à la pierre et au bronze des sculpteurs, aux sons et aux mesures de la musique. C'est le moment où il va découvrir que la littérature fait appel à un savoir et à un savoir-faire, encore flous à ses yeux, mais qui ne lui semblent pas fondamentalement différents de ceux que nécessite son langage quotidien, puisqu'il comprend et aime les livres. Il est alors au seuil d'une réflexion sur les techniques et les procédures générales de l'écriture littéraire, c'est-à-dire de la poétique. Activité à deux versants : celui, créatif, de l'écrivain, et celui, plus analytique, du lecteur et du critique.

Tout texte, littéraire ou non, est mise en œuvre du langage, son matériau propre. Mais ce n'est pas tout, car il se situe à un carrefour complexe de relations : entre la langue, qui est un système social de communication, et l'intention individuelle de l'auteur ; entre l'ensemble de signes (lettres, mots, phrases) qui le constitue, et les capacités réceptives du lecteur ; entre lui-même et les conditions extérieures (matérielles, sociales, historiques) de son émission et de sa réception ; entre son message et celui d'autres textes antérieurs.

D'une manière générale, dans la vie quotidienne, un texte vise d'abord à une action sur son destinataire : le convaincre, le séduire, le prier, l'informer, le commander, etc. Mais dans certains cas il tend, partiellement ou totalement, à être pris lui-même comme objet d'intérêt. Le saisir n'est alors pas seulement s'ouvrir à des actions pratiques, mais s'arrêter à lui, voire l'admirer dans sa forme et son fonctionnement, comme agencement remarquable de motifs ou modèle idéal dans lequel insérer sa propre expérience. C'est ainsi que certains textes à visée pratique (des harangues judiciaires ou politiques comme, dans l'Antiquité, celles de Démosthène et de Cicéron ; des histoires comme celles d'Hérodote, de Thucydide, de Tite-Live ou de Tacite ; des textes polémiques comme les satires de Juvénal ; un journal de campagne comme *La Guerre des Gaules* de Jules César ; un poème de louange à la gloire d'Auguste comme l'*Énéide* de Virgile — pour prendre tous ces exemples aux sources de notre civilisation, mais on pourrait en trouver de plus proches dans les lettres à sa fille de Mme de Sévigné, dans les pamphlets que sont les *Provinciales* de Pascal, dans l'apologie religieuse que sont ses *Pensées*, dans les oraisons funèbres de Bossuet, dans le traité de politique qu'est *Le Contrat social* de Rousseau, dans le *Dictionnaire philosophique* de Voltaire) finissent par être reçus, dès l'abord ou avec le recul du temps, à la fois comme des modèles dans leur genre pratique et des œuvres à admirer en elles-mêmes.

Ces textes exemplaires nous sont connus grâce à l'institution littéraire, qui s'est établie peu à peu au cours de l'histoire, et que caractérisent un circuit de production (auteur, correcteur, éditeur, imprimeur), un circuit de distribution et de conservation (éditeur, libraires, bibliothèques), et un circuit de commentaire et de diffusion (critique, enseignement, média). Les frontières entre la littérature et la non-littérature sont parfois fluctuantes : tout ce que vendent les libraires n'est pas reconnu comme littéraire (livres d'art, de recettes, de technologie), certains types d'ouvrages ont un statut intermédiaire ou marginal (la littérature de colportage, le roman « de gare », la bande dessinée), d'autres un statut variable selon les époques (l'*Histoire de France* de Michelet n'est plus aujourd'hui considérée que comme un ouvrage littéraire, en regard des histoires modernes), d'autres un statut variable à l'intérieur d'une même catégorie (le journal intime à destination personnelle ou familiale se distingue du *Journal* de Gide, ou de celui d'Anne Frank).

Je m'intéresserai ici, tout en étant conscient de cette ambiguïté, parfois, de leur statut, aux textes reconnus actuellement comme littéraires. Mon propos est précisément d'analyser ce qui les rend, dans le meilleur sens du terme, littéraires, c'est-à-dire susceptibles d'être des objets de contemplation. (Remarquons en passant, à ce propos, que bien des textes élaborés à d'autres fins présentent aussi des caractères communs avec les textes littéraires : par exemple des annonces publicitaires, des discours politiques.) Les particularités littéraires relèvent d'un **faire** de leur auteur, d'une *poïétikè tekhnè* (technique de fabrication) selon la formule des Grecs, d'une **poétique** au sens où l'entendait Valéry. Si tous les écrivains ne sont pas des passionnés du dictionnaire ni des ouvrages de rhétorique ou d'art poétique, ils suivent tous, pour susciter le regard attentif du lecteur, des procédés et des règles qui ne sont que partiellement spontanés, et plutôt hérités de modèles et d'usages propres à chaque genre.Leurs ouvrages sont construits selon un certain nombre de formes générales, inévitables (comme la chronologie, les personnages d'un récit), qu'ils adaptent chacun à sa manière.

Mon but est de décrire ces formes générales : leur connaissance conditionne une compréhension en profondeur des textes, une perception de la technique des écrivains. Je m'appuierai sur des connaissances élémentaires en linguistique et en sémiotique, que je rappellerai préalablement. Sans verser inutilement dans le jargon, j'utiliserai certaines notions maintenant bien établies, en empruntant (et en définissant) leur terminologie lorsque nécessaire. L'enseignement littéraire a beaucoup été accusé de verser dans la subjectivité, dans l'à-peu-près ou le n'importe quoi. Ce n'est certes pas un enseignement scientifique, et les modèles intellectuels ne peuvent être les mêmes. Mais il peut et doit faire preuve de rigueur dans les concepts et de fermeté dans les analyses.

La poétique des textes ici présentée ne recouvre pas à elle seule toute l'étude de la littérature. Elle aborde peu l'aspect thématique, elle n'entre pas dans la description historique, ni dans celle du discours particulier de tel ou tel écrivain. Il lui faut cependant permettre de déboucher sur cette dernière, car la connaissance des formes n'a sa pleine justification que si elle permet l'évaluation et l'appréciation des œuvres singulières. Le dernier chapitre portera donc sur la notion de style, et évoquera la double orientation de la stylistique vers le général et vers les réalisations individuelles.

Première partie

Fondements des textes littéraires

Chapitre 1

La communication. L'énonciation. Éléments de pragmatique. La typologie des discours

À la base de tout art, nous trouvons un matériau (peinture, sons, matériaux de construction, etc.), une activité mentale qui s'y applique et le transforme, et une intention esthétique : décorer, faire beau, susciter la contemplation.

Le matériau peut être parfois admirable par lui-même (comme une pierre précieuse, un marbre), ou par fabrication (comme certaines couleurs de peinture ou de vitrail qui n'ont jamais pu être reproduites ensuite) ; mais toujours ce matériau se trouve pris dans un ensemble qui est lui-même le véritable objet d'admiration, toujours il participe à un échange intellectuel entre l'artiste et d'autres hommes. Ainsi l'objet d'art, y compris celui qui relève de l'art littéraire et se manifeste par le langage, est fait de signes et entre dans un système de communication.

Nous allons donc commencer par un aperçu général des notions indispensables à l'étude du langage et de la communication.

1. Le signe linguistique

Au début de notre siècle (1916), le Genevois Ferdinand de Saussure a fixé les bases de l'étude générale des signes ou **sémiologie**, et plus particulièrement celle des signes du langage. Il donne un certain nombre de définitions que nous utiliserons par la suite.

Un **signe** du langage est l'ensemble indissoluble formé par une image acoustique (dans le cas du langage oral) ou graphique (pour l'écrit), appelée **signifiant**, par la représentation mentale qui lui correspond, ou **signifié**, et par la relation qui les unit (relation de **signification**). Cette relation est dite arbitraire, car le signifiant ne représente pas analogiquement le signifié, comme le *Z* des panneaux de signalisation annonce des zigzags : par exemple le mot « table » en français n'est pas une illustration sonore ou graphique de l'objet qu'il évoque, pas plus que ce n'est le cas pour *mensa* en latin, *Tisch* en allemand, *tavola* en italien, qui désignent le même objet (le cas spécial des onomatopées, du type « plouf ! », est à mettre à part). Signifiant et signifié d'un même signe sont inséparables : Saussure les compare au recto et au verso d'une feuille de papier.

Chaque signe de la langue est délimité, sous l'aspect du signifiant comme sous celui du signifié, par les autres signes, à commencer par les plus proches : « table » se distingue de « fable » par le signifiant, et de « guéridon », ou « bureau », par le signifié.

La **langue**, instrument de communication entre les membres d'une même communauté, est formée par un ensemble limité de signes (vocaux à l'origine, puis également écrits) et par leurs règles de combinaison. Elle a un caractère social et général, distinct des variations individuelles ou de petits groupes d'usagers. C'est dire qu'elle est une abstraction, et elle est étudiée comme telle par la linguistique. Dans ses réalisations particulières et concrètes, elle prend le nom de **parole** ou d'**énoncé** (c'est ce dernier terme qui est plutôt retenu aujourd'hui, avec celui de *discours*, que nous retrouverons et qui s'applique à un énoncé développé). L'acte individuel par lequel la langue devient énoncé est appelé **énonciation** : cet acte est capital dans le domaine littéraire. Le terme de **langage** est plutôt appliqué à la faculté générale de communiquer par la langue.

Les signes sont donc les unités de base du langage, et des unités de diverses dimensions. Mais à tous les niveaux fonctionne la relation de signifiant à signifié. Le niveau qui nous est le plus familier est celui du **mot**, que nous avons utilisé dans les exemples précédents. Mais il est décomposable en une succession d'unités minimales de signifiants phoniques ou **phonèmes**. Le français moderne compte au total trente-six phonèmes. Ceux-ci représentent les plus petits segments prononçables ayant une valeur distinctive (c'est-à-dire grâce auxquels on peut distinguer des formes de mots différentes : le phonème initial distingue « table » et « fable », la voyelle centrale distingue « gare » et « guère »), cette valeur distinctive étant leur signifié. On distingue même, à un niveau encore inférieur, les **traits distinctifs** des phonèmes : ce ne sont pas, comme ces derniers, des éléments successifs de la chaîne parlée, mais ils sont associés à plusieurs simultanément pour constituer un phonème ; par exemple le phonème initial du mot « bon » comporte les traits distinctifs labial et sonore par opposition à l'initiale de « don » et à celle de « pont ».

Remarque : les caractères d'écriture, ou **graphèmes**, ne correspondent pas régulièrement à la prononciation. Pour noter la prononciation des mots ou des phonèmes, nous emploierons désormais, entre barres obliques, les symboles bien répandus de l'Alphabet phonétique international (API), dont le tableau figure à la page 261. Ce tableau est suivi de quelques notions indispensables sur les points et modes d'articulation, qui se révéleront précieuses pour l'étude de la poésie.

Au-dessus du mot existent des unités linguistiques supérieures, groupes de mots ou **syntagmes**, de dimensions variables et dont les éléments sont réunis par une même fonction grammaticale d'ensemble. Puis vient la **phrase**, unité qui intègre toutes les précédentes. Elle est constituée à la fois par plusieurs syntagmes en relation d'interdépendance (parfois, dans des cas particuliers, par un seul), et par une unité d'ensemble de signification ; elle est séparée des phrases voisines par des signes de démarcation forts : pause prolongée, décrochement de l'intonation (marqués à l'écrit, avec des variations individuelles parfois importantes, par un point suivi d'une majuscule). Au-dessus de la phrase se trouvent des unités encore plus vastes, dites **transphrastiques**, et l'on entre alors dans le domaine du **discours** (ce terme, très courant et très polysémique, est à utiliser avec prudence ; nous le retrouverons et le préciserons ultérieurement).

2. Paradigme et syntagme

Deux modes de fonctionnement de la langue sont identifiables. Selon le premier, un signe peut être substitué à un autre en vertu d'une identité ou d'une analogie (identité partielle) de signifié ou d'une identité de fonction grammaticale. Par exemple, dans « l'enfant chante », nous pouvons remplacer « l'enfant » par « la fillette », « la cantatrice », « l'oiseau », etc., qui présentent entre eux une analogie de signifié (la capacité de chanter), et une identité de fonction (sujet). L'ensemble des substituts possibles d'un signe est un **paradigme**. Dans la réalisation de la phrase, un seul terme d'un paradigme est retenu en un point donné, tout le reste du paradigme étant purement virtuel (ou encore restant, selon une formulation en latin utilisée par les logiciens, *in absentia*).

L'autre mode de fonctionnement de la langue est sa capacité d'associer les signes les uns après les autres, sans simultanéité (à la différence de la musique, par exemple, où les sons peuvent être simultanés dans les accords ou l'harmonie) et selon certaines règles de combinaison : ainsi les deux éléments de « l'enfant chante » se succèdent-ils dans un ordre imposé. Tous les signes de la langue forment, en se succédant, une chaîne parlée, ou écrite.

On représente, conventionnellement, les deux modes de fonctionnement par deux axes perpendiculaires. Celui qui symbolise, verticalement, les paradigmes, est appelé **axe paradigmatique** ou **axe des sélections** ou **axe des similarités**.

Celui qui symbolise, horizontalement, les séquences de signes réalisés, ou syntagmes, est appelé **axe syntagmatique** ou **axe des combinaisons** ou **axe des contiguïtés**.

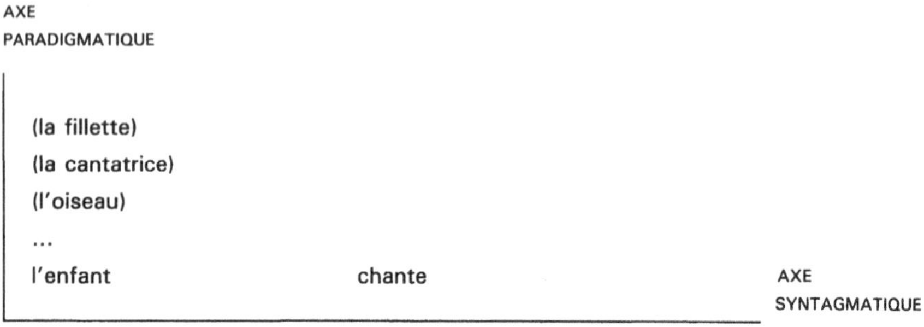

Le langage se développe nécessairement selon ces deux axes, qu'il s'agisse des signifiants, comme nous venons de le voir, ou des signifiés. Pour ces derniers, le sujet parlant passe mentalement d'un signifié (qui est de l'ordre du concept) à un autre, soit par similarité — et il rencontre alors les mots synonymes, approchants, apparentés, voire opposés par le sens —, soit par contiguïté (c'est-à-dire complémentarité) — et il passe alors du signifié d'« enfant » à celui de « chanter », « jouer », « rire », etc., quand il s'agit d'actions, à celui de « petit », « brun », « turbulent », etc., quand il s'agit de qualifications, ou à celui de « jouets », « école », « fantaisie », etc., s'il s'agit d'autres noms.

3. La communication et les fonctions du langage

La raison d'être du langage est l'accomplissement et le perfectionnement de la communication entre les êtres humains. Aussi est-il souvent représenté par ce schéma des pôles et facteurs de la communication linguistique que l'Américain Roman Jakobson a établi vers 1960 en s'inspirant de la transmission des messages par télécommunication :

CONTEXTE
(ou RÉFÉRENT)

DESTINATEUR ou ÉMETTEUR — MESSAGE — DESTINATAIRE ou RÉCEPTEUR

CODE

CANAL

Le **message** est constitué de signaux, c'est-à-dire, pour le langage, de signes linguistiques émis par le **destinateur** et reçus et déchiffrés par le **destinataire**.

Le **référent** est l'objet, ou l'ensemble d'objets, auquel renvoie le message.

Le **code**, commun au destinateur et au destinataire, est la liste et le mode d'emploi des signaux utilisés (comme l'alphabet Morse en télégraphie) : c'est donc ici la langue.

Le **canal** de la communication linguistique, c'est-à-dire son moyen matériel de transmission, est, selon les cas, phonique ou graphique.

À ces six pôles ou facteurs Jakobson fait correspondre six fonctions spécifiques du langage :

— la **fonction expressive** ou **émotive** consiste à manifester l'attitude de l'émetteur (joie, colère...) à l'égard de ce dont il parle ;

— la **fonction conative** est tournée vers le destinataire, pour agir sur lui : c'est la fonction manifestée, par exemple, par les apostrophes, l'impératif ;

— la **fonction phatique** sert à mettre en service le canal, c'est-à-dire à établir, prolonger, interrompre la communication. C'est le rôle de multiples expressions parlées, comme « alors », « eh bien », « voilà », « n'est-ce pas ? », etc. ;

— La **fonction référentielle** désigne les objets auxquels renvoie le message.

— la **fonction métalinguistique** consiste à expliciter les composants et le fonctionnement du code, ce qui est le rôle habituel des dictionnaires, des grammaires et ouvrages de linguistique (on appelle **métalangage** ce langage qu'ils tiennent sur le langage lui-même). Mais la langue courante mobilise aussi cette fonction dans les définitions, les appositions, l'usage des synonymes, des gloses et des commentaires ;

— la **fonction poétique**, que d'autres ont proposé plus tard d'appeler **fonction stylistique**, réside dans la mise en relief du message pour lui-même, dans sa propre forme, et indépendamment de la visée informative, qui relève de la fonction référentielle, et de la fonction conative. Le message cesse alors d'être un simple véhicule pour être considéré comme un objet propre d'intérêt. Malgré son nom, la fonction poétique n'est pas réservée à la poésie mais apparaît dans toutes les formes de langage, à commencer par les effets de répétition, d'insistance, les retours de sonorités, les expressions imagées.

4. Compléments au schéma de Jakobson

Ces fonctions du langage sont en général associées dans tout énoncé, mais leur importance relative varie d'un type d'énoncé à l'autre. Le tableau de Jakobson doit cependant être développé dans deux directions, qu'il laisse dans l'imprécision.

4.1. L'énonciation

L'énonciation est « la mise en fonctionnement de la langue par un acte individuel d'utilisation » (Émile Benveniste : 1970). L'accent est mis sur l'individu parlant (appelé encore **locuteur**), sur son rapport au monde au moment où il parle, et sur le fait que toute parole repose sur un schéma de dialogue entre un locuteur et un **allocutaire**, qui peuvent en principe échanger leurs rôles. Il ne s'agit plus seulement d'exprimer les sentiments du locuteur ou d'agir sur le récepteur, mais de voir comment est imprimée dans la langue même cette situation fondamentale de dialogue. Elle s'y manifeste par la présence de formes spécifiques dites **embrayeurs**, qui articulent la langue sur le sujet parlant et sur l'instant même de sa parole. Ce sont les pronoms personnels, adjectifs et pronoms possessifs de 1re et de 2e personnes (*je, mon, mien ; tu, ton, tien ; nous, vous*, etc.) ; les adjectifs, pronoms et adverbes démonstratifs (*ce, ceci, ici, voici...*) ; les adverbes et locutions de temps qui ne peuvent se référer qu'au moment où **je** parle (*maintenant, aujourd'hui, hier, demain, dans huit jours...*).

S'y ajoutent les temps verbaux, dont le principal est le présent, forme exprimant le moment où **je** parle ; c'est à partir de lui que se développent les formes diverses du passé (ce qui n'est plus présent) et du futur (ce qui n'est pas encore présent). Parmi les formes du passé, le passé composé marque une relation de continuité entre le moment évoqué et le présent ; l'imparfait est un présent du passé ; en revanche, le passé simple, temps du récit historique, marque une distance prise par le locuteur par rapport au moment évoqué.

Relèvent encore de l'énonciation de grandes fonctions syntaxiques, comme l'interrogation (énonciation émise pour susciter une réponse) et les formes spécifiques de la réponse (*oui, non*) ; l'intimation (ordre, défense, appel), et les **modalités**, exprimées par des termes renforçant ou atténuant la part prise par le locuteur dans l'énoncé (*sans doute, probablement, peut-être...*).

4.2. La pragmatique

On regroupe sous ce nom, depuis le milieu des années 1970, les approches des phénomènes linguistiques se situant sur trois axes : le rôle des interlocuteurs, celui du contexte de situation, celui des usages ordinaires du langage. Bornons-nous à quelques remarques sur ces trois domaines, sans nous avancer davantage pour le moment :

— Le premier reprend la notion d'énonciation, mais y ajoute l'étude du langage comme acte (notamment dans certains verbes, dits *performatifs*, qui sont de véritables actes dès lors qu'ils sont proférés à la 1re personne : *je promets, je jure, je renonce, je désigne...*), et celle des **rapports de place** entre les interlocuteurs : ce sont des rapports de hiérarchie sociale, de savoir, de pouvoir, de volonté, qui déterminent certaines formes de l'énoncé.

— Le second axe s'intéresse particulièrement au rôle des **présupposés** dans les énoncés : ce sont des assertions qui ne sont pas explicitement formulées, mais qui sont nécessaires à la compréhension d'ensemble ; par exemple : *fermez la porte !* présuppose *la porte est ouverte*. L'arrière-plan situationnel et linguistique (les circonstances extérieures et ce qui aurait pu ou dû être dit et ne l'a pas été) intervient dans la formulation de l'énoncé comme dans sa réception.

— Sur le troisième, on s'occupe de faits comme les actes indirects de langage, qui expliquent les formulations de la politesse, de l'ironie, de la ruse, des jeux de mots.

5. La typologie des discours

À partir de ces notions de base, les linguistes s'efforcent de classer les manifestations variées du langage ou, selon leurs propres termes, de parvenir à une typologie des discours. Ces efforts de classement s'appuient sur la place des différentes fonctions du langage, les aspects pragmatiques et les catégories de référents mis en jeu, et même sur le rôle social des discours concernés. Ainsi, dans le « discours métalinguistique » des dictionnaires, des grammaires et des traités de linguistique, la fonction métalinguistique est-elle prédominante, mais leur côté didactique relève de la pragmatique, et ils s'insèrent dans une fonction sociale d'enseignement. Le « discours publicitaire » se caractérise par une forte pression de la fonction poétique, qui attire l'attention sur le message, mais celui-ci est aussi un relais vers le référent, c'est-à-dire le produit vanté ; il comporte un fort aspect pragmatique, puisqu'il s'agit de convaincre ou de séduire le destinataire ; enfin, il s'insère dans la relation sociale du commerce. Les « discours de témoignage » mettent en avant les fonctions expressive et référentielle (dire avec force et conviction ce dont on a été témoin, et le dire avec le plus de précision possible). En revanche les « discours scientifiques » effacent au maximum la fonction expressive. Les différentes activités humaines donnent lieu à des discours techniques distingués par leurs référents et les relations sociales mises en jeu. Nous parlerons bientôt d'un « discours littéraire », à la fois original par rapport aux autres types et lui-même analysable en de multiples **genres** et sous-genres.

LECTURES COMPLÉMENTAIRES

BENVENISTE Émile, *Problèmes de linguistique générale*, Gallimard, 1966, tome 2, 1974.
FLAHAUT François, *La Parole intermédiaire*, Le Seuil, 1978.
JAKOBSON Roman, *Essais de linguistique générale*, Minuit, 1963.
DE SAUSSURE Ferdinand, *Cours de linguistique générale*, Payot, 1916.
MAINGUENEAU Dominique, *Pragmatique pour le discours littéraire*, Bordas, 1990.

Chapitre 2

L'écriture. Le texte. La lecture. La littérature. Le théâtre

1. L'écriture

L'écriture est née de la nécessité de conserver les énoncés de la langue à des fins pratiques : noter des comptes, fixer le texte des contrats, des traités, des lois, garder des formules ou des prescriptions rituelles, religieuses ou funéraires. Le nom d'**écriture** désigne, de façon très polyvalente :

— un système de signes graphiques (écriture latine, italique, gothique, cyrillique, etc.) ;

— l'action d'inscrire manuellement ces caractères sur un support ;

— le résultat matériel de cette action (avoir une belle écriture) ;

— la collection des traces ainsi produites (un employé aux écritures, l'Écriture Sainte) ;

— l'action de composer un ouvrage intellectuel manuscrit ou imprimé (écriture d'une lettre, d'un compte rendu, d'un article, d'un livre) ;

— une manière personnelle d'utiliser le langage dans un texte écrit (l'écriture de Voltaire dans ses *Contes*, Barthes et son *Degré zéro de l'écriture*). On parle même aujourd'hui d'écriture filmique, ou télévisuelle, pour désigner une utilisation personnelle des techniques dans la création de films ou de téléfilms.

Il y a donc eu, pour l'emploi du terme d'écriture, un point de départ très matériel, et des extensions dans le sens d'une activité humaine, linguistique et sémiologique, appliquée à des supports matériels.

Une particularité essentielle de l'écriture, comme de tout langage, est d'être formée de séquences **linéaires** de signes, c'est-à-dire qu'on n'écrit pas simultanément plusieurs lettres, ou mots, ou phrases, de même qu'on n'articule pas, oralement, plusieurs phonèmes, ou mots, ou phrases, en même temps. L'écriture est, plus que d'autres systèmes de signes (l'image, la musique même), inscrite dans le déroulement du temps : de la syllabe à la phrase et au livre, tout est successif et inscrit dans un ordre irréversible. Ce qui est simultané dans le monde : spectacles, ensembles fixes d'objets, états psychologiques, concepts abstraits, etc., ne peut être représenté par l'écriture que par des successions de signes, à la manière des chaînons d'une chaîne. Seules quelques pratiques d'écriture particulières tentent de superposer au déroulement des signes dans le temps des perceptions arrêtées : les mots croisés, l'acrostiche, le calligramme (que nous verrons de plus près dans l'étude de la poésie) ; on peut aussi remarquer que la disposition typographique d'un texte (et notamment d'un poème versifié) sur la page, ou sur une affiche, un écran, produit une image fixe ajoutant un sens particulier à celui qui ressort du simple déroulement des lignes : l'aspect différent d'une période de prose, d'un sonnet, d'une page de maximes, dit quelque chose au lecteur.

Une autre particularité fondamentale de l'écriture est qu'elle fait passer la langue, abstraction consistant en une collection de signes et en règles de combinaison, au niveau de la réalisation. L'écriture ne présente que des **énoncés**. Ceux-ci sont appelés **textes** dès lors qu'ils présentent une cohérence propre et un sens. Ils peuvent aller de la plus grande généralité (une démonstration mathématique, par exemple) à la plus extrême particularité, et sont le lieu d'un échange permanent entre le social (dont relèvent exclusivement la langue au sens saussurien, mais aussi l'écriture comme moyen d'organisation de la vie de groupe : prescriptions, informations, enseignement) et l'individuel (témoignages, lettres privées, etc.).

L'écriture unit indissolublement forme et sens : tel mot employé plutôt qu'un autre, tel registre de vocabulaire (familier, ou recherché, ou technique...), telle construction ou longueur de phrase indiquent déjà une interprétation de la réalité, une intention de l'émetteur, une situation sociale ou idéologique de communication. Comme tout acte linguistique, elle répond à des buts : par elle on cherche à informer, à persuader, à entraîner, à mentir, à demander, à s'épancher, à mettre en œuvre un échange. Tous ces aspects sont étudiés, à l'intérieur du langage même, par la **pragmatique**, et sont codifiés, dans leur usage social, par la **rhétorique** (qui est l'art de l'orateur, à l'origine).

Il ressort de cette variété des usages de l'écriture qu'on perçoit entre eux, — et par rapport à un usage idéal qui serait strictement neutre, banal, sans affectivité ni intention particulière autre que celle d'informer, sorte de reflet direct de la langue, proche des exemples pédagogiques forgés par les grammairiens — des **écarts** ; et que l'attention à ces écarts est une des conditions de la bonne réception des messages.

Non seulement l'écriture produit des sens directs, mais elle signifie beaucoup indirectement :

— par ce qu'on appelle les **figures** (**figures de mots**, employant un mot pour un autre de sens différent, comme dans la métaphore et la comparaison ; **figures de construction** : énumération, accumulation, gradation...) ;

— par l'emploi de **symboles** (un objet en évoque un autre en vertu de certaines analogies, comme le feu évoque l'amour) ;

— par l'**ironie** (qui joue sur un double sens d'un fragment, l'un apparent, l'autre caché et opposé) ;

— par les **sous-entendus** ;

— par l'**intertextualité** (intentionnellement ou non, une écriture en reprend toujours une autre, pour l'imiter, la parodier, la citer, la contredire, la compléter).

Enfin, elle présente des degrés divers d'achèvement, entre ce que nous recevons sous une forme définitive : textes imprimés, ou manuscrits considérés comme achevés (une lettre envoyée, une dissertation remise), et les notes, esquisses, brouillons, qui présentent souvent une grande économie de signes (abréviations, mots sautés, phrases incomplètes), des orientations multiples entre lesquelles le choix n'a pas été fait, des additions, des suppressions, des substitutions. Ces documents, appelés **avant-textes**, nous renseignent sur l'activité même de l'écriture, variable selon les individus et selon les différents moments de cette activité : premier jet, versions successives, corrections, recopiage... Nous les retrouverons lorsque nous parlerons de l'écriture littéraire.

2. Le texte

La richesse de la notion d'écriture se retrouve évidemment dans celle de *texte*. Celui-ci est un produit particulier, fini. Il ne faut pas le confondre avec le *discours*, qui est une catégorie de textes et n'est pas clos : ainsi parle-t-on de discours scientifique, juridique, administratif, politique, religieux, critique, historique, littéraire, etc., avec des sous-catégories comme le discours politique de gauche, de droite, de tel parti ou groupe, de telle époque précise ; le discours littéraire poétique, romanesque, chacun comportant à son tour de nouvelles subdivisions (discours du roman historique, du roman à thèse, du roman par lettres, du roman policier...). En parlant de discours on s'oriente vers une **typologie**, c'est-à-dire vers un classement par genres. De son côté, le texte, tout particulier qu'il est, se livre sous une forme que l'analyse révèle très complexe. Son étymologie, qui renvoie au latin *textum* (tissu, contexture), évoque d'ailleurs un assemblage de fils.

Si approximatif qu'il soit, le schéma de Jakobson pour la communication permet d'envisager de façon ordonnée les multiples aspects du texte :

— Nous commmencerons par le **canal**, qui est le plus apparent ; il apparaît dans le support matériel : papier, parchemin, affiche, écran, etc. L'écriture matérielle relève aussi du canal : écriture manuscrite, dactylographiée, imprimée... ; romaine, gothique, cyrillique... ; de telle couleur d'encre, avec tels espacements, alinéas, titres, avec telle dimension et épaisseur de caractères. La distinction entre vers et prose, par exemple, relève partiellement du canal par la disposition graphique.

— Le texte porte la marque de son **émetteur** par l'intermédiaire des signes d'énonciation, comme les embrayeurs, notamment de première personne. En fait, on saisit dans un même mouvement d'analyse l'émetteur et son **destinataire**, car la première personne implique la deuxième, l'affirmation et la question impliquent la réponse, la communication est essentiellement **dialogique** (c'est-à-dire articulée sur le dialogue). Outre les marques de première et deuxième personnes, au singulier et au pluriel, on repère des termes qui présentent les pôles de la communication d'une autre manière : ainsi **on, chacun, tous**, le présent dit de généralité, désignent des partenaires multiples ou collectifs. Des genres littéraires comme l'apologue, la fable, la maxime, qui en font un grand usage, ont une portée tout à fait généralisante et sont destinés à l'éducation d'un large public. La relation d'émetteur à destinataire apparaît également dans les **rapports de place** qui situent réciproquement les deux pôles selon une hiérarchie, et font que le texte présente des différences selon qu'on s'adresse à un égal, à un supérieur ou à un inférieur, qu'on se sent dans son droit ou coupable, qu'on est informé (ou chargé d'enseigner) ou qu'on cherche à apprendre. Le texte porte encore des traces de sa **visée** pragmatique : marques de l'allocution (*tu, vous,* apostrophe), de l'ordre ou de la défense (impératif), du souhait, du regret, du conseil, de l'exhortation, de la parole polie ou tranchante. Tout cet aspect dialogique recouvre les fonctions expressive et conative de Jakobson, et même une partie de la fonction référentielle, celle qui renvoie à la situation de communication.

— Par son contenu, le texte nous renvoie à ce qu'il décrit ou évoque : le monde extérieur, des personnes, des fictions, des idées abstraites, des sentiments. Cet univers **référentiel** englobe donc l'univers réel, les univers fictifs et le monde de la pensée. Le référent peut, en même temps, être constitué par d'autres textes, qui se trouvent cités, résumés, paraphrasés, commentés, contredits, parodiés, développés. Nous retrouverons ce type particulier de référent dans le cadre de l'**intertextualité**.

— Par son aspect **métalinguistique**, le texte présente et commente son propre langage, lorsqu'il fournit des définitions, des paraphrases et des périphrases, des traductions, des explications de termes (c'est-à-dire des gloses), des exemples linguistiques. Il utilise, voire modifie ou complète, le dictionnaire idéal, parfois la grammaire, que nous portons tous plus ou moins consciemment dans notre mémoire.

— De la fonction **poétique** ou **stylistique** relèvent tous les moyens de mettre en relief ou de valoriser le texte lui-même : phoniques, lexicaux, syntaxiques, rythmiques, périodiques, figuraux (c'est-à-dire procédant par figures). Leur étude nous retiendra longuement.

Outre les fonctions relevées par Jakobson, le texte a souvent une fonction **symbolique**, consistant à renvoyer, plus implicitement qu'explicitement, à des réalités qui dépassent son référent direct : des institutions, des valeurs morales, philosophiques, religieuses, sociales, des mythes. Un mythe, au sens ancien, désigne un récit légendaire évoquant de façon imagée des caractères généraux de l'humanité : celui d'Orphée évoque l'amour et la poésie, celui de Prométhée la révolte contre la destinée humaine. Au sens moderne, il désigne des représentations d'une collectivité, non critiquées par elle et senties comme porteuses de valeurs, comme les vacances, la vitesse, la plage, la voiture, la moto, le rock, la résidence secondaire, le bronzage, la minceur, etc. (voir par exemple le livre de Roland Barthes, *Mythologies*).

TEXTE 1

La lanterne magique

On avait bien inventé, pour me distraire les soirs où on me trouvait l'air trop malheureux, de me donner une lanterne magique, dont, en attendant l'heure du dîner, on coiffait ma lampe ; et, à l'instar des premiers architectes et maîtres verriers de l'âge gothique, elle substituait à l'opacité des murs d'impalpables irisations, de surnaturelles apparitions multicolores, où des légendes étaient dépeintes comme dans un vitrail vacillant et momentané. Mais ma tristesse n'en était qu'accrue, parce que rien que le changement d'éclairage détruisait l'habitude que j'avais de ma chambre et grâce à quoi, sauf le supplice du coucher, elle m'était devenue supportable. Maintenant je ne la reconnaissais plus et j'y étais inquiet, comme dans une chambre d'hôtel ou de « chalet », où je fusse arrivé pour la première fois en descendant de chemin de fer.

Au pas saccadé de son cheval, Golo, plein d'un affreux dessein, sortait de la petite forêt triangulaire qui veloutait d'un vert sombre la pente d'une colline, et s'avançait en tressautant vers le château de la pauvre Geneviève de Brabant. Ce château était coupé selon une ligne courbe qui n'était autre que la limite d'un des ovales de verre ménagés dans le châssis qu'on glissait entre les coulisses de la lanterne. Ce n'était qu'un pan de château et il avait devant lui une lande où rêvait Geneviève qui portait une ceinture bleue. Le château et la lande étaient jaunes et je n'avais pas attendu de les voir pour connaître leur couleur car, avant les verres du châssis, la sonorité mordorée du nom de Brabant me l'avait montrée avec évidence. Golo s'arrêtait un instant pour écouter avec tristesse le boniment lu à haute voix par ma grand-tante et qu'il avait l'air de comprendre parfaitement, conformant son attitude, avec une docilité qui n'excluait pas une certaine majesté, aux indications du texte ; puis il s'éloignait du même pas saccadé. Et rien ne pouvait arrêter sa lente chevauchée. Si on bougeait la lanterne, je distinguais le cheval de Golo qui continuait à s'avancer sur les rideaux de la fenêtre, se bombant de leurs plis, descendant dans leurs fentes. Le corps de Golo lui-même, d'une essence aussi surnaturelle que celui de sa monture, s'arrangeait de tout obstacle matériel, de tout objet gênant qu'il rencontrait en le prenant comme ossature et en se le rendant intérieur, fût-ce le bouton de la porte sur lequel s'adaptait aussitôt et surnageait invinciblement sa robe rouge ou sa figure pâle toujours aussi noble et aussi mélancolique, mais qui ne laissait paraître aucun trouble de cette transvertébration. [...]

Et dès qu'on sonnait le dîner, j'avais hâte de courir à la salle à manger où la grosse lampe de la suspension, ignorante de Golo et de Barbe-Bleue, et qui connaissait mes parents et le bœuf à la casserole, donnait sa lumière de tous les soirs ; et de tomber dans les bras de maman que les malheurs de Geneviève de Brabant me rendaient plus chère, tandis que les crimes de Golo me faisaient examiner ma propre conscience avec plus de scrupules.

Marcel Proust, *Du côté de chez Swann* (1913)

Dans ce texte, la fonction symbolique recourt au mythe au sens légendaire avec les personnages de Golo et de Geneviève de Brabant, tirés d'une légende médiévale qui leur fait incarner la force persécutant l'innocence ; mais aussi au sens moral, car l'enfant partage vaguement la culpabilité de Golo, et au sens esthétique, parce que la contemplation artistique (suscitée ici par les projections de la lanterne), déformant le réel, est une cause de trouble pour l'enfant-spectateur. Cette fonction participe à la fois de la fonction référentielle (le symbole est un référent indirect, de second degré, appelé encore **signifié de connotation**), et de la fonction poétique, puisqu'elle relève de procédés particuliers de mise en forme.

Toute une autre part de la signification du texte découle du non-dit, vaste champ qui recouvre tous les phénomènes d'absence, mais d'une absence qui est pourtant signifiante. C'est le cas pour :

— les ellipses : un récit saute volontairement certains détails nécessaires au déroulement de l'histoire ;

— les présupposés logiques : propositions non formulées, mais nécessaires à l'action décrite (fermer une porte présuppose qu'elle était ouverte) ;

— les sous-entendus, par lesquels le destinataire doit percevoir des signifiés pour lesquels le signifiant n'est pas exprimé ;

— les allusions, dans lesquelles le signifiant est infime, ou détourné, par rapport à l'importance du signifié ;

— les traces de l'inconscient, aspect de l'activité mentale qui ne signifie jamais qu'indirectement ;

— l'ironie, qui produit un sens opposé à celui qui apparaît à première vue.

Ce non-dit se trouve également à cheval sur la fonction référentielle et sur la fonction poétique.

Le texte lui-même est fréquemment annoncé, entouré, développé, par tout un **paratexte**, qui n'est pas le texte lui-même, mais n'a d'existence que par rapport à lui : titre et sous-titres, bande d'annonce du livre, date, notes, table des matières. Ces éléments ajoutent des précisions importantes, qui peuvent orienter, voire changer le sens du texte.

3. La lecture

La lecture est l'acte de réception du texte écrit. Elle connaît des variantes matérielles : lecture à haute ou à mi-voix, pour soi seul ou pour d'autres, lecture silencieuse. Elle est toujours postérieure, parfois de beaucoup, à l'émission du texte. Le lecteur peut être le destinataire direct (comme dans une lettre), un destinataire parmi d'autres (le lecteur d'un journal, d'un livre), un destinataire non prévu (dans le cas de la lecture, accidentelle ou due à une indiscrétion, d'un texte qui ne vous était pas destiné), un lecteur de la postérité. Ces situations déterminent des formes de lecture différentes, une plus ou moins grande distance prise par rapport au contenu du texte. Le corps participe plus largement qu'on le croit, non seulement par la vue, la parole ou l'ouïe, mais par l'attitude physique générale (la position assise, debout, couchée ; la marche), le lieu (lieu fixe, train, métro, bateau, avion), l'environnement matériel et humain (bruits, musique de fond, odeurs, présence et mouvements de voisins, temps qu'il fait), le confort de la lecture (dans un fauteuil, avec des coussins, sur un tapis, sur une pelouse, dans un transat). Proust a admirablement évoqué toute l'atmosphère qui préside aux lectures de vacances dans son article « Sur la lecture ».

Le support lui-même tient un rôle : feuillets volants (parfois trop), journal, livre. Ce dernier influe sur la lecture par sa forme, ses dimensions, son poids, sa reliure, sa couverture, la qualité de son papier (il est des livres qu'on aime à caresser), ses caractères d'impression, ses illustrations, sa valeur familiale ou bibliophilique, de souvenir personnel.

TEXTE 2

Lectures de vacances

Qui ne se souvient comme moi de ces lectures faites au temps des vacances, qu'on allait cacher successivement dans toutes celles des heures du jour qui étaient assez paisibles et assez inviolables pour pouvoir leur donner asile. Le matin, en rentrant du parc, quand tout le monde était parti faire une promenade, je me glissais dans la salle à manger, où, jusqu'à l'heure encore lointaine du déjeuner, personne n'entrerait que la vieille Félicie relativement silencieuse, et où je n'aurais pour compagnons, très respectueux de la lecture, que les assiettes peintes accrochées au mur, le calendrier dont la feuille de la veille avait été fraîchement arrachée, la pendule et le feu qui parlent sans demander qu'on leur réponde et dont les doux propos vides de sens ne viennent pas, comme les paroles des hommes, en substituer un différent à celui des mots que vous lisez. Je m'installais sur une chaise, près du petit feu de bois dont, pendant le déjeuner, l'oncle matinal et jardinier dirait : « Il ne fait pas de mal ! On supporte très bien un peu de feu ; je vous assure qu'à six heures il faisait joliment froid dans le potager. Et dire que c'est dans huit jours Pâques ! » Avant le déjeuner qui, hélas ! mettrait fin à la lecture, on avait encore deux grandes heures. De temps en temps, on entendait le bruit de la pompe d'où l'eau allait découler et qui vous faisait lever les yeux vers elle et la regarder à travers la fenêtre fermée, là, tout près, dans l'unique allée du jardinet qui bordait de briques et de faïences en demi-lunes ses plates-bandes de pensées : des pensées cueillies, semblait-il, dans ces ciels trop beaux, ces ciels versicolores et comme reflétés des vitraux de l'église qu'on voyait parfois entre les toits du village, ciels tristes qui apparaissaient avant les orages, ou après, trop tard, quand la journée allait finir. Malheureusement la cuisinière venait longtemps d'avance mettre le couvert ; si encore elle l'avait mis sans parler ! Mais elle croyait devoir dire : « Vous n'êtes pas bien comme cela ; si je vous approchais une table ? » Et rien que pour répondre : « Non, merci bien », il fallait arrêter net et ramener de loin sa voix qui, en dedans des lèvres, répétait sans bruit, en courant, tous les mots que les yeux avaient lus ; il fallait l'arrêter, la faire sortir, et, pour dire convenablement : « Non, merci bien », lui donner une apparence de vie ordinaire, une intonation de réponse, qu'elle avait perdues.

Marcel Proust, *Sur la lecture* (1905)

L'acte de lecture passe d'abord par un **déchiffrage linguistique**, qui transforme les chaînes de signaux graphiques en représentations mentales. Cet acte est loin d'être simple. Il faut, si l'on veut le décrire, faire appel aux sciences du corps (anatomie, physiologie des organes de la phonation et de l'audition) et aux sciences humaines (psychologie, linguistique, sémiologie). Il demande tout un apprentissage. Il n'est pas purement passif, mais fait appel à des projections de schémas perceptifs, à des constructions mentales, à la mémoire : on ne perçoit pas qu'un signe graphique à la fois, mais un groupe de mots et même de lignes qu'on complète par des anticipations ; on est orienté par la lecture immédiatement antérieure et par des souvenirs plus anciens.

Il est accompagné d'un **déchiffrage connotatif**, qui tient compte des élargissements possibles du sens des mots, et d'un **déchiffrage argumentatif**, qui perçoit l'enchaînement logique et l'intentionnalité des phrases et des groupes de phrases. Tout cela est rendu possible par le recours à des codes connus et conventionnels dont le lecteur s'est progressivement imprégné, comme les évocations de tel mot dans tel groupe social et à telle époque, et comme la succession des arguments dans une démonstration, dans une requête, dans une directive.

Selon l'intention qui anime l'émetteur et le récepteur, on rencontre différents types de lecture :

— **la lecture purement pratique**, celle des panneaux de direction, des affiches, des étiquettes des commerçants, des modes d'emploi, etc., nécessaire dans la vie quotidienne, les déplacements, la vie professionnelle ; élémentaire en apparence, elle n'est pas définitivement acquise dans nos sociétés modernes, où l'on assiste à une remontée de l'*illettrisme* (c'est-à-dire de l'incapacité à pratiquer utilement cette lecture) ;

— **la lecture studieuse**, dépassant le cadre indispensable du quotidien et mise en œuvre dans l'étude, l'enquête, la recherche ;

— **la lecture récréative**, à laquelle sont demandés la facilité de déchiffrement au premier degré, des genres de fictions conventionnels (péripéties d'une vie sentimentale, recherche d'un criminel), des représentations pittoresques ou idéalisées (récits de voyages, peintures de pays lointains) ou humoristiques ;

— **la lecture sensitive**, que nous avons vue si bien décrite par Proust et qui fait une large part aux éléments sensibles extérieurs à l'acte proprement linguistique ;

— **la lecture littéraire**, qui englobe aussi les deux précédentes, mais comporte en outre la perception de valeurs symboliques ou esthétiques, et fait une large part au style, c'est-à-dire à la mise en valeur de la forme du message.

Les lectures peuvent encore être distinguées par leur rapidité, leur degré d'attention et leur force de sélection : on connaît les publicités pour des méthodes de lecture rapide, et chacun a plus ou moins l'occasion de faire des lectures de révision, ou des lectures « en diagonale ».

Un des aspects les plus importants de la lecture est qu'elle est un acte non seulement de compréhension, mais de **choix** : du texte, du moment, de l'ordre. Je puis commencer au milieu, m'interrompre, reprendre à ma guise, revenir en arrière, sauter vers l'avant, feuilleter, comparer. Ma seule obligation est la nécessité de suivre l'ordre linguistique imposé par l'écriture (de gauche à droite pour les langues « occidentales »). Je puis également interroger le texte, chercher à percevoir ses ressorts, le presser pour en faire apparaître les implications, en un mot en faire l'analyse. J'investis donc ma compétence linguistique, rhétorique, poétique, idéologique, historique, sociologique, esthétique. J'investis aussi mon affectivité, par des réactions de plaisir, d'ennui, de colère, par la part que je prends éventuellement à l'action, aux sentiments prêtés aux personnages.

La bonne compréhension du texte demande une connaissance de son contexte d'origine. **Contexte** est à prendre ici en un sens très large : autres textes parus à la même époque, environnement technique, social, politique, économique, culturel. Sinon il serait impossible à un lecteur moderne de comprendre les auteurs plus anciens que lui ; cela vaut même pour tous les écrits antérieurs au milieu du XXe siècle (Gide, Proust, Valéry ne se lisent plus aujourd'hui sans commentaire), non seulement d'ailleurs pour les textes littéraires, mais pour la plupart des documents, textes journalistiques, archives administratives, lettres privées et commerciales. Connaissances générales et lecture se conditionnent et s'enrichissent mutuellement.

Une fois le texte situé dans son époque, il faut se demander quelle est sa **problématique** : à quelle visée de l'auteur répond-il ? qui veut-il atteindre et pour en obtenir quoi ? reflète-t-il une situation ou un débat du moment ? Les ouvrages littéraires, notamment, sont plus complexes que les autres, parce qu'ils tissent de plus nombreux niveaux de sens et d'intérêt. On peut, de la sorte, se demander pourquoi la tragédie était un genre privilégié au temps de Racine ; pourquoi *Phèdre* a d'étroits rapports avec la querelle du jansénisme ; pourquoi son thème a été choisi par l'auteur ; quel est donc le sens, à l'époque, de cette tragédie ; quels sont les symboles qu'elle manifeste. On a eu trop tendance, et à tort, pendant longtemps, à considérer les grandes œuvres comme éternelles, et à négliger leur insertion dans une histoire.

Mais la lecture consiste encore dans la réaction actuelle du lecteur, même devant un texte ancien : s'il doit, à un premier stade — et s'il le peut —, se montrer historien et sociologue, il n'en appartient pas moins à son propre temps, et n'en a pas moins à entretenir avec l'objet de sa lecture une relation personnelle. C'est alors que surgit la problématique actuelle de l'écrit : pose-t-il encore des questions qui agitent les hommes de notre temps ? ses réponses sont-elles encore valables ? est-il interprétable selon des schémas de pensée nouveaux ? Ainsi a-t-on pu s'intéresser récemment, chez Racine, à la présence ou à l'absence du père dans ses tragédies, et faire de son œuvre une interprétation psychanalytique. De plus en plus, aux études historiques des textes, qui recherchent l'explication correspondant le plus exactement aux données de l'époque, ont tendu à se substituer des **lectures plurielles** explorant des voies nouvelles et multiples d'interprétation, parfois sans trop de souci de la cohérence d'ensemble. Car le texte est aussi **polysémique** (c'est-à-dire susceptible de plusieurs significations) que les termes qui le constituent, et l'on a tendance à lui appliquer des « grilles » d'interprétation variées : marxiste, freudienne, structuraliste, par exemple, pour s'en tenir aux grandes tendances de l'après-guerre, elles-mêmes susceptibles de variantes diverses. Les lectures plurielles sont la conséquence d'une orientation plus théoricienne de la lecture, parfois d'une orientation plus subjective, au risque, parfois très clairement revendiqué, de faire éclater l'unité de signification du texte.

Lire, c'est aussi s'insérer dans toute une série de processus sociaux. L'apprentissage se fait à l'école et dans la famille. L'initiation à la lecture autonome a généralement lieu (ou du moins voudrait avoir lieu) dans les classes secondaires, avec des stimulants possibles dans la famille, les groupes de camarades. À partir de ce moment, on pénètre dans les institutions réservées aux livres : les bibliothèques, les librairies ou les rayons-livres qui sont en train de se substituer à elles dans divers commerces. Derrière elles s'anime le monde de l'édition et de la fabrication, qui sélectionne, stimule, oriente, réalise et commercialise la production (voir par exemple l'article « Livre » dans le *Dictionnaire des littératures de langue française* de J.-P. de Beaumarchais, Daniel Couty et Alain Rey, aux éditions Bordas). Parallèlement, plusieurs instances médiatrices agissent sur la lecture elle-même : l'école, bien sûr, qui propose essentiellement des textes classiques ; la critique spécialisée qui renseigne les professeurs et les autres intermédiaires ; la presse et les médias qui présentent les nouveautés (comme le célèbre « Apostrophes » de Bernard Pivot à la télévision, ou ses successeurs « Ex-libris » ou « Caractères »). D'autres médiations, sociales (associations culturelles, églises) ou privées (amis, camarades), fournissent encore des suggestions ou des orientations. Mais la lecture ne concerne pas que les livres : la presse est beaucoup plus lue qu'eux, sans parler des innombrables textes de toutes origines (administratifs, commerciaux et autres) qui nous envahissent chaque jour. Cet aspect social de la lecture rééquilibre l'activité très individuelle que nous avons décrite jusqu'ici. On lit à la fois seul (et c'est même une des rares choses qui nécessitent la solitude) et avec bien d'autres lecteurs des mêmes textes.

4. Lecture et écriture

Comme toute communication linguistique, l'écriture et la lecture sont en relation dialogique. Il est vrai que le lecteur, sauf dans des cas précis comme la lettre et le questionnaire, n'a pas la possibilité de répondre directement à l'émetteur. Mais l'échange se manifeste autrement. L'auteur, qui connaît la non-réversibilité de sa communication, ne pose pas de questions directes ; ou ce sont, comme dans les proclamations politiques, de fausses questions (« Jusqu'à quand supporterez-vous cette odieuse situation ? ») ou des questions suivies de leur réponse (« Quel est le coupable ? Le gouvernement, bien sûr ! »). Mais il tient compte, par avance, des questions qu'il imagine que le lecteur se posera, et formule ses assertions en conséquence. D'où, pour prendre un cas d'expérience quotidienne et fâcheuse, la multiplicité des notes explicatives accompagnant les textes administratifs, les formulaires : l'administration a le souci de faire comprendre la loi ; mais la difficulté pratique vient de ce que, peu experte en dialogue, elle ne se pose jamais les mêmes questions que les administrés, ou les pose en termes techniques inaccessibles.

On peut en tout cas parler de complémentarité entre l'écriture et la lecture. La première se doit d'être plus explicite que la parole orale, car elle n'a pas l'avantage procuré par les intonations de la voix, l'accompagnement des gestes, la situation commune de conversation. De l'autre côté, la lecture, privée de ces mêmes bénéfices, doit faire un effort pour réduire la polysémie des termes grâce à leur contexte, pour reconstituer ce qui a été ellipsé, sous-entendu, tu pour diverses raisons. Elle doit pouvoir, sans poser de questions directes, dégager le sens général et les sens particuliers du message. C'est cet effort complémentaire de déchiffrement et d'interprétation qui se substitue à l'échange des questions et des réponses. Le lecteur **questionne le texte et non son émetteur**, il tente de forcer le texte à lui répondre. Il n'est qu'à voir le soin mis à rédiger les traités, les accords politiques, les contrats, pour constater qu'on veut y envisager toutes les questions qui peuvent être posées et toutes les réponses qu'on peut y donner. Il arrive aussi que des zones d'ombre y soient intentionnellement laissées, lorsque l'accord n'est pas entièrement réalisé ou que certaines questions sont pour le moment sans réponse, de façon à laisser plusieurs interprétations possibles ou, au contraire, à bloquer toutes les possibilités d'application. Beaucoup de réponses des lecteurs aux textes sont d'ordre pratique : suivre un conseil, obéir à une injonction, appliquer un mode d'emploi, etc. Elles peuvent être d'ordre textuel, même en dehors des réponses aux lettres et aux questionnaires : écrire au courrier des lecteurs d'un journal, rédiger une dissertation (à partir d'un « sujet » et après des lectures appropriées), des rapports, des comptes rendus, répondre à des proclamations idéologiques par d'autres proclamations. Toute écriture, en ce sens, est une réponse, ou une réaction, à une ou à des lectures antérieures.

Quant à la lecture littéraire, outre qu'elle procure un plaisir particulier, elle suscite des réponses comportementales : reprendre espoir, s'indigner, éprouver du soulagement à la lecture d'une satire, trouver des apaisements à une angoisse, relativiser ses propres problèmes, transférer son agressivité sur l'histoire racontée, délier tel blocage inconscient. Nous verrons qu'elle entraîne aussi des réactions textuelles, chez les critiques, les autres écrivains, les étudiants : rédaction de commentaires, polémiques ou didactiques, imitations, pastiches, création d'œuvres d'un type nouveau destinées à faire mieux ou autrement.

Le présent livre voudrait être une méthode de lecture littéraire active, incitant au plaisir de la lecture, ouvrant à tous ses apports informatifs, idéologiques, affectifs, mais mettant principalement l'accent sur l'explicitation des moyens appliqués par les écrivains pour conférer à leurs textes leur caractère de « littérarité ».

5. La littérature

L'écriture, le texte, la lecture existent de façon privilégiée à l'intérieur du champ dit littéraire. La notion de littérature a été fluctuante au cours de l'histoire, et le reste aujourd'hui encore. Dégageons néanmoins ses caractères les plus constants :

a) Il s'agit d'**une activité non utilitaire et rattachée au loisir** : même si certains textes utilitaires, lettres, discours oratoires, relations de voyage, sont passés à la littérature, c'est précisément parce qu'ils étaient perçus autrement que comme purement utilitaires ; si des ouvrages littéraires ont été écrits pour gagner de l'argent ou des faveurs, c'est encore malgré ces finalités pratiques qu'ils sont dits littéraires. Cette activité essentiellement désintéressée tend à faire admirer les textes pour eux-mêmes, et non comme de purs intermédiaires.

b) Elle **appartient à une institution**, et se manifeste à travers un certain nombre d'organismes culturels ou professionnels, variables eux aussi au cours des âges, qui favorisent l'éclosion des ouvrages, s'occupent de leur fabrication, de leur diffusion, de leur rémunération, de leur commentaire. À cet aspect intitutionnel se rattachent le mécénat, les pensions et charges lucratives décernées aux écrivains dans le passé, les académies et leurs prix, les salons littéraires, l'édition, l'imprimerie, la librairie, le colportage au siècle dernier, les bibliothèques, la critique, la législation sur les droits d'auteur, la protection des œuvres, les subventions, la publicité littéraire, les émissions médiatiques (que Bernard Pivot a illustrées pendant quinze ans avec son émission télévisée « Apostrophes », suivie par celles de Patrick Poivre d'Arvor, « Ex-Libris », et de Bernard Rapp, « Caractères »), l'enseignement et la recherche littéraires. C'est donc toute une activité sociale qui se déploie, avec ses aspects techniques, financiers, juridiques, de diffusion, mondains également. Ce versant de la littérature, auquel elle ne se réduit pas, lui est pourtant consubstantiel.

Il faut ajouter que les ouvrages entrent ou sortent de la littérature selon le consensus d'une époque, et que certains peuvent être admis comme littéraires alors que la catégorie à laquelle ils appartiennent n'est pas habituellement reconnue comme telle : ainsi en va-t-il de traités d'histoire comme ceux de Michelet, de travaux de critique picturale ou sculpturale comme les *Salons* de Diderot et de Baudelaire, ou les *Voix du silence* de Malraux, en raison de l'agrément qu'ils apportent au lecteur et de leurs qualités d'imagination. Certains types de textes se tiennent toujours sur les franges : les mémoires personnels (malgré ceux du duc de Saint-Simon), les journaux intimes (malgré celui de Gide), les autobiographies (malgré les *Confessions* de Rousseau) ; on cherche parfois à faire admettre des genres encore plus marginaux, comme naguère la bande dessinée. La disposition des rayons de librairie est assez exemplaire : un seul des rayons est dit littéraire, mais le rayon des « nouveautés » est totalement indifférencié, en attendant qu'avec le temps (généralement très bref) les volumes gagnent des secteurs précis, que les textes ambigus trouvent un classement et que les invendables regagnent les entrepôts où l'oubli et la destruction les attendent.

c) À la littérature est rattachée la notion de **valeur esthétique** (il n'y a pas si longtemps la littérature s'appelait encore les « belles-lettres »), consacrée par la critique, les jurys littéraires et les académies. Leurs critères sont variables, et souvent contestés comme relevant de l'humeur, du parti pris idéologique, parfois simplement de la stratégie commerciale des éditeurs. Auparavant, les présentations de la grande presse et des émissions télévisées ont joué un rôle, faisant entrer en jeu le goût des présentateurs, la « télégénie » des auteurs. Mais le tout premier choix a déjà été opéré par les éditeurs, qui reçoivent beaucoup plus d'ouvrages qu'ils n'en publient : les textes refusés n'entreront jamais dans la littérature, sauf par une chance exceptionnelle comme celle de Proust qui, après le refus de trois éditeurs successifs, publia à ses frais *Du côté de chez Swann* et fut reconnu ensuite. Certains écrivains, comme Stendhal, traversent une longue période d'obscurité avant de connaître un succès durable. D'autres l'ont immédiat, mais bref, et sombrent dans l'oubli. C'est que la valeur est changeante selon les époques : elle se tient du côté de l'imitation des Anciens aux époques classiques, de l'appel à la sensibilité au XVIIIe siècle, du génie individuel chez les romantiques. Notre époque a vu présenter comme un idéal, au temps du Nouveau Roman, l'impassibilité et l'objectivité, avant de faire passer au premier plan, et souvent chez les mêmes écrivains, l'autobiographie. Il en a été de même avec l'évolution de ceux qui mettaient au premier plan l'idéologie révolutionnaire (Sartre, le Sollers de la revue *Tel Quel*), avant de suivre le déclin politique du communisme et de faire de sa critique ou de sa dérision un principe obligé. Les phénomènes de mode intellectuelle influent largement sur les valeurs esthétiques. C'est encore la notion de valeur (sur le plan des qualités narratives, de l'émotion créée, de la puissance imaginative) qui a conduit à parler, à propos de manifestations non écrites (contes, épopées, représentation théâtrales), de littérature orale, telle qu'elle apparaît dans des civilisations sans écriture ou pratiquant peu cette dernière, et dans la culture populaire.

Si nous mettons à part ces phénomènes, certes non négligeables, de mode, de commerce, et le domaine de l'enseignement littéraire (qui intervient après coup, et retient les valeurs consacrées, dans un but de préservation des acquis et de formation des jeunes générations), quels sont donc les traits internes de contenu et de forme qui caractérisent la littérature ?

Celle-ci offre à travers ses fictions une vision du monde et des hommes différente de celle des textes documentaires parce qu'elle fait une large part à la recréation par l'imaginaire. Elle peut aussi bien ressusciter les époques passées, en s'appuyant sur l'histoire, que peindre le présent, voire l'avenir comme l'ont fait Jules Verne et tant d'autres. Elle a de tout temps aimé les voyages, de l'*Odyssée* aux écrivains modernes. Elle s'intéresse à la société, à ses milieux particuliers, à ses rouages, à son évolution. Elle scrute les hommes, qu'il s'agisse de grands personnages idéalisés, de types humains, d'êtres totalement fictifs, ou du moi des écrivains. Elle s'attache aux idées, soit pour s'en faire le porte-parole dans la littérature à thèse, soit pour les incarner de façon plus vivante dans divers personnages.

Elle présente une remarquable variété de formes, répertoriées dans les genres (ou catégories générales d'œuvres) et les styles (moyens d'expression à caractère individuel). Parfois simple indice conventionnel de fiction ou masque commode pour éviter la censure, comme dans le conte philosophique au XVIIIe siècle, la forme fait souvent l'objet d'une recherche très poussée de la part des auteurs, et pas seulement quand il s'agit de poésie. En effet la littérature, tout en étant portée par le langage, est aussi travail sur le langage, pour l'enrichir, le polir ou le rendre plus acéré, en faire jaillir le maximum de sens ou de puissance évocatrice. Les livres que l'on considère comme les plus littéraires sont souvent aussi les plus résistants à la lecture, parce qu'au lieu de suivre les modèles courants, ils créent leurs propres modèles formels, se donnent un ensemble de règles internes plus riche et plus spécifique que les autres.

Elle est aussi mémoire : non seulement d'un passé historique ou individuel, mais d'autres textes qui lui sont sous-jacents. De nombreux textes citent, reprennent ou imitent plus ou moins ouvertement des textes-sources. On sait que l'imitation des Anciens était un principe de l'esthétique classique : un auteur tragique ne manquait pas de se réclamer d'un tragique grec, La Fontaine d'Ésope ou de Phèdre ; d'autres textes sont des parodies, c'est-à-dire des imitations bouffonnes, dans le genre du *Virgile travesti* de Scarron. Mais l'imitation a encore d'autres procédés, comme l'importation de formes et de thèmes de l'étranger : ainsi, les écrivains français de la Renaissance acclimatèrent d'Italie en France le sonnet et la nouvelle. Ou la satire des textes de sa propre époque, pratiquée par Rabelais. D'autres écrivains commentent des textes d'autrui, directement comme Pascal dans les *Provinciales*, ou s'y réfèrent plus ou moins tacitement, comme Zola se démarquant dans ses romans de ceux de Balzac, Proust de ceux de Zola, Sartre de ceux de Proust, et ainsi de suite. Le cas des pastiches est encore un rappel plus net de textes antérieurs. On estime qu'un texte littéraire a toujours un fonctionnement **intertextuel**, par lequel il reprend ou transforme d'autres textes, ce fonctionnement pouvant aller jusqu'à la **réécriture** (d'un texte de soi-même ou d'autrui).

6. Le théâtre

Il convient de faire une place tout à fait à part à la littérature de théâtre parce qu'elle ne relève pas du même système sémiologique que le reste de la littérature. Le théâtre est avant tout **représentation orale et gestuelle** d'une fiction par l'intermédiaire d'acteurs qui jouent avec leur propre corps des rôles ; par l'intermédiaire, aussi, de costumes, de décors, d'accessoires, d'une mise en scène. D'où l'importance du contact direct, qui n'a que peu de liens avec la lecture, du **spectateur** avec des voix humaines, des gestes, la vue d'un corps, d'objets matériels, de mouvements. Et pourtant les pièces de théâtre, même si à l'origine elles ont pu être improvisées (comme dans la commedia dell'arte), sont généralement **écrites** par leurs auteurs, imprimées dans des livres lus par d'autres lecteurs que les seuls acteurs et metteurs en scène. Il en résulte une situation hybride où se combinent l'imitation directe, et simultanément transmise, de la réalité ou d'une fiction, et la distance temporelle et intellectuelle produite par l'écriture et la lecture. Il en naît des points de vue divergents, parfois radicalement opposés, sur le théâtre comme pure célébration gestuelle et vocale, entièrement déterminée par les conditions de la représentation scénique (voir Antonin Artaud, *Le Théâtre et son double*), ou sur le théâtre considéré comme l'un des genres de la littérature, sur le même plan que le roman ou la poésie.

Il ne peut en tout cas être séparé radicalement de la littérature, en raison de la tradition écrite sur laquelle il s'appuie : les problèmes d'édition, de diffusion, de conservation, de commentaire des textes dramatiques ne sont pas foncièrement différents de ceux des autres textes littéraires. En Occident tout au moins, et depuis la Renaissance, on intègre le théâtre aux belles-lettres, et il nous semblerait bizarre de voir chasser de la littérature française Corneille, Racine et Molière. Enfin, nombreux sont les écrivains qui se sont partagés entre roman et théâtre (entre autres les Goncourt, Gide, Camus, Sartre, Jean Genet, Beckett) ou ont écrit des versions dramatiques de leurs romans (Zola, les Goncourt), ou se sont partagés entre poésie et théâtre (comme Cocteau et surtout Claudel, qui a donné différentes versions de ses pièces, pour la scène et pour la lecture) ; si bien que se trouve légitimée une lecture littéraire des textes dramatiques.

Néanmoins, ces textes sont toujours régis par des conventions particulières : absence ou rareté de l'élément narratif, découpage du texte en répliques, tableaux, scènes, actes, importance des **didascalies** (ou instructions de l'auteur portant sur le décor, les costumes, les gestes, la façon de proférer le texte), contraintes imposées par une représentation en direct, par le fait que le texte doit être parlé et joué. Ils sont construits sur un double système de communication : la communication entre les personnages qui se parlent sur la scène, et la communication, extérieure à la fiction, entre la scène et la salle. Les personnages ne peuvent communiquer entre eux comme si le public n'existait pas ; le langage qui leur est prêté est nécessairement orienté par ce second type de communication : il doit faire place à des formes de simplification, voire d'exagération, pour bien « passer la rampe » (des études érudites ont ainsi pu être consacrées au « langage dramatique » comme à un mode d'expression spécifique). Enfin, à travers ces deux systèmes de communication, l'auteur communique, indirectement, avec les spectateurs. Le personnage théâtral est aussi fictif que celui de roman, mais il est incarné par un acteur, à la fois intermédiaire et écran, qui lui prête son corps, sa voix, ses attitudes personnelles, reconnaissables dans son existence à la ville et dans les autres rôles qu'il a interprétés.

Le texte de théâtre est donc spécifique à l'intérieur de la littérature. Les mêmes remarques peuvent d'ailleurs être faites à propos des textes des fictions cinématographiques, quand ils sont publiés. Le scénario filmique de Bernanos pour les *Dialogues des carmélites* a été refusé par le cinéma, avant d'être représenté avec succès au théâtre. C'est cependant un fait rare, les textes littéraires étant généralement adaptés au cinéma et à la télévision, et non écrits directement pour eux.

En raison de cette grande spécificité, notre livre ne traitera pas les textes de théâtre de manière systématique. Mais il ne manquera pas de s'y référer lorsqu'un des points traités pourra s'appliquer à eux.

LECTURES COMPLÉMENTAIRES

BARTHES Roland, *Le Degré zéro de l'écriture*, Le Seuil, 1953.
GENETTE Gérard, *Seuils*, Le Seuil, 1987.
GIRARD, OUELLET, RIGAULT, *L'Univers du théâtre*, PUF, 1978.
JAKOBSON Roman, cité au chap. 1.
JOUVE Vincent, *La Lecture*, Hachette, 1993.
LARTHOMAS Pierre, *Le Langage dramatique*, A. Colin, 1972.
UBERSFELD Anne, *Lire le théâtre*, Éditions sociales, 1978.
Article « Livre » in *Dictionnaire des littératures de langue française*, Bordas, 1984.

Chapitre 3

L'auteur. Le narrateur. Le narrataire. Le personnage. Le pacte de lecture. L'incipit

La lecture littéraire ne relève pas d'une communication directe entre deux personnes, mais d'une communication médiatisée par une fiction et par l'écriture elle-même. C'est à travers une histoire inventée que l'auteur dit quelque chose au lecteur, et la forme et le style qu'il donne à cette histoire sont encore eux-mêmes des messages.

Nous laisserons pour l'instant de côté le cas du théâtre et celui des formes littéraires allocutives dans lesquelles l'auteur affecte de s'adresser au lecteur en personne et en toute sincérité, en utilisant le *je* et le *tu* (ou *vous*) : poésie lyrique, littérature exhortative, pamphlet, épître. Et tournons-nous vers les œuvres en forme de récit, comme le conte, la nouvelle, le roman, l'histoire.

1. L'auteur

La tradition littéraire a pratiqué, à ses débuts, la présentation directe du récit par l'auteur. Le plus ancien roman connu, *Les Aventures de Chéréas et Callirhoé* (roman grec de la fin du Ier siècle), commençait en ces termes : « Moi, Chariton d'Aphrodise, secrétaire du rhéteur Athénagore, je vais conter une histoire d'amour qui est arrivée à Syracuse. » On ne peut être plus précis, ni sur l'auto-présentation ni sur le contenu narratif. Nos plus anciens récits médiévaux ne sont pas très différents sur ce point. Voici le début du *Cligès* de Chrestien de Troyes (XIIe siècle) :

TEXTE 3

Cligès

Celui qui fit Érec et Énide et les Commandements d'Ovide et l'Art d'amour en roman mit, celui qui écrivit la Morsure de l'épaule, Le Roi Marc et Yseult la blonde, La Métamorphose de la huppe, de l'hirondelle et du rossignol, commence ici nouveau roman d'un jeune homme qui vivait en Grèce, de la maison du Roi Arthur. Avant que de lui je vous parle, vous entendrez la vie de son père, son origine et son lignage. Tant il fut preux et de fier courage que pour prendre honneur et renom, il alla de Grèce en Angleterre qui alors s'appelait Bretagne.

Cette histoire que je veux conter nous la trouvons écrite dans un des livres de la bibliothèque de monseigneur Saint-Pierre à Beauvais. Il en atteste la vérité, aussi doit-elle être crue. Par les œuvres que nous avons, nous connaissons la vie et les exploits des anciens dans le monde qui fut jadis. Ce nous ont nos livres appris que la Grèce eut en chevalerie grand renom autant que de science. Puis vint la chevalerie à Rome et avec elle grande somme de savoir qui maintenant est passée en France. Dieu donne qu'elles y soient retenues ; qu'en ce lieu le séjour leur plaise et que jamais ne sorte de France la gloire qui s'y est arrêtée !

Dieu ne les avait que prêtées à ces Grecs et ces Romains dont on ne parle plus du tout, car leur vive braise est éteinte.

Chrétien compose son roman selon ce que conte le livre écrit sur un empereur puissant en richesses comme en honneur, qui régna sur la Grèce et sur Constantinople.

L'impératrice était belle et noble, dont l'empereur eut deux enfants. Mais le premier fut si grand qu'avant la naissance de l'autre il aurait pu — s'il l'eût voulu — devenir chevalier et régner sur tout l'Empire. Ce premier eut nom Alexandre. Alis fut nommé le plus jeune. Nous vous conterons l'histoire d'Alexandre.

Chrestien de Troyes, *Cligès* (1176)

L'auteur se présente d'abord à la troisième personne, puis à la première, puis de nouveau à la troisième ; il se fait reconnaître par la liste de ses livres antérieurs (*Érec* et *Énide*, etc.), et se nomme enfin (« Chrétien compose... »). Toutefois, il ne se désigne que comme le rapporteur d'une histoire qu'il a lue ailleurs (dans le livre de monseigneur Saint-Pierre).

Plus tard, l'auteur ne se désigne plus dans le récit lui-même, mais à l'extérieur, sur la page de titre. Mais la variété des pratiques nous amène à faire un certain nombre de distinctions. La première est celle de l'homme biographique et de l'auteur. Le premier a un état-civil réel, et se définit par l'existence qu'il mène, les faits vécus de cette existence, sa psychologie, son insertion dans la société. Il devient auteur s'il écrit et publie des livres, et acquiert par là un statut social nouveau, à travers l'édition et la distribution de ses ouvrages. Mais ce titre d'auteur existe avant tout par rapport aux livres, et l'homme biographique prend souvent ses distances par rapport à lui : il peut ne pas signer ses livres et garder l'anonymat pour échapper à des poursuites (ce qui était fréquemment le cas au XVIIIe siècle), ou les signer d'un nom de fantaisie, pseudonyme de circonstance ou conservé pour l'ensemble de l'œuvre, de façon à bien distinguer l'auteur de la personne : nombreux sont les grands pseudonymes de notre littérature (Voltaire, Stendhal, George Sand, Guillaume Apollinaire, Anatole France, Saint-John Perse, Céline), y compris de nos jours, où le risque de censure a disparu (Julien Gracq, Marguerite Duras, Philippe Sollers...). On connaît même des cas où la même personne use de pseudonymes différents pour ses diverses œuvres : ainsi Voltaire, dont le nom est lui-même déjà un pseudonyme, présente *Candide ou l'optimisme* comme « traduit de l'allemand, de M. le Docteur Ralph » ; un cas moderne est celui de l'écrivain ayant utilisé successivement les pseudonymes de Romain Gary et d'Émile Ajar. Il existe aussi des pseudonymes collectifs, derrière lesquels s'abritent plusieurs auteurs. Un cas extrême est celui des « nègres », auteurs véritables et inconnus de livres signés par quelqu'un d'autre.

La mise à distance de l'auteur par l'homme peut s'effectuer par d'autres moyens, dont le plus courant consiste à inventer un narrateur, distinct de l'auteur, et à le charger de raconter l'histoire. Stendhal (pseudonyme d'Henri Beyle) s'y emploie de façon typique dans l'« Avertissement » de *La Chartreuse de Parme* :

TEXTE 4

Avertissement

C'est dans l'hiver de 1830 et à trois cents lieues de Paris que cette nouvelle fut écrite ; ainsi aucune allusion aux choses de 1839.

Bien des années avant 1830, dans le temps où nos armées parcouraient l'Europe, le hasard me donna un billet de logement pour la maison d'un chanoine : c'était à Padoue, charmante ville d'Italie ; le séjour s'étant prolongé, nous devînmes amis.

Repassant à Padoue vers la fin de 1830, je courus à la maison du bon chanoine : il n'était plus ; je le savais, mais je voulais revoir le salon où nous avions passé tant de soirées aimables, et, depuis, si souvent regrettées. Je trouvai le neveu du chanoine et la femme de ce neveu qui me reçurent comme un vieil ami. Quelques personnes survinrent, et l'on ne se sépara que fort tard ; le neveu fit venir du café Pedroti un excellent zambajon. Ce qui nous fit veiller surtout, ce fut l'histoire de la duchesse Sanseverina à laquelle quelqu'un fit allusion, et que le neveu voulut bien raconter tout entière, en mon honneur.

— Dans le pays où je vais, dis-je à mes amis, je ne trouverai guère de soirées comme celle-ci, et pour passer les longues heures du soir je ferai une nouvelle de votre histoire.

— En ce cas, dit le neveu, je vais vous donner les annales de mon oncle, qui, à l'article Parme, mentionne quelques-unes des intrigues de cette cour, du temps que la duchesse y faisait la pluie et le beau temps ; mais, prenez garde ! cette histoire n'est rien moins que morale, et maintenant que vous vous piquez de pureté évangélique en France, elle peut vous procurer le renom d'assassin.

Je publie cette nouvelle sans rien changer au manuscrit de 1830, ce qui peut avoir deux inconvénients :

Le premier pour le lecteur : les personnages étant italiens l'intéresseront peut-être moins, les cœurs de ce pays-là diffèrent assez des cœurs français : les Italiens sont sincères, bonnes gens, et, non effarouchés, disent ce qu'ils pensent ; ce n'est que par accès qu'ils ont de la vanité ; alors elle devient passion, et prend le nom de *puntiglio*. Enfin la pauvreté n'est pas un ridicule parmi eux.

Le second inconvénient est relatif à l'auteur.

J'avouerai que j'ai eu la hardiesse de laisser aux personnages les aspérités de leurs caractères ; mais, en revanche, je le déclare hautement, je déverse le blâme le plus moral sur beaucoup de leurs actions. À quoi bon leur donner la haute moralité et les grâces des caractères français, lesquels aiment l'argent par-dessus tout et ne font guère de péchés par haine ou par amour ? Les Italiens de cette nouvelle sont à peu près le contraire. D'ailleurs il me semble que toutes les fois qu'on s'avance de deux cents lieues du midi au nord, il y a lieu à un nouveau paysage comme à un nouveau roman. L'aimable nièce du chanoine avait connu et même beaucoup aimé la duchesse Sanseverina, et me prie de ne rien changer à ses aventures, lesquelles sont blâmables.

23 janvier 1839.

Stendhal, *La Chartreuse de Parme* (1839)

Nous constatons :

— que l'auteur Stendhal ment : il a en réalité écrit le roman en 1838, et non en 1830 (mise à distance temporelle) ;

— qu'il invente le récit (passé sous ellipse) du neveu du chanoine ;

— qu'il invente les annales de l'oncle qu'il prétend reproduire.

Soit toute une série d'intermédiaires qui ont pour effet d'éloigner le récit de la personne qui l'a effectivement composé et de permettre à cette dernière d'écarter tout reproche d'immoralité (« je déverse le blâme le plus moral... »).

Les rapports entre l'homme privé et l'auteur sont variés. Nous venons de les voir plutôt distendus. Mais dans le cas de l'autobiographie, ils sont au contraire resserrés : l'auteur raconte l'homme. Des cas plus complexes se présentent, comme celui du roman de Proust, *À la recherche du temps perdu* : le livre présente l'aspect d'une autobiographie, en tout cas l'auteur dit « je » et semble bien dépeindre l'homme ; mais à plusieurs reprises, dans sa correspondance, Proust écrit que le personnage qui dit « je » n'est pas lui. Et dans un commentaire de *Contre Sainte-Beuve*, il s'insurge contre la méthode du grand critique qui voulait juger de l'œuvre en étudiant l'homme, car, pour lui, l'homme et l'écrivain, s'ils coïncident en un seul corps, correspondent à deux « moi » différents :

> La fameuse méthode [...] qui consiste à ne pas séparer l'homme et l'œuvre, à considérer qu'il n'est pas indifférent pour juger l'auteur d'un livre [...] d'avoir d'abord répondu aux questions qui paraissent le plus étrangères à son œuvre (comment se comportait-il...), à s'entourer de tous les renseignements possibles sur un écrivain, à collationner ses correspondances, à interroger les hommes qui l'ont connu, en causant avec eux s'ils vivent encore, en lisant ce qu'ils ont pu écrire sur lui s'ils sont morts, cette méthode méconnaît ce qu'une fréquentation un peu profonde avec nous-même nous apprend : qu'un livre est le produit d'un autre moi que celui que nous manifestons dans nos habitudes, dans la société, dans nos vices.

La conséquence d'une telle position est que la figure de l'auteur, telle qu'elle nous apparaît à travers son œuvre, est une figure recomposée par la lecture, constituée par des traits répétitifs que nous dégageons de celle-ci, et bien distincte de celle que nous livre l'enquête biographique. Il y a donc bien lieu, même si la vie et l'œuvre ne sont pas nécessairement sans relations, de distinguer en principe l'homme et l'auteur.

2. Le narrateur

Quant au narrateur, pas toujours identifié dans le récit (il peut ne jamais être nommé), c'est une instance indispensable, mais fluctuante. Déjà, dans le texte 4, nous avons perçu plusieurs degrés de narration : un narrateur général qui semble se confondre avec l'auteur, et des narrateurs subordonnés, le chanoine et son neveu, dont les récits sont pris en charge par le premier.

Songeons maintenant à l'histoire de *Manon Lescaut* : nous constatons qu'elle est une partie des *Mémoires d'un homme de qualité*, dont l'auteur est l'abbé Prévost, et le narrateur un certain marquis de Renoncour, personnage fictif. *Manon* commence par un « Avis de l'auteur des *Mémoires d'un homme de qualité* », dont l'émetteur n'est pas Prévost, mais Renoncour comme auteur fictif de ces *Mémoires*. Au début de la première partie, le même Renoncour, narrateur principal, raconte qu'à deux ans d'intervalle il rencontre un jeune homme, le chevalier Des Grieux, accablé de chagrins, et qu'à la seconde entrevue celui-ci se met à raconter son histoire :

> Je dois avertir ici le lecteur [dit alors Renoncour] que j'écrivis son histoire presque aussitôt après l'avoir entendue, et qu'on peut s'assurer, par conséquent, que rien n'est plus exact et plus fidèle que cette narration. Je dis fidèle jusque dans la relation des réflexions et des sentiments que le jeune aventurier exprimait de la meilleure grâce du monde. Voici donc son récit, auquel je ne mêlerai, jusqu'à la fin, rien qui ne soit de lui.

Des Grieux commence alors son propre récit, qui est donc secondaire par rapport à celui de l'homme de qualité, bien qu'il occupe toute la suite du roman. Et d'autres récits, par d'autres narrateurs, interviennent encore à l'intérieur de celui-ci, introduisant de nouveaux degrés de subordination.

Dans les *Mille et Une Nuits*, d'auteur inconnu et vraisemblablement multiple, un narrateur non désigné rapporte d'après « les chroniques des Sassaniens » (narrateur secondaire, collectif), l'histoire du sultan Schahriar qui, ayant été trompé par son épouse, la tue, et se fait amener chaque soir une jeune fille nouvelle qu'il épouse et tue le lendemain matin. Pour interrompre le carnage, Schéhérazade, la fille du grand vizir, se fait épouser à son tour, et imagine de raconter le matin suivant une belle histoire qu'elle n'achève pas, de sorte que le sultan lui fait grâce pour entendre la suite le lendemain. Et ainsi de suite indéfiniment. On trouve donc une hiérarchie de narrateurs : le narrateur anonyme principal, les chroniqueurs des Sassaniens, Schéhérazade, et à l'intérieur de ses récits d'autres narrateurs subordonnés.

Gérard Genette a analysé rigoureusement cette hiérarchie de niveaux narratifs dans *Figures III*, et leur a donné des noms. Un narrateur situé au premier degré, donc à l'extérieur de l'histoire elle-même (comme le narrateur de *La Chartreuse de Parme*), est appelé **narrateur extradiégétique** (la **diégèse** étant l'histoire racontée). Un narrateur de second degré, comme Des Grieux dans *Manon Lescaut*, est un **narrateur intradiégétique**, de même que ceux qui se trouvent au troisième, quatrième degré, etc. Une seconde distinction sépare le narrateur qui est lui-même un personnage de l'histoire qu'il raconte, ou **narrateur homodiégétique** (tel Des Grieux), et le narrateur extérieur à cette histoire, ou **hétérodiégétique** (tel le héros du roman de Proust racontant « Un amour de Swann », épisode survenu avant sa propre naissance).

Sans nous attarder à des distinctions raffinées, nous retiendrons les quatre combinaisons suivantes :

— le récit extradiégétique-hétérodiégétique, où le narrateur premier raconte une histoire dont il n'est pas participant : c'est le cas d'Homère pour l'*Iliade* ;

— le récit extradiégétique-homodiégétique, où le narrateur premier raconte une histoire dont il est un des personnages, comme César racontant la Guerre des Gaules (à la troisième personne) ou les textes autobiographiques (à la première) ;

— le récit intradiégétique-hétérodiégétique, comme ceux de Schéhérazade, narrateur second, racontant des histoires où elle n'a pas part ;

— le récit intradiégétique-homodiégétique, avec un narrateur second racontant une histoire à laquelle il a part, comme Des Grieux dans *Manon Lescaut*.

3. Le narrataire

Le destinataire du message du narrateur est appelé narrataire et lui est symétrique. Le plus souvent, narrataire et narrateur sont au même niveau, parce qu'ils appartiennent à la même histoire : ainsi deux personnages qui conversent entre eux. Mais le passage d'un niveau à l'autre est toujours possible : ainsi Des Grieux, narrateur second, racontant sa propre histoire à Renoncour, narrateur premier.

Le narrateur extradiégétique adresse en principe son récit à un narrataire de même niveau, qui est le lecteur virtuel, généralement non spécifié, encore que parfois il l'interpelle, en le classant dans certaines catégories générales : jeune lecteur, ami lecteur, lecteur soucieux de vérité, lecteur étonné, « vous qui tenez ce livre d'une main blanche, vous qui vous enfoncez dans un moelleux fauteuil » (Balzac, début du *Père Goriot*) ; ou en le figurant plus précisément grâce à un prénom, comme dans *Les Nourritures terrestres* (1897), où Gide s'adresse à un Nathanaël, qui devient « camarade » dans *Les Nouvelles Nourritures* (1935). Un cas très rare est celui de *La Modification* de Michel Butor, où le narrateur-héros se représente en s'adressant à lui-même (« Vous avez mis le pied gauche dans la rainure de cuivre... »), par une identification du narrateur et du narrataire.

Une lecture attentive peut s'efforcer de déterminer à partir du texte la configuration de ce narrataire, selon des catégories d'âge, de sexe, de milieu social, de caractère, d'intérêt supposé pour le récit. Le lecteur virtuel fonctionne comme un relais vers le lecteur réel. Mais c'est ce dernier, en fin de compte, qui accorde ou refuse son attention au texte et jouit d'un pouvoir de jugement sur lui.

4. Le personnage

Dans le récit littéraire, le personnage, auquel nous consacrerons plus loin le chapitre 11, est, il faut le souligner dès maintenant, **un être de fiction**. Même si son nom et des traits nombreux sont empruntés à la réalité empirique, il n'en est pas moins le résultat d'une construction de l'auteur. C'est un « être de papier ». Sa relation avec la réalité est variable ; il peut être une fiction pure, une composition à partir de plusieurs « modèles », un personnage historique intégré sous son nom à l'histoire racontée, sans devenir « réel » pour autant (c'est le cas de Charlemagne dans la *Chanson de Roland*, de Napoléon dans *Le Rouge et le noir*), ou inversement un personnage dont le nom est fictif mais qui recouvre le portrait d'une personne existante : c'est l'éternelle question des clefs ; ainsi, pour prendre des exemples récents, *Les Mandarins* de Simone de Beauvoir, *Femmes* de Philippe Sollers ou *Les Samouraïs* de Julia Kristeva évoquent de façon assez précise, derrière des noms transformés, des personnes facilement reconnaissables de l'actualité.

L'autobiographie est un cas très particulier. Ce genre unit, sous un même nom propre et sous le même pronom « je », l'auteur (qui sert de « modèle »), le narrateur et le personnage. Le cas le plus typique est celui de Jean-Jacques Rousseau, qui raconte sa propre existence et le proclame hautement dès les premières pages. Chateaubriand donne un autre exemple illustre avec les *Mémoires d'outre-tombe*, et plus récemment Sartre avec *Les Mots* (1963) et Simone de Beauvoir avec toute la série de ses mémoires (*Mémoires d'une jeune fille rangée*, etc.). La réunion en une seule des trois instances semblerait garantir la plus grande proximité possible du personnage avec l'homme biographique. Mais, en fait, le genre n'exclut ni l'erreur ni le mensonge. Notons que l'autobiographie comporte différents sous-genres dont les désignations expriment des rapports différents avec la réalité : les **mémoires** insistent sur la relation de la vie décrite avec les grands événements et les grands hommes de l'époque ; les **confessions** marquent surtout un caractère individuel, la revendication d'être à part, l'aveu de fautes commises ; le **journal** indique une rédaction au jour le jour ; les **souvenirs** une histoire personnelle fragmentaire.

La fiction permet des récits où le « je » n'est que partiellement autobiographique. Le narrateur d'*À la recherche du temps perdu*, jamais nommé, s'attribue vers la fin du roman le prénom de Marcel, comme celui de Proust, mais avec beaucoup de réserves et comme par accident. Il est vrai que ce narrrateur-héros a de nombreuses ressemblances psychologiques avec l'auteur et qu'il incarne la plupart des jugements de celui-ci, mais il n'y a que des coïncidences intermittentes entre leurs deux vies. D'autres romans sont plus délibérément des pseudo-autobiographies : les *Mémoires d'Hadrien*, de Marguerite Yourcenar (1951), racontent fictivement, à la première personne, la vie de l'empereur romain du IIe siècle après Jésus-Christ. *Dans la main de l'ange*, de Dominique Fernandez (1982), celle du cinéaste Pier Paolo Pasolini, avec toutefois, en exergue, cette phrase de Chateaubriand qui explique le lien entre l'auteur et celui dont il écrit la vie à la première personne : « On ne peint bien que son propre cœur, en l'attribuant à un autre. »

De nos jours encore, Serge Doubrovsky assure inventer un type nouveau d'autobiographie dans ses romans (*Fils*, 1977 ; *Un amour de soi*, 1982 ; *Le Livre brisé*, 1989), l'**autofiction** : c'est en réalité une confession sans la moindre indulgence, et même avec beaucoup de complaisance, et qui tend à assumer le rôle d'une psychanalyse. L'élément de fiction réside dans une composition plus thématique que chronologique (les faits n'étant pas racontés dans leur ordre d'apparition réel, mais redisposés selon un autre plan), et dans des effets de style : « À civilisation décomposée, discours brisé. La tête parlera théorie, le sexe argot. Le cœur ergote, avec, toutefois, ce résultat paradoxal qu'en cédant l'initiative au jeu inopiné des mots, aux dérapages des sons et des sens, le malheur de vivre se transmue peu à peu en joie d'écrire. »

5. Le pacte de lecture

À propos de la relation entre l'auteur et le lecteur, on parle fréquemment, aujourd'hui, d'un pacte de lecture que le premier passe avec le second. Il s'agit d'une sorte de contrat plus ou moins explicite indiquant dans quel sens général doit être comprise la forme de l'œuvre. Le type qui a été étudié avec le plus de précision est le **pacte autobiographique** (voir l'ouvrage de Philippe Lejeune qui porte ce titre ; Le Seuil, 1975) : il se manifeste, au début du livre, par l'affirmation de l'identité entre les noms de l'auteur, du narrateur et du personnage principal. Vérifions-le dans le début des *Confessions* de Rousseau :

TEXTE 5

Les confessions

Je forme une entreprise qui n'eut jamais d'exemple, et dont l'exécution n'aura point d'imitateur. Je veux montrer à mes semblables un homme dans toute la vérité de la nature ; et cet homme, ce sera moi.

Moi seul. Je sens mon cœur et je connois les hommes. Je ne suis fait comme aucun de ceux que j'ai vus ; j'ose croire n'être fait comme aucun de ceux qui existent. Si je ne vaux pas mieux, au moins je suis autre. Si la nature a bien ou mal fait de briser le moule dans lequel elle m'a jetté, c'est ce dont on ne peut juger qu'après m'avoir lu.

> Que la trompette du jugement dernier sonne quand elle voudra ; je viendrai ce livre à la main me présenter devant le souverain juge. Je dirai hautement : voilà ce que j'ai fait, ce que j'ai pensé, ce que je fus. J'ai dit le bien et le mal avec la même franchise. Je n'ai rien tu de mauvais, rien ajouté de bon, et s'il m'est arrivé d'employer quelque ornement indifférent, ce n'a jamais été que pour remplir un vide occasionné par mon défaut de mémoire ; j'ai pu supposer vrai ce que je savois avoir pu l'être, jamais ce que je savois être faux. Je me suis montré tel que je fus, méprisable et vil quand je l'ai été, bon, généreux, sublime, quand je l'ai été : j'ai dévoilé mon intérieur tel que tu l'as vu toi-même. Être éternel, rassemble autour de moi l'innombrable foule de mes semblables : qu'ils écoutent mes confessions, qu'ils gémissent de mes indignités, qu'ils rougissent de mes misères. Que chacun d'eux découvre à son tour son cœur aux pieds de ton trône avec la même sincérité ; et puis qu'un seul te dise, s'il l'ose : *je fus meilleur que cet homme-là.*
>
> Je suis né à Genève en 1712 d'Isaac Rousseau Citoyen et de Susanne Bernard Citoyenne. Un bien fort médiocre à partager entre quinze enfants ayant réduit presque à rien la portion de mon père, il n'avoit pour subsister que son métier d'horloger, dans lequel il étoit, à la vérité, fort habile. Ma mère, fille du Ministre Bernard, étoit plus riche ; elle avoit de la sagesse et de la beauté : ce n'étoit pas sans peine que mon père l'avoit obtenue.

Jean-Jacques Rousseau, *Confessions* (1782)

Rousseau s'est nommé dès le titre (*Les Confessions de Jean-Jacques Rousseau*), et il commence dès la deuxième page du récit par dévoiler son état-civil et son ascendance. Le récit est à la première personne, l'homme Rousseau s'affirme comme narrateur. Et il se désigne on ne peut plus clairement comme objet de la narration. À ces clauses de base le contrat ajoute plusieurs conditions particulières :

— l'auteur se désigne comme un type nouvellement introduit dans la littérature : « un homme dans toute la vérité de la nature » ;

— il s'affirme totalement autre parmi les hommes : « Je ne suis fait comme aucun de ceux que j'ai vus... » ;

— il promet solennellement une totale sincérité ;

— il entend se réhabiliter devant ses pareils : « Qu'un seul te dise, s'il l'ose : je fus meilleur que cet homme-là. »

Les autres types de pactes n'ont pas été décrits avec la même précision. On les situe la plupart du temps dans les **incipit** des ouvrages, c'est-à-dire dans les premiers mots ou les premiers paragraphes (mais la dimension est en fait extensible à tout ce qui constitue le démarrage). C'est là en effet que selon une « rhétorique de l'ouverture » les écrivains répondent aux questions de base sur les personnages (ou au moins un d'entre eux), le temps, le lieu, le point de départ de l'intrigue, posent une énigme, laissent apparaître certains présupposés idéologiques, ébauchent tel type de discours particulier. Mais le pacte se dégage tout autant du **paratexte**, c'est-à-dire des interventions de l'auteur qui précèdent ou entourent le texte sans en faire partie à proprement parler, et sont lues avant lui : titre et sous-titres, dédicace, épigraphe, avant-propos, avertissement, préface, notice, quatrième page de couverture, bande-annonce, etc.

Prenons le cas d'un premier roman, *L'Œuvre des mers*, d'Eugène Nicole (Éd. François Bourin, 1988). Le lecteur ne connaît rien de l'auteur, et le titre, énigmatique, n'évoque au plus que l'immensité liquide. L'ouvrage est signalé « roman ». C'est la « quatrième de couverture », généralement lue immédiatement après la « première », qui nous donne les premiers renseignements ; la voici :

TEXTE 6

Saint-Pierre-et-Miquelon. Pays de naufrages, de neige et de brouillard, cet archipel perdu au large de Terre-Neuve vibre encore des rêves, des tribulations et des hauts faits qui hantent sa mémoire.

De Paris puis de New York, le narrateur mêle ses souvenirs et son imagination pour évoquer cette terre de son enfance. Comme sur la scène de l'Œuvre-des-Mers, unique théâtre et cinéma de Saint-Pierre, de curieux personnages apparaissent : Gabie qui, le 20 mai 1927, regarde passer l'avion de Lindbergh et croit sans étonnement voir voler au-dessus d'elle la seule voiture de l'archipel ; les sœurs « toquées » qui font deux fois par jour le tour de l'île en transportant des sacs de sable ; Monsieur, l'instituteur qui se prend pour Jacques Cartier. Lieu de leur destin, l'archipel déploie ses paysages, sa féerie quotidienne, sa beauté, son mystère.

Foisonnant, comme fait au petit point, *L'Œuvre des mers* mêle le présent, l'histoire et la légende. Et cette traversée de la mémoire collective et individuelle, topographique et météorologique, nous restitue la voix oubliée du mythe.

Eugène Nicole, *L'Œuvre des mers,* © Éd. François Bourin (1988)

Un lieu : l'archipel de Saint-Pierre-et-Miquelon. Plusieurs temps : le présent, l'histoire et la légende. Une maison commune, unique théâtre et cinéma : l'Œuvre-des-Mers, consacrée au déploiement des fantasmes. Un narrateur, qui ne se dit pas l'auteur, et qui annonce mêler souvenirs et imagination, « mémoire collective et individuelle, topographique et météorologique ». Divers personnages, auxquels on peut à tous attribuer la qualité de « toqués ». La voix annoncée du mythe. Le lecteur intrigué s'attend, d'après ce « pacte », à une œuvre mêlant les caractéristiques du roman ethnographique, du type du *Cheval d'orgueil*, de Pierre-Jackez Hélias (1975), et celles de l'autobiographie à demi fantastique comme *Le Miroir qui revient* d'Alain Robbe-Grillet (1985).

Une double dédicace est adressée au « caillou » (c'est-à-dire l'île) et « à la mémoire de Marie-Stella et de Henri Nicole », probablement les parents défunts de l'auteur : elle accentue le pacte du côté topographique et du côté familial.

Suit une épigraphe de Chateaubriand, tirée d'un chapitre *des Mémoires d'outre-tombe* intitulé : « Jeux marins. Île Saint-Pierre » : « Et vous serez parée pour le vent, la montagne et la mer. » La topographie encore, et chose importante, une caution littéraire. La citation retient la beauté *(parée),* les trois éléments de l'air, de la terre et de l'eau, et un rythme de phrase remarquable (six, puis trois fois trois syllabes).

La page suivante reproduit une carte de l'archipel, aide founissant des repères au lecteur, et affirmant encore une fois l'importance du lieu. Enfin, après ce pacte paratextuel surabondamment formulé, nous trouvons le sous-titre du premier chapitre « L'époque de Télo », et le texte lui-même dont voici l'incipit :

TEXTE 7

Le monoplan

Le 20 mai 1927, à la douzième heure de son vol historique, – ainsi qu'il le rapporte dans ses *Mémoires* – Lindbergh aperçut de la carlingue de son monoplan les « petites îles françaises de Saint-Pierre-et-Miquelon ». Seule, à l'extrémité de l'anse de Savoyard, une jeune femme qui cueillait des graines sur les pentes arasées de la colline le vit passer. Elle ne parvint jamais à expliquer par la suite ce qu'elle avait ressenti quand, troublée par un bruit de moteur, elle releva la tête et observa en l'air ce point noir qui traversait l'espace en grossissant.

On mit bien longtemps à comprendre qu'ignorant les progrès de l'aviation et à moitié simplette, elle avait interprété la scène à sa manière et prêté à l'aéroplane la forme de la seule voiture automobile qu'elle connût. Folle d'émotion d'avoir vu dans le ciel la Peugeot brune de M. Télo, elle s'élança sur la route Iphigénie et parcourut hors d'haleine les quelques kilomètres de bitume qui la séparaient de la ville. Devant le cimetière, elle se trouva mal. Elle accoucha quelques heures plus tard d'un garçon qui, comme elle, se révéla bientôt simple d'esprit. Elle se nommait Gabie, et lui, Clément. Mais comme il louchait, on l'appela Coco-Bel-Œil.

Eugène Nicole, *L'Œuvre des mers*, © Éd. François Bourin (1988)

Les premiers mots ajustent le récit sur un repère historique et, à cette occasion, insistent sur l'insularité de Saint-Pierre, sur son isolement de la civilisation technique, et sur le fait que les deux seuls habitants dès ce moment signalés sont tous deux des simples d'esprit, qui ont des « visions ». Place sera donc faite au réel exact (avec ce début daté à la manière de Balzac ou du roman historique), mais aussi à l'étrange.

Cet examen d'un pacte particulier a été fructueux, parce qu'il se trouvait être spécialement redondant. Mais très souvent l'incipit fournit un pacte suffisant, et nous allons en passer en revue quelques-uns tirés d'écrivains célèbres.

6. Quelques incipit caractéristiques

D'une manière générale, l'incipit met en avant un ou des personnages (pas toujours les plus importants), des circonstances de lieu et de temps, une atmosphère, des indications de sous-genre (par exemple « Il était une fois... » annonce un conte), un ton général de discours (intimiste, oratoire, ironique), une orientation réaliste ou non, parfois une thématique déjà précise. Faisant entrer le lecteur dans un univers fictif, il ménage des transitions entre cet univers encore inconnu et celui, supposé connu, où évoluent auteur et lecteur : traces de la personnalité de l'auteur, références et allusions à un ensemble de connaissances et de références communes, historiques, sociales, culturelles. Il existe même des incipit trompeurs, qui annoncent autre chose que la suite véritable, ou, beaucoup plus couramment, énigmatiques, de façon à susciter le suspens.

Nous en prendrons ci-dessous une série comme exemples caractéristiques, et nous indiquerons pour chacun les pistes qu'il trace à notre intention.

TEXTE 8

Panique à Meung

Le premier lundi du mois d'avril 1625, le bourg de Meung, où naquit l'auteur du Roman de la Rose, semblait être dans une révolution aussi entière que si les huguenots en fussent venus faire une seconde Rochelle. Plusieurs bourgeois, voyant s'enfuir les femmes du côté de la Grande-Rue, entendant les enfants crier sur le seuil des portes, se hâtaient d'endosser la cuirasse et, appuyant leur contenance quelque peu incertaine d'un mousquet ou d'une pertuisane, se dirigeaient vers l'hôtellerie du Franc Meunier, devant laquelle s'empressait, en grossissant de minute en minute, un groupe compact, bruyant et plein de curiosité.

En ce temps-là les paniques étaient fréquentes, et peu de jours se passaient sans qu'une ville ou l'autre enregistrât sur ses archives quelque événement de ce genre. Il y avait les seigneurs qui guerroyaient entre eux ; il y avait le roi qui faisait la guerre au cardinal ; il y avait l'Espagnol qui faisait la guerre au roi. Puis, outre ces guerres sourdes ou publiques, secrètes ou patentes, il y avait encore les voleurs, les mendiants, les huguenots, les loups et les laquais, qui faisaient la guerre à tout le monde. Les bourgeois s'armaient toujours contre les voleurs, contre les loups, contre les laquais, — souvent contre les seigneurs et les huguenots, — quelquefois contre le roi, — mais jamais contre le cardinal et l'Espagnol. Il résulta donc de cette habitude prise, que, ce susdit premier lundi du mois d'avril 1625, les bourgeois, entendant du bruit, et ne voyant ni le guidon jaune et rouge, ni la livrée du duc de Richelieu, se précipitèrent du côté de l'hôtel du Franc Meunier.

Arrivé là, chacun put voir et reconnaître la cause de cette rumeur.

Alexandre Dumas, *Les Trois Mousquetaires* (1844)

Ce début des *Trois Mousquetaires* se présente comme un récit à la troisième personne n'impliquant ni le narrateur ni le narrataire, au passé et de type historique, avec la grande précision de la date, les situations sociales d'époque, les nombreux termes désignant les réalités du moment, un pittoresque appuyé.

C'est un passage plein de vivacité et de suspens : les curieux, puis les bourgeois se précipitent, forment des groupes excités et armés, les menaces endémiques multiples sont rappelées.

À ces aspects se mêle constamment l'ironie des contrastes : un bourg paisible est comparé à La Rochelle, les bourgeois armés gardent d'abord une « contenance quelque peu incertaine » et ne se précipitent qu'une fois assurés qu'aucun danger sérieux n'est à craindre ; l'énumération des dangers est excessive et hétérogène (les mendiants, les laquais) ; la date précise est répétée avec insistance à la fin, comme s'il devait s'agir d'un événement de la plus grande importance.

Le lecteur s'attend donc dès lors à un récit archaïsant, animé, pittoresque et plaisant.

TEXTE 9

Candide

CHAPITRE PREMIER
COMMENT CANDIDE FUT ÉLEVÉ DANS UN BEAU CHÂTEAU, ET COMMENT IL FUT CHASSÉ D'ICELUI

Il y avait en Vestphalie, dans le château de monsieur le baron de Thunder-ten-tronckh, un jeune garçon à qui la nature avait donné les mœurs les plus douces. Sa physionomie annonçait son âme. Il avait le jugement assez droit, avec l'esprit le plus simple ; c'est, je crois, pour cette raison qu'on le nommait Candide. Les anciens domestiques de la maison soupçonnaient qu'il était fils de la sœur de monsieur le baron, et d'un bon et honnête gentilhomme du voisinage, que cette demoiselle ne voulut jamais épouser parce qu'il n'avait pu prouver que soixante et onze quartiers, et que le reste de son arbre généalogique avait été perdu par l'injure du temps.

Monsieur le baron était un des plus puissants seigneurs de la Vestphalie, car son château avait une porte et des fenêtres. Sa grande salle même était ornée d'une tapisserie. Tous les chiens de ses basses-cours composaient une meute dans le besoin ; ses palefreniers étaient ses piqueurs ; le vicaire du village était son grand aumônier. Ils l'appelaient tous Monseigneur, et ils riaient quand il faisait des contes.

Madame la baronne, qui pesait environ trois cent cinquante livres, s'attirait par là une très grande considération, et faisait les honneurs de la maison avec une dignité qui la rendait encore plus respectable. Sa fille Cunégonde, âgée de dix-sept ans, était haute en couleur, fraîche, grasse, appétissante. Le fils du baron paraissait en tout digne de son père. Le précepteur Pangloss était l'oracle de la maison, et le petit Candide écoutait ses leçons avec toute la bonne foi de son âge et de son caractère.

Pangloss enseignait la métaphysico-théologo-cosmolonigologie. Il prouvait admirablement qu'il n'y a point d'effet sans cause, et que, dans ce meilleur des mondes possibles, le château de monseigneur le baron était le plus beau des châteaux, et madame la meilleure des baronnes possibles.

Voltaire, *Candide ou l'optimisme* (1759)

Le début de *Candide* nous frappe d'abord par son titre à l'ancienne, formulé selon l'usage latin sous forme de propositions interrogatives indirectes (« Comment... »), et comportant l'adverbe « icelui », déjà très archaïque au XVIIIe siècle. Cette vétusté et cette lourdeur correspondent bien à l'auteur fictif désigné par le titre : un certain « docteur Ralph ».

« Il y avait » annonce un conte. « En Vestphalie » ouvre sur un exotisme européen, c'est-à-dire un éloignement dans l'espace après le recul dans le temps suggéré par le titre : moyens pour l'auteur réel de se mettre à l'abri de la censure de son pays. Cela lui permet en outre des plaisanteries sur les noms, les mœurs et la culture germaniques. Le héros Candide porte pourtant un nom bien français, ce qui l'oppose aux autres personnages (bien qu'il soit allemand comme eux) et le rapproche de Voltaire lui-même. Ce nom symbolisant une qualité est dans la tradition de la littérature morale, comme Harpagon (« grappin » en latin), ou Pangloss ici même (« tout en langue », en grec).

L'ironie, déjà apparente dans les noms propres, s'amplifie dans le bref portrait des personnages, soit par l'excès de certains traits, comme l'exigence de plus de soixante et onze quartiers de noblesse pour épouser la sœur du baron, ou le titre ronflant de la discipline enseignée par Pangloss, soit par des contrastes entre contenu et expression, dans le cas de la fortune du seigneur prouvée par des biens misérables, ou de la considération de la baronne justifiée par son poids. L'abus de termes valorisants dans la dernière phrase (admirablement, meilleur possible — deux fois —, le plus beau, monseigneur le baron, madame la baronne, la meilleure) prolonge l'ironie sur la doctrine « prouvée » par Pangloss, qui est un écho, reconnaissable par les contemporains, de la philosophie optimiste de Leibniz et de Wolf.

Le contrat de lecture nous oriente donc vers un conte philosophique, ne s'embarrassant pas de vraisemblance, tendant à la caricature, mettant en scène un héros naïf et des comparses grotesques, et tournant en dérision la doctrine de l'optimisme.

TEXTE 10

Jacques Le Fataliste

Comment s'étaient-ils rencontrés ? Par hasard comme tout le monde. Comment s'appelaient-ils ? Que vous importe ? D'où venaient-ils ? Du lieu le plus prochain. Où allaient-ils ? Est-ce qu'on sait où l'on va ? Que disaient-ils ? Le maître ne disait rien ; et Jacques disait que son capitaine disait que tout ce qui arrive de bien et de mal ici-bas était écrit là-haut.

LE MAÎTRE. — C'est un grand mot que cela.
JACQUES. — Mon capitaine ajoutait que chaque balle qui partait d'un fusil avait son billet.
LE MAÎTRE. — Et il avait raison.

Après une courte pause, Jacques s'écria : Que le diable emporte le cabaretier et son cabaret !

LE MAÎTRE. — Pourquoi donner au diable son prochain ? Cela n'est pas chrétien.
JACQUES. — C'est que, tandis que je m'enivre de son mauvais vin, j'oublie de mener nos chevaux à l'abreuvoir. Mon père s'en aperçoit ; il se fâche. Je hoche de la tête ; il prend un bâton et m'en frotte un peu durement les épaules. Un régiment passait pour aller au camp devant Fontenoy ; de dépit je m'enrôle. Nous arrivons ; la bataille se donne.
LE MAÎTRE. — Et tu reçois la balle à ton adresse.
JACQUES. — Vous l'avez deviné ; un coup de feu au genou ; et Dieu sait les bonnes et mauvaises aventures amenées par ce coup de feu. Elles se tiennent ni plus ni moins que les chaînons d'une gourmette. Sans ce coup de feu, par exemple, je crois que je n'aurais été amoureux de ma vie, ni boiteux.
LE MAÎTRE. — Tu as donc été amoureux ?
JACQUES. — Si je l'ai été !
LE MAÎTRE. — Et cela par un coup de feu ?
JACQUES. — Par un coup de feu.
LE MAÎTRE. — Tu ne m'en as jamais dit un mot.
JACQUES. — Je le crois bien.
LE MAÎTRE. — Et pourquoi cela ?
JACQUES. — C'est que cela ne pouvait être dit ni plus tôt ni plus tard.
LE MAÎTRE. — Et le moment d'apprendre ces amours est-il venu ?
JACQUES. — Qui le sait ?
LE MAÎTRE. — À tout hasard, commence toujours...

Jacques commença l'histoire de ses amours. C'était l'après-dînée : il faisait un temps lourd ; son maître s'endormit. La nuit les surprit au milieu des champs ; les voilà fourvoyés. Voilà le maître dans une colère terrible et tombant à grands coups de fouet sur son valet, et le pauvre diable disant à chaque coup : « Celui-là était apparemment encore écrit là-haut... »

Vous voyez, lecteur, que je suis en beau chemin, et qu'il ne tiendrait qu'à moi de vous faire attendre un an, deux ans, trois ans, le récit des amours de Jacques, en le séparant de son maître et en leur faisant courir à chacun tous les hasards qu'il me plairait. Qu'est-ce qui m'empêcherait de marier le maître et de le faire cocu ? d'embarquer Jacques pour les îles ? d'y conduire son maître ? de les ramener tous les deux en France sur le même vaisseau ? Qu'il est facile de faire des contes ! Mais ils en seront quittes l'un et l'autre pour une mauvaise nuit, et vous pour ce délai.

L'aube du jour parut. Les voilà remontés sur leurs bêtes et poursuivant leur chemin. — Et où allaient-ils ? — Voilà la seconde fois que vous me faites cette question, et la seconde fois que je vous réponds : Qu'est-ce que cela vous fait ? Si j'entame le sujet de leur voyage, adieu les amours de Jacques... Ils allèrent quelque temps en silence. Lorsque chacun fut un peu remis de son chagrin, le maître dit à son valet : Eh bien, Jacques, où en étions-nous de tes amours ?

Diderot, *Jacques le Fataliste et son maître* (1773)

Le texte commence par une série de questions et de réponses vives dont les interlocuteurs sont des inconnus, et portant sur les faits et gestes de deux autres inconnus, bientôt présentés comme le maître et Jacques, en train de converser. Ce suspens sera levé quelques paragraphes plus loin, où l'on comprendra que le questionneur est le lecteur, et le répondeur le narrateur de l'histoire.

La conversation du maître et de Jacques est présentée comme un dialogue de théâtre, avec des répliques précédées du nom du locuteur. Il y est question du destin, illustré par l'enrôlement de Jacques, sa blessure, et ses amours, dont l'histoire est interrompue par la nuit et les incidents de la route. Ces amours deviennent le principal sujet de curiosité du maître (et donc du lecteur), mais leur connaissance sans cesse différée en fait peut-être un faux sujet.

Après avoir successivement interpellé le lecteur, reproduit une sorte de scène de théâtre et raconté des actions pendant un paragraphe, le même « parleur » s'adresse de nouveau au lecteur pour lui démontrer sa souveraineté sur le récit. Puis se succèdent très rapidement la narration extradiégétique, le dialogue narrateur-lecteur, de nouveau la narration extradiégétique et enfin une nouvelle amorce de dialogue entre le maître et Jacques. Nous sommes donc en face d'une extrême mobilité de l'instance racontante. Par ailleurs, la relation entre le maître et Jacques varie constamment du geste à la parole, et de la rivalité à la complicité.

En arrière-plan philosophique se pose le problème de la destinée, présentée comme implacable, mais absurde. Ce problème est très voisin de celui que posait *Candide*, mais dans un contexte historique et social différent. Les modes de récit sont plus variés et agiles. Ce texte est une mise en cause du récit « objectif ».

TEXTE 11

La Condition humaine

21 MARS 1927
Minuit et demi.

Tchen tenterait-il de lever la moustiquaire ? Frapperait-il au travers ? L'angoisse lui tordait l'estomac ; il connaissait sa propre fermeté, mais n'était capable en cet instant que d'y songer avec hébétude, fasciné par ce tas de mousseline blanche qui tombait du plafond sur un corps moins visible qu'une ombre, et d'où sortait seulement ce pied à demi incliné par le sommeil, vivant quand même — de la chair d'homme. La seule lumière venait du building voisin : un grand rectangle d'électricité pâle, coupé par les barreaux de la fenêtre dont l'un rayait le lit juste au-dessous du pied comme pour en accentuer le volume et la vie. Quatre ou cinq klaxons grincèrent à la fois. Découvert ? Combattre, combattre des ennemis qui se défendent, des ennemis éveillés !

La vague de vacarme retomba : quelque embarras de voitures (il y avait encore des embarras de voitures, là-bas, dans le monde des hommes...). Il se retrouva en face de la tache molle de la mousseline et du rectangle de lumière, immobiles dans cette nuit où le temps n'existait plus.

Il se répétait que cet homme devait mourir. Bêtement : car il savait qu'il le tuerait. Pris ou non, exécuté ou non, peu importait. Rien n'existait que ce pied, cet homme qu'il devait frapper sans qu'il se défendît — car, s'il se défendait, il appellerait.

André Malraux, *La Condition humaine*, © Éd. Gallimard (1946)

Cette première page, présentée comme un journal, avec une date et en caractères détachés, nous fait vivre les dernières secondes précédant un crime, vraisemblablement politique. C'est un début *in medias res* (en pleine action), sans présentation préalable de personnages ni de situation.

Le point de vue adopté est celui du meurtrier, exprimé par le discours indirect libre des questions, les verbes de pensée et de connaissance (« il connaissait », « fasciné », « il savait »), le discours indirect (« il se répétait que »). Le spectacle est limité à ce qu'il perçoit (corps endormi, rectangle de lumière, coups de klaxon), le commentaire à l'évocation de son angoisse, de sa répugnance et de sa détermination.

Tension extrême, avec la guerre, la mort absurde en arrière-plan, accentuée par les contrastes violents de la pénombre et des jets de lumière, du silence et de ses brusques déchirements. Les phrases elles-mêmes, très brèves, souvent interrogatives ou exclamatives, manifestent cette tension. C'est elle qui est l'élément déterminant du pacte de lecture, avec le point de vue interne et la réflexion qui semble s'ébaucher sur la violence et la guerre.

TEXTE 12

Le Hussard bleu

Ah Dieu ! que la guerre est jolie
Avec ses chants ses longs loisirs
Cette bague je l'ai polie
Le vent se mêle à vos soupirs
APOLLINAIRE.

Longtemps, j'ai cru m'en tirer sans éclats. J'appartenais à cette génération heureuse qui aura eu vingt ans pour la fin du monde civilisé. On nous aura donné le plus beau cadeau de la terre : une époque où nos ennemis, qui sont presque toutes les grandes personnes, comptent pour du beurre. Votre confort, vos progrès, nous vous conseillons de les appliquer aux meilleurs systèmes d'enterrements collectifs. Je vous assure que vous en aurez grand besoin. Car lentement, vous allez disparaître de cette terre, sans rien comprendre à ces fracas, à ces rumeurs, ni aux torches que nous agitons. Voilà vingt ans, imbéciles, que vous prépariez dans vos congrès le rapprochement de la jeunesse du monde. Maintenant vous êtes satisfaits. Nous avons opéré ce rapprochement nous-mêmes, un beau matin, sur les champs de bataille. Mais vous ne pouvez pas comprendre.

Cette sale histoire que j'ose à peine appeler ma vie, cette sale histoire a duré cinq ans. D'abord j'ai été bien déçu, en 40, de voir que nous étions battus. On ne m'avait pas élevé dans ces idées-là. Prisonnier, je le suis resté jusqu'au jour où des imbéciles ont monté des postes de téhessef clandestins. Quel ennui ! Je me suis évadé dans la semaine qui a suivi. Alors, par manque d'imagination, je me suis inscrit dans la Résistance. Un an plus tard, mes camarades me faisaient entrer dans la Milice pour préparer un assassinat politique. Ils m'avaient prévenu, ils m'avaient dit que ce serait une épreuve pénible. Mais j'ai trouvé des garçons énergiques, pleins de muscles et d'idéal. Les Anglais allaient gagner la guerre. Le bleu marine me va bien au teint. Les voyages forment la jeunesse. Ma foi, je suis resté.

Roger Nimier, *Le Hussard bleu,* © Éd. Gallimard (1950)

À la lumière de la suite, l'épigraphe empruntée à Apollinaire est à la fois poétique et ironique, et semble donner le ton.

La première phrase du texte pastiche la première d'*À la recherche du temps perdu* (« Longtemps, je me suis couché de bonne heure »), hommage discret peut-être, ou ironie, soit à l'égard du court roman de Roger Nimier en face de l'immense *Recherche*, soit dans l'opposition entre la vie couchée du héros proustien et la vie active et dangereuse du hussard bleu. Avec l'usage de la première personne, le genre semble être celui de l'autobiographie, rendu vraisemblable par la proximité de l'époque décrite et la date du roman.

Mais l'ironie devient vite grinçante et tourne à l'anathème contre un « vous » détesté qui représente la génération précédente, vainement pacifiste. Le ton de l'apostrophe est violent.

Le second paragraphe résume très vite plusieurs années de guerre traversées par le héros-narrateur. Son comportement est plein de contradictions, et les explications qu'il en donne sont fantaisistes : ennui, manque d'imagination, admiration pour des jeunes hommes énergiques et la couleur de leur uniforme ; ou se dérobent derrière des sentences hors de propos (« les voyages forment la jeunesse »). Le lecteur comprend qu'il aura affaire à une morale de l'insolence et même de l'irrationnel, assez loin des scrupules du héros de Malraux.

Ces quelques incipit ne peuvent donner qu'une vue partielle de l'ensemble des possibilités. Il existe aussi des entrées en matière très lentes, des récits qui mettent longtemps à trouver leur ton, ou qui commencent par mettre en scène des personnages non significatifs, une anecdote pittoresque sans rapport avec le développement ultérieur ; des incipit trompeurs, aussi, qui font attendre tout autre chose que ce que l'on trouvera en réalité.

LECTURES COMPLÉMENTAIRES

GENETTE Gérard, *Figures III*, Le Seuil, 1972.
LEJEUNE Philippe, *Le Pacte autobiographique*, Le Seuil, 1975.
PROUST Marcel, *Contre Sainte-Beuve*, Gallimard, 1952.

Chapitre 4

Réalité, fiction, vraisemblance, symbole

1. La littérature, représentation du réel ?

Une des principales questions qui se posent au lecteur de littérature est celle des rapports du texte avec le réel. Une bonne part des réactions de lecture s'en tient à ce premier degré : cela est-il bien vu, bien observé, bien imité ? Si l'on excepte une bonne partie de la poésie, la référence au monde extérieur est généralement ressentie comme nécessaire. Aussi le texte fournit-il des repères souvent précis de lieu, de temps, d'objets et de formes, parfois accompagnés de noms propres très exacts permettant la vérification. Par exemple, le début de *Bouvard et Pécuchet* de Flaubert nous fournit de telles précisions, géographiquement et chronologiquement exactes :

TEXTE 13

Le boulevard Bourdon en été

Comme il faisait une chaleur de trente-trois degrés, le boulevard Bourdon se trouvait absolument désert.

Plus bas le canal Saint-Martin, fermé par les deux écluses, étalait en ligne droite son eau couleur d'encro. Il y avait au milieu, un bateau plein de bois, et sur la berge deux rangs de barriques.

Au-delà du canal, entre les maisons que séparent des chantiers, le grand ciel pur se découpait en plaques d'outremer, et sous la réverbération du soleil, les façades blanches, les toits d'ardoises, les quais de granit éblouissaient. Une rumeur confuse montait du loin dans l'atmosphère tiède ; et tout semblait engourdi par le désœuvrement du dimanche et la tristesse des jours d'été.

Deux hommes parurent.

L'un venait de la Bastille, l'autre du jardin des Plantes. Le plus grand, vêtu de toile, marchait le chapeau en arrière, le gilet déboutonné et sa cravate à la main. Le plus petit, dont le corps disparaissait dans une redingote marron, baissait la tête sous une casquette à visière pointue.

Quand ils furent arrivés au milieu du boulevard, ils s'assirent à la même minute, sur le même banc.

Pour s'essuyer le front, ils retirèrent leurs coiffures, que chacun posa près de soi ; et le petit homme aperçut écrit dans le chapeau de son voisin : Bouvard ; pendant que celui-ci distinguait aisément dans la casquette du particulier en redingote le mot : Pécuchet.

— « Tiens ! » dit-il « nous avons eu la même idée, celle d'inscrire notre nom dans nos couvre-chefs. »

— « Mon Dieu, oui ! on pourrait prendre le mien à mon bureau ! »

— « C'est comme moi, je suis employé. »

Alors ils se considérèrent.

Gustave Flaubert, *Bouvard et Pécuchet* (1881)

Le narrateur, qui n'a pas été présenté, s'efface, semble-t-il, derrière sa description : le boulevard Bourdon, le canal Saint-Martin avec ses écluses et ses quais, la place de la Bastille et le jardin des Plantes sont des lieux parisiens bien réels. Le moment, la température, le costume des personnages sont nettement précisés. Ce ne sont que les dernières lignes, avec l'impeccable symétrie des deux descriptions de vêtements et la rencontre sur le banc de deux êtres si semblables qui suggèrent qu'il pourrait s'agir là d'une habile mise en scène.

D'autres textes, tout aussi empreints d'exactitude, cachent encore mieux leur narrateur, en se gardant d'orienter les faits en quoi que ce soit. Ceux-ci se trouvent laissés à leur état machinal ou aléatoire. Voyons un autre début de roman, celui des *Gommes*, d'Alain Robbe-Grillet :

TEXTE 14

Un jour sans direction

> Dans la pénombre de la salle de café le patron dispose les tables et les chaises, les cendriers, les siphons d'eau gazeuse ; il est six heures du matin.
>
> Il n'a pas besoin de voir clair, il ne sait même pas ce qu'il fait. Il dort encore. De très anciennes lois règlent le détail de ses gestes, sauvés pour une fois du flottement des intentions humaines ; chaque seconde marque un pur mouvement : un pas de côté, la chaise à trente centimètres, trois coups de torchon, demi-tour à droite, deux pas en avant, chaque seconde marque, parfaite, égale, sans bavure. Trente et un. Trente-deux. Trente-trois. Trente-quatre. Trente-cinq. Trente-six. Trente-sept. Chaque seconde à sa place exacte.

Alain Robbe-Grillet, *Les Gommes* (1953), © Éd. de Minuit

Immédiatement après la minutieuse description, faite à la seconde près, des gestes du patron, et qui tend à nous faire croire à une finalité de son comportement, le récit introduit l'accidentel, l'irrégulier, l'inexplicable : l'« ordonnance idéale » du déroulement temporel se voit entamée et va évoluer vers quelque chose de « sans plan, sans direction, incompréhensible et monstrueux » :

> Bientôt malheureusement le temps ne sera plus le maître. Enveloppés de leur cerne d'erreur et de doute, les événements de cette journée, si minimes qu'ils puissent être, vont dans quelques instants commencer leur besogne, entamer progressivement l'ordonnance idéale, introduire çà et là, sournoisement, une inversion, un décalage, une confusion, une courbure, pour accomplir peu à peu leur œuvre : un jour, au début de l'hiver, sans plan, sans direction, incompréhensible et monstrueux.

Alain Robbe-Grillet, *Les Gommes* (1953), © Éd. de Minuit

L'intention de l'auteur qui affecte d'effacer son narrateur derrière la réalité est soit de la faire servir de cadre acceptable à des événements imaginaires, soit d'en faire apparaître l'absurdité, soit encore de l'analyser et de rechercher derrière elle des lois comparables aux lois scientifiques. L'écrivain se comporte alors comme un savant dans son domaine, et on le voit revendiquer la méthode expérimentale, le déterminisme, la rigueur scientifique. C'est ce que fait Zola dans ses proclamations du *Roman expérimental :*

TEXTE 15

La méthode de Claude Bernard appliquée à la littérature

La science entre dans notre domaine, à nous romanciers, qui sommes à cette heure des analystes de l'homme, dans son action individuelle et sociale. Nous continuons, par nos observations et nos expériences, la besogne du physiologiste, qui a continué celle du physicien et du chimiste. Nous faisons en quelque sorte de la psychologie scientifique pour compléter la physiologie scientifique ; et nous n'avons, pour achever l'évolution, qu'à apporter dans nos études de la nature et de l'homme l'outil décisif de la méthode expérimentale. En un mot, nous devons opérer sur les caractères, sur les passions, sur les faits humains et sociaux, comme le chimiste et le physicien opèrent sur les corps bruts, comme le physiologiste opère sur les corps vivants. Le déterminisme domine tout. C'est l'investigation scientifique, c'est le raisonnement expérimental qui combat une à une les hypothèses des idéalistes, et qui remplace les romans de pure imagination par les romans d'observation et d'expérimentation.

[...]

Si la physiologie se constitue aujourd'hui, il est naturel que le roman expérimental en soit seulement à ses premiers pas. On le prévoit comme une conséquence fatale de l'évolution scientifique du siècle ; mais il est impossible de le baser sur des lois certaines. Quand Claude Bernard parle « des vérités restreintes et précaires de la science biologique », on peut bien confesser que les vérités de la science de l'homme, au point de vue du mécanisme intellectuel et passionnel, sont plus précaires et plus restreintes encore. Nous balbutions, nous sommes les derniers venus ; mais cela ne doit être qu'un aiguillon de plus pour nous pousser à des études exactes, du moment que nous avons l'outil, la méthode expérimentale, et que notre but est très net, connaître le déterminisme des phénomènes et nous rendre maîtres de ces phénomènes.

Émile Zola, *Le Roman expérimental* (1880)

On a publié récemment un gros volume des *Carnets* d'enquêtes de ce romancier (présentation de Henri Mitterand, Plon, 1986, 687 p.), où nous trouvons réunis d'innombrables documents précis sur les lieux urbains et ruraux, les activités sociales et historiques (la Bourse, le grand et le petit commerce, les Halles de Paris, la prostitution, le monde des artistes, la débâcle de 1870), les métiers et les industries (la mine, le chemin de fer, l'agriculture), avec des notations terminologiques très exactes, des précisions quantitatives (profondeur des puits de mine, dimension des galeries, normes de production, chiffres de salaires et de comptes commerciaux ou boursiers) : tout ce matériel est engrangé en vue de la rédaction de l'ensemble romanesque des *Rougon-Macquart*. La réalité constitue donc un arrière-plan, et souvent un élément essentiel, dans un genre comme le roman. Elle imprègne parfois même la poésie : le XVIIIe siècle a beaucoup pratiqué une poésie didactique consacrée à la description des produits nouvellement introduits en Europe (chez l'abbé Delille, entre autres).

2. La fiction et le vraisemblable

Néanmoins, la littérature ne peut se confondre avec l'histoire ou l'enquête sociologique, car elle est faite de fictions. Même les théoriciens de la littérature dite « réaliste » ou « naturaliste » réservent la part de l'invention, qu'ils distinguent clairement de la copie mécanique, de la photographie du réel. À l'époque où, précisément, la photographie s'appelait encore la daguerréotypie, Champfleury opposait déjà la reproduction ou l'imitation du photographe à l'interprétation du peintre ou du romancier :

TEXTE 16

L'art et la photographie

Qu'un écrivain étudie sérieusement la nature et s'essaye à faire entrer le plus de *Vrai* possible dans une création, on le compare à un daguerréotypeur. [...]

La reproduction de la nature par l'homme ne sera jamais une *reproduction* ni une *imitation*, ce sera toujours une *interprétation*. Il est si difficile de s'entendre sur les mots, que je vais essayer de rendre ma pensée plus claire par des faits.

Dix daguerréotypeurs sont réunis dans la campagne et soumettent la nature à l'action de la lumière. À côté d'eux dix élèves en paysage copient également le même site. L'opération chimique terminée, les dix plaques sont comparées ; elles rendent exactement le paysage sans aucune variation entre elles.

Au contraire, après deux ou trois heures de travail, les dix élèves (quoiqu'ils soient sous la direction d'un même maître, qu'ils aient subi ses principes bons ou mauvais), étalent leurs esquisses les unes à côté des autres. Pas une ne se ressemble.

Cependant tous les dix ont copié avec toute l'exactitude possible les mêmes arbres, la même prairie, la même colline. Il y a même de telles dissemblances que l'herbe des champs qui paraît *verte* à celui-ci, a été peinte *rousse* par celui-là ; le site est riant et gai, quelques-uns l'ont vu mélancolique et sombre. À quoi tient cette différence ? À ce que l'homme quoi qu'il fasse pour se rendre l'esclave de la nature, est toujours emporté par son tempérament particulier qui le tient depuis les ongles jusqu'aux cheveux et qui le pousse à rendre la nature suivant l'impression qu'il en reçoit. Un chêne change de forme et de couleur pour l'homme sanguin et pour l'homme bilieux. Les objets ne se renversent pas dans l'œil du blond de la même manière que dans l'œil du brun. L'homme maigre n'éprouve pas devant la nature les mêmes sensations que l'homme gras.

Tandis que dix daguerréotypes étant braqués sur le même objet, les dix yeux de verre de la machine rendront dix fois le même objet sans la moindre variation de forme et de coloration.

Il est donc facile d'affirmer que l'homme, n'étant pas *machine*, ne peut rendre les objets *machinalement*. Subissant la loi de son *moi*, il ne peut que les interpréter. Donc, l'assimilation de l'homme à une machine exacte, est dépourvue de toute justesse. [...]

Le romancier choisit un certain nombre de faits saisissants, les groupe, les distribue, et les encadre. À toute histoire il faut un commencement et une fin. Or la nature ne donne ni agencement, ni fin. N'y a-t-il pas dans la distribution du conte le plus court une méthode d'une difficulté extrême ? Et la machine à daguerréotyper se donne-t-elle tant de peine ?

Champfleury, *Le Réalisme* (1857)

L'essentiel, dans l'évocation du réel, ne réside pas dans une quasi impossible reproduction fidèle et documentaire, mais plutôt dans le vraisemblable, c'est-à-dire ce qui *semble vrai*. Cette apparence est obtenue par l'invention de détails cohérents avec la réalité objective et cohérents entre eux, mais surtout sélectionnés, car la réalité est trop profuse et trop confuse. Le vraisemblable est alors un *compromis* entre le donné empirique et la construction esthétique de l'œuvre, une *illusion* de réalité ; c'est ce que démontre Maupassant dans sa célèbre préface à *Pierre et Jean* :

TEXTE 17

Les Illusionnistes

Le réaliste, s'il est un artiste, cherchera, non pas à nous montrer la photographie banale de la vie, mais à nous en donner la vision plus complète, plus saisissante, plus probante que la réalité même.

Raconter tout serait impossible, car il faudrait alors un volume au moins par journée, pour énumérer les multitudes d'incidents insignifiants qui emplissent notre existence.

Un choix s'impose donc, — ce qui est une première atteinte à la théorie de toute la vérité.

La vie, en outre, est composée des choses les plus différentes, les plus imprévues, les plus contraires, les plus disparates ; elle est brutale, sans suite, sans chaîne, pleine de catastrophes inexplicables, illogiques et contradictoires qui doivent être classées au chapitre faits divers.

Voilà pourquoi l'artiste, ayant choisi son thème, ne prendra dans cette vie encombrée de hasards et de futilités que les détails caractéristiques utiles à son sujet, et il rejettera tout le reste, tout l'à-côté.

Un exemple entre mille :

Le nombre des gens qui meurent chaque jour par accident est considérable sur la terre. Mais pouvons-nous faire tomber une tuile sur la tête d'un personnage principal, ou le jeter sous les roues d'une voiture, au milieu d'un récit, sous prétexte qu'il faut faire la part de l'accident ?

La vie encore laisse tout au même plan, précipite les faits ou les traîne indéfiniment. L'art, au contraire, consiste à user de précautions et de préparations, à ménager des transitions savantes et dissimulées ; à mettre en pleine lumière, par la seule adresse de la composition, les événements essentiels et à donner à tous les autres le degré de relief qui leur convient, suivant leur importance, pour produire la sensation profonde de la vérité spéciale qu'on veut montrer.

Faire vrai consiste donc à donner l'illusion complète du vrai, suivant la logique ordinaire des faits, et non à les transcrire servilement dans le pêle-mêle de leur succession.

J'en conclus que les Réalistes de talent devraient s'appeler plutôt des Illusionnistes.

Guy de Maupassant, Préface de *Pierre et Jean* (1887)

La critique contemporaine a appelé « **effet de réel** » l'usage d'une notation qui ne joue aucun rôle repérable dans l'agencement d'une œuvre (expliquer un fait ou une situation, préparer une suite...), mais par sa précision ne fait que renvoyer à la réalité, sans autre justification. Ainsi les textes 13 et 14 ci-dessus, le tableau parisien et la description matinale de la salle de café, ne diffèrent-ils pas, de ce point de vue, quant à leur fonction, qui est simplement de dire : nous simulons la réalité.

À l'inverse de cette tendance réaliste de la littérature existe l'orientation qui fait sortir nettement la fiction des cadres du réel : c'est celle du **merveilleux**, surnaturel accepté qui se surajoute à la réalité sans choquer le lecteur, comme Roland fendant la montagne d'un coup d'épée à Roncevaux, ou le Petit Poucet marchant avec des bottes de sept lieues ; ou du **fantastique**, comportant une irruption du surnaturel ressentie comme insolite, maintenant une ambiguïté avec le réel mais perçue comme inquiétante ; ainsi voyons-nous le héros du *Grand Repas* de Gisèle Prassinos rencontrer dans un cabinet de la maison le fantôme d'un oncle mort avant sa propre naissance, et lui prêter la perplexité qu'il devrait lui-même ressentir :

TEXTE 18

Apparition fantastique

Quelle ne fut pas ma surprise, un instant plus tard, de constater que nous étions deux dans le cabinet. Un autre m'avait précédé dans ce lieu duquel je croyais être le seul à estimer les charmes. Perché sur le tas des chaises écroulées, l'air confus, un long et charmant jeune homme me regardait, implorant ma clémence.

Le frère aîné de mon père était mort quand je vins au monde. Pourtant, je reconnus l'oncle Éric à son chapeau rond, à sa volumineuse cravate brodée de pois et à sa canne dont le pommeau représentait une tête de gorille au regard de feu. Lui, en revanche, ne pouvait deviner en moi un neveu, sinon peut-être par déduction. [...]

Pour lui éviter toute anxiété, quoique assez peu content de la présence d'un inconnu chez nous, fût-il un proche parent, après avoir eu la pensée de le tromper en me présentant sous un nom d'emprunt pour qu'il s'en allât, je lui dis le véritable et précisai les liens qui nous unissaient. Je m'attendais à ce qu'il se réjouît, poussât un soupir de soulagement et tombât dans mes bras, mais il n'en fit rien. Il pâlit seulement un peu plus et des larmes se mirent à couler de ses yeux grands ouverts, sans provoquer sur son visage la moindre grimace.

Gisèle Prassinos, *Le Grand Repas* (1966), © Éd. Grasset

3. À la recherche d'un autre réel. Les symboles

Comme plusieurs des textes cités plus haut le suggèrent, le réel visé par la littérature dépasse généralement les relevés et les inventaires des faits, pour atteindre leurs causes générales et les lois d'évolution. Dans son avant-propos de 1842 à *La Comédie humaine*, Balzac explique comment il a évolué de l'histoire des mœurs de son siècle à l'étude des « principes naturels » et de la « raison du mouvement » des sociétés :

TEXTE 19

Les lois de la société

En dressant l'inventaire des vices et des vertus, en rassemblant les principaux faits des passions, en peignant les caractères, en choisissant les événements principaux de la Société, en composant des types par la réunion des traits de plusieurs caractères homogènes, peut-être pouvais-je arriver à écrire l'histoire oubliée par tant d'historiens, celle des mœurs. [...]

Ce travail n'était rien encore. S'en tenant à cette reproduction rigoureuse, un écrivain pouvait devenir un peintre plus ou moins fidèle, plus ou moins heureux, patient ou courageux des types humains, le conteur des drames de la vie intime, l'archéologue du mobilier social, le nomenclateur des professions, l'enregistreur du bien et du mal ; mais, pour mériter les éloges que doit ambitionner tout artiste, ne devais-je pas étudier les raisons ou la raison de ces effets sociaux, surprendre le sens caché dans cet immense assemblage de figures, de passions et d'événements. Enfin, après avoir cherché, je ne dis pas trouvé, cette raison, ce moteur social, ne fallait-il pas méditer sur les principes naturels et voir en quoi les Sociétés s'écartent ou se rapprochent de la règle éternelle, du vrai, du beau ? Malgré l'étendue des prémisses, qui pouvaient être à elles seules un ouvrage, l'œuvre, pour être entière, voulait une conclusion. Ainsi dépeinte, la Société devait porter avec elle la raison de son mouvement.

Honoré de Balzac, *La Comédie humaine* (1842)

Proust, dont le roman est de commentaire plus que de description pure, décèle dans le monde deux sortes de réalités : l'une réside dans le donné sensible, mais est vulgaire et décevante pour l'esprit :

> Tant de fois, au cours de ma vie, la réalité m'avait déçu parce qu'au moment où je la percevais, mon imagination, qui était mon seul organe pour jouir de la beauté, ne pouvait s'appliquer à elle, en vertu de la loi inévitable qui veut qu'on ne puisse imaginer que ce qui est absent.
>
> *Le Temps retrouvé*

L'explication de cette déception tient, pour le personnage qui la ressent (c'est un futur écrivain), à son attente impérieuse de la beauté, qui fait appel aux forces et aux constructions de l'imagination, arrêtées dans leur déploiement par la présence trop contraignante du sensible, par l'absence de recul.

L'autre réalité, que Proust nomme également « harmonie », « objet idéal », ou « rapport », est d'ordre intellectuel : c'est l'élément commun à plusieurs objets et pensées de la même espèce, une **essence** que l'on peut déduire par l'intelligence ou ressentir dans certaines expériences psychiques :

> Ce que nous appelons la réalité est un certain rapport entre ces sensations et ces souvenirs qui nous entourent simultanément — rapport que supprime une simple vision cinématographique, laquelle s'éloigne par là d'autant plus du vrai qu'elle prétend se borner à lui.
>
> *Ibid.*

Des phénomènes psychologiques particuliers, comme le souvenir involontaire d'une sensation ancienne (le rappel du goût d'une madeleine trempée dans du thé, dans *Du côté de chez Swann*, est célèbre), permettent d'associer étroitement les deux réalités, la sensible et l'intellectuelle, la première enrichissant la seconde et lui servant de caution :

> Mais qu'un bruit, qu'une odeur, déjà entendu ou respirée jadis, le soient de nouveau, à la fois dans le présent et le passé, *réels sans être actuels, idéaux sans être abstraits*, aussitôt l'essence permanente et habituellement cachée des choses se trouve libérée.
>
> *Ibid.*

La littérature procède également à une véritable reconstruction du réel de façon à en tirer des **symboles**, c'est-à-dire des objets ou ensembles représentant des idées abstraites qui les dépassent. L'écrivain renonce alors à une fidélité totale à l'expérience sensible, avec tout ce que celle-ci peut avoir d'aléatoire, mais élabore un **pseudo-donné** destiné à suggérer des pensées. Ainsi, dans *Le Rouge et le Noir*, Stendhal représente l'ascension de Julien Sorel sur une montagne avec le minimum de pittoresque, mais essentiellement en suggérant, par les mouvements ascendants, les regards vers la plaine, le vol d'un oiseau au-dessus de lui, la supériorité du héros sur ses maîtres, son ambition et son aspiration à un sort comparable à celui de Napoléon :

TEXTE 20

Un paysage-symbole

Julien prenait haleine un instant à l'ombre des grandes roches, et puis se remettait à monter. Bientôt par un étroit sentier à peine marqué, et qui sert seulement aux gardiens des chèvres, il se trouva debout sur un roc immense et bien sûr d'être séparé de tous les hommes. Cette position physique le fit sourire, elle lui peignait la position qu'il brûlait d'atteindre au moral. L'air pur de ces montagnes élevées communiqua la sérénité et même la joie à son âme. Le maire de Verrières était bien toujours, à ses yeux, le représentant de tous les riches et de tous les insolents de la terre ; mais Julien sentait que la haine qui venait de l'agiter, malgré la violence de ses mouvements, n'avait rien de personnel. S'il eût cessé de voir M. de Rênal, en huit jours il l'eût oublié, lui, son château, ses chiens, ses enfants et toute sa famille. Je l'ai forcé, je ne sais comment, à faire le plus grand sacrifice. Quoi ! plus de cinquante écus par an ! un instant auparavant je m'étais tiré du plus grand danger. Voilà deux victoires en un jour ; la seconde est sans mérite, il faudrait en deviner le comment. Mais à demain les pénibles recherches.

Julien, debout sur son grand rocher, regardait le ciel, embrasé par un soleil d'août. Les cigales chantaient dans le champ au-dessous du rocher, quand elles se taisaient tout était silence autour de lui. Il voyait à ses pieds vingt lieues de pays. Quelque épervier parti des grandes roches au-dessus de sa tête était aperçu par lui, de temps à autre, décrivant en silence ses cercles immenses. L'œil de Julien suivait machinalement l'oiseau de proie. Ses mouvements tranquilles et puissants le frappaient, il enviait cette force, il enviait cet isolement.

C'était la destinée de Napoléon, serait-ce un jour la sienne ?

Stendhal, *Le Rouge et le Noir* (1830)

Faisant le portrait de Zéphirin Marcas, Balzac s'échappe vite du portrait physique et se livre à toute une rêverie symbolique à partir des lettres et des sonorités de son nom, en s'appuyant sur les sciences occultes :

TEXTE 21

Un nom symbolique

Je n'ai jamais vu personne, en y comprenant même les hommes remarquables de ce temps, dont l'aspect fût plus saisissant que celui de cet homme ; l'étude de sa physionomie inspirait d'abord un sentiment plein de mélancolie, et finissait par donner une sensation presque douloureuse. Il existait une certaine harmonie entre la personne et le nom. Ce Z qui précédait Marcas, qui se voyait sur l'adresse de ses lettres, et qu'il n'oubliait jamais dans sa signature, cette dernière lettre de l'alphabet offrait à l'esprit je ne sais quoi de fatal.

MARCAS ! Répétez-vous à vous-même ce nom composé de deux syllabes, n'y trouvez-vous pas une sinistre signifiance ? Ne vous semble-t-il pas que l'homme qui le porte doive être martyrisé ? Quoique étrange et sauvage, ce nom a pourtant le droit d'aller à la postérité ; il est bien composé, il se prononce facilement, il a cette brièveté voulue pour les noms célèbres. N'est-il pas aussi doux qu'il est bizarre ? mais aussi ne vous paraît-il pas inachevé ? Je ne voudrais pas prendre sur moi d'affirmer que les noms n'exercent aucune influence sur la destinée. Entre les faits de la vie et le nom des hommes, il est de secrètes et d'inexplicables concordances ou des désaccords visibles qui surprennent ; souvent des corrélations lointaines, mais efficaces, s'y sont révélées. Notre globe est plein, tout s'y tient. Peut-être reviendra-t-on quelque jour aux Sciences Occultes.

Ne voyez-vous pas dans la construction du Z une allure contrariée ? ne figure-t-elle pas le zigzag aléatoire et fantasque d'une vie tourmentée ? Quel vent a soufflé sur cette lettre qui, dans chaque langue où elle est admise, commande à peine à cinquante mots ? Marcas s'appelait Zéphirin. Saint Zéphirin est très vénéré en Bretagne. Marcas était Breton.

Examinez encore ce nom : Z. Marcas ! Toute la vie de l'homme est dans l'assemblage fantastique de ces sept lettres. Sept ! le plus significatif des nombres cabalistiques. L'homme est mort à trente-cinq ans, ainsi sa vie a été composée de sept lustres. Marcas ! N'avez-vous pas l'idée de quelque chose de précieux qui se brise par une chute, avec ou sans bruit ? [...]

Quant à sa figure, elle sera comprise par un mot. Selon un système assez populaire, chaque face humaine a de la ressemblance avec un animal. L'animal de Marcas était le lion. Ses cheveux ressemblaient à une crinière, son nez était court, écrasé, large et fendu au bout comme celui d'un lion, il avait le front partagé comme celui d'un lion par un sillon puissant, divisé en deux lobes vigoureux.

Balzac, *Z. Marcas* (1840)

Le **Z** initial du prénom se retrouve dans l'adjectif « bizarre », lequel nous oriente vers une compréhension non conventionnelle. La forme graphique de cette lettre, dessinée par un aller et retour de la main, est un « zigzag » figurant les détours « d'une vie tourmentée ». Dernier signe de l'alphabet, il évoque le terme de la vie (« je ne sais quoi de fatal »). Le prénom entier, Zéphirin, dérive de « zéphir », et l'auteur sent souffler un vent étrange sur cette lettre.

La première syllabe du nom, **mar-**, est la même que dans « martyr », aussi semble-t-il que ce doive être la destinée du personnage (« martyrisé »). Mais elle se retrouve aussi dans le nom « Marc », porté par l'un des évangélistes, dont le symbole est le lion. Ce symbole est donc aussi celui de Marcas, et il se lit même sur son visage : « Ses cheveux ressemblaient à une crinière, etc. ». Par un effet rétroactif, l'image symbolique a déteint sur la réalité tangible, que l'écrivain construit sur le modèle imaginaire.

La deuxième syllabe, **-cas**, constitue le radical du verbe « casser » ; aussi est-elle de sinistre augure, donnant « l'idée de quelque chose de précieux qui se brise ». En effet, Marcas meurt à trente-cinq ans, soit sept lustres. Or sept est le nombre des lettres qui composent l'initiale du prénom et le nom de l'homme. « Sept ! le plus significatif des nombres cabalistiques. » La destinée est une fois de plus inscrite dans le nom. Les sciences occultes, comme la cabale, sont mises à contribution par l'écrivain : selon elles, les combinaisons de lettres et de nombres signifient une réalité cachée que les initiés peuvent déchiffrer.

En feignant de faire une découverte, le narrateur balzacien expose ici, avec une naïveté satisfaite, un procédé courant chez beaucoup d'écrivains pour inscrire le caractère ou l'avenir de leurs personnages dans leurs noms. Mais il ne s'agit pas toujours d'une ruse volontaire. La psychanalyse a montré que l'inconscient peut se manifester dans le langage, à travers les signifiants, sans que la volonté du locuteur soit engagée. Et toute une part de la critique contemporaine, se référant aux travaux de Jacques Lacan, découvre avec une satisfaction semblable à celle de Balzac tout un univers de significations dissimulé dans les noms propres, comme d'ailleurs dans l'ensemble du discours, sous forme de récurrences phoniques, d'anagrammes, de mots qu'elle peut reconstituer à partir des phonèmes ou des lettres. La réalité transposée dans toute écriture, et à plus forte raison dans l'écriture littéraire, n'est donc pas pure, mais offre plusieurs degrés de signification, en rapport avec l'imagination de l'auteur, avec celle du lecteur, et avec la notion d'inconscient.

En considérant non plus des fragments, mais l'ensemble d'un ouvrage, il est possible de percevoir d'autres types de symboles qui fonctionnent au niveau le plus général. Songeons, par exemple, à la peste dans le roman de Camus qui porte ce nom : elle est une vaste image du mal. Il en va de même de l'épidémie de choléra relatée dans *Le Hussard sur le toit* de Giono. La littérature entretient avec le réel des rapports bien plus complexes que ne le font les textes non littéraires. Elle nous entraîne vers un univers autonome de significations.

LECTURES COMPLÉMENTAIRES

AUERBACH Eric, *Mimésis,* trad. Gallimard, 1968.
BARTHES Roland, « L'effet de réel », in *Le Bruissement de la langue,* Seuil, 1984.
GENETTE Gérard, *Seuils,* cité au chap. 2.
GOLDENSTEIN Jean-Pierre, *Pour lire le roman,* Bruxelles, De Boeck-Duculot, 1983.
MITTERAND Henri, *L'Illusion réaliste. De Balzac à Aragon*, PUF, 1994.

Deuxième partie

Le récit

C h a p i t r e 5

Discours et récit. Mimésis et diégésis

Le récit, qui n'est pas nécessairement de type littéraire, est un **énoncé**, c'est-à-dire un produit de langage, rapportant une suite d'actions ou d'événements. Nous le pratiquons quotidiennement quand nous relatons, oralement ou par écrit, ce que nous avons fait, vu ou appris, quand nous mentons ou imaginons une histoire que nous racontons à un enfant : le référent de cet énoncé peut donc être réel, erroné, faux ou fictif. Nombreuses sont les activités du langage courant qui sont des formes institutionnalisées de récit, soumises parfois à des règles précises : le compte rendu d'un fait ou d'un événement, le procès verbal (de police ou d'assemblée), la narration scolaire, le bulletin d'informations, le récit de presse, le reportage. Toutefois, certaines de ces activités débordent le cadre du langage, comme le récit filmique ou télévisuel, ou peuvent même s'en passer ; c'est le cas du film muet, du mime, parfois de la bande dessinée ou du dessin animé. Cette remarque nous fait concevoir qu'une partie de l'étude du récit ne relève pas de la langue (contrairement à ce que nous affirmions d'abord), mais se situe à un niveau de généralité tel qu'elle puisse s'appliquer à d'autres systèmes de signes : images, mouvements, gestes.

Les espèces de récit, réel ou fictif, sont particulièrement nombreuses dans les livres : récits de voyages, d'aventures, d'exploration, de guerre, d'enfance, d'amour, de vie, contes et légendes, et toutes ne prétendent pas appartenir à la littérature. Le plus vaste domaine est celui de l'Histoire, qui englobe tous les récits donnés pour vrais, individuels ou de groupes, dans une immense relation des événements, des évolutions générales, des idées, des activités, des comportements collectifs.

Nous envisagerons seulement, dans ce chapitre liminaire sur le récit, deux grandes oppositions. La première, d'ordre linguistique, a été essentiellement relevée par Émile Benveniste : elle distingue deux orientations des énoncés, selon le rapport qu'ils entretiennent avec leur énonciateur. Si ce rapport est étroit, l'énoncé relève du **discours**, s'il est le plus lointain possible, il relève du **récit historique**. « Discours », dans cette théorie, est ainsi pris en un sens tout à fait particulier, celui d'énoncé étroitement lié à l'énonciation, et non dans le sens général que nous avons déjà utilisé (voir ci-dessus les chapitres I, 1 et II, 2) et que nous conserverons en dehors du présent chapitre (« catégorie d'énoncés liés à une pratique sociale »). La seconde opposition, reprenant des termes utilisés depuis l'Antiquité, repose sur le rapport entretenu entre le récit et son référent, ou encore sur les degrés de la représentation du référent. Si le récit se tient tout près de son référent, s'il tend à l'imiter (ou à faire semblant de l'imiter), il relève de la **mimésis** (« imitation », en grec) ; s'il s'en éloigne et le transforme, notamment par le résumé, il relève de la **diégésis** (« narration »). Ces deux oppositions ne sont pas toujours nettement tranchées et se recoupent parfois dans la réalité des textes.

1. Discours et récit

1.1. Le discours (au sens de Benveniste)

Plaçant au centre de la communication linguistique l'activité d'énonciation, Émile Benveniste (*Problèmes de linguistique générale*, voir la bibliographie) affirme la primauté du sujet parlant ou écrivant. C'est autour de sa parole que s'organise la langue, grâce aux **embrayeurs d'énonciation**, qui sont :

a) le système de la personne, c'est-à-dire d'une part le pronom *je* (*me, moi*), dit de première personne, par lequel l'énonciateur se désigne lui-même, les possessifs (*mon, mien*) et les désinences verbales correspondantes, et d'autre part le pronom *tu* (plus les possessifs et désinences verbales de deuxième personne) par lequel il désigne son interlocuteur ;

b) le système de la conjugaison, dont la forme de base est le présent, qui situe un fait au moment où l'énonciateur parle ;

c) le système adverbial de la temporalité, comportant une série d'adverbes et de locutions ne pouvant être employés que par rapport à *je* et au moment où ce *je* parle : *maintenant, aujourd'hui, demain, hier, après-demain, avant-hier, dans trois jours, il y a trois jours,* etc. ;

d) le système de la *deixis* (= désignation) de proximité : organisé également autour du sujet parlant : *ici, celui-ci, ce lieu-ci, voici,* etc. ;

e) certains appellatifs réservés à la relation avec le *je* : *papa, maman, grand-papa*, etc., ou à la relation avec *tu* (noms d'affection comme *chéri*, de politesse ou de respect comme *Monsieur, Madame, sire, mon capitaine*).

L'énoncé qui utilise essentiellement ces éléments de la langue est le **discours**. Centré sur le *je* et la relation interpersonnelle directe, c'est le premier type d'énoncé qu'acquiert l'enfant. Son système verbal s'élargit au futur, temps de la projection de *je* vers l'avenir (le non-encore présent), au passé composé, forme « accomplie » du présent et désignant soit un moment récent, soit un moment ancien, mais relié à l'actualité du locuteur (« je suis né en... »), et à l'imparfait, qui est un présent du passé désignant une action ou un état en cours, chronologiquement et logiquement subordonné au présent (« quand j'étais petit... »). En littérature, le discours, au sens de Benveniste, domine dans les genres personnels, où le narrateur (ou l'auteur) se place au centre de son texte : c'est le cas de l'autobiographie (voir le texte 5), de la poésie lyrique (qui repose sur le sentiment personnel), souvent de l'essai. La préface de Michelet au *Peuple* nous présente un excellent exemple de discours, avec une profusion d'embrayeurs d'énonciation :

TEXTE 22

Ce livre, c'est moi-même

À M. EDGAR QUINET

Ce livre est plus qu'un livre ; c'est moi-même. Voilà pourquoi il vous appartient.

C'est moi et c'est vous, mon ami, j'ose le dire. Vous l'avez remarqué avec raison, nos pensées, communiquées ou non, concordent toujours. Nous vivons du même cœur... Belle harmonie qui peut surprendre ; mais n'est-elle pas naturelle ? Toute la variété de nos travaux a germé d'une même racine vivante : Le sentiment de la France et l'idée de la Patrie.

Recevez-le donc, ce livre du Peuple, parce qu'il est vous, parce qu'il est moi. Par vos origines militaires, par la mienne, industrielle, nous représentons nous-mêmes, autant que d'autres peut-être, les deux faces modernes du Peuple, et son récent avènement.

Ce livre, je l'ai fait de moi-même, de ma vie, et de mon cœur. Il est sorti de mon expérience, bien plus que de mon étude. Je l'ai tiré de mon observation, de mes rapports d'amitié, de voisinage ; je l'ai ramassé sur les routes ; le hasard aime à servir celui qui suit toujours une même pensée. Enfin, je l'ai trouvé surtout dans les souvenirs de ma jeunesse. Pour connaître la vie du peuple, ses travaux, ses souffrances, il me suffisait d'interroger mes souvenirs.

Jules Michelet, *Le Peuple* (1846)

La première phrase d'*À la recherche du temps perdu*, « Longtemps, je me suis couché de bonne heure », situe d'emblée cet immense roman dans le cadre du discours. Le théâtre, dans son ensemble, se situe du même côté, puisqu'il est fait d'une succession de dialogues.

Il faut signaler qu'à partir de cette base s'est développé un discours non plus personnel, mais généralisant, au présent, qu'on trouve dans la maxime, ou dans des textes non littéraires comme les proverbes, les textes juridiques, scientifiques ou philosophiques. Mais dans ces catégories d'énoncés, le *je* a disparu, sauf parfois en philosophie (mais c'est alors un *je* général, qui ne désigne pas le locuteur en personne, mais l'ensemble des êtres pensants).

1.2. Le récit historique

Benveniste le situe à l'opposé, chronologiquement et personnellement, du sujet parlant. Il apparaît, dans la langue, dans des éléments qui s'opposent à tous les embrayeurs d'énonciation :

a) le système de la **non-personne**, que nous appelons traditionnellement la « troisième personne » de conjugaison, avec *il, elle, eux*, etc., les indéfinis et les noms sujets ;

b) une forme spécifique de conjugaison, le passé simple, qui n'est plus employée aujourd'hui que dans la langue écrite et renvoie à un passé lointain, souvent classifié par une date ou une période, et coupé de l'actualité du sujet parlant (« Victor Hugo naquit en 1802 ») ;

c) le système adverbial de la temporalité a changé, et on y trouve, au lieu de la série caractéristique du discours : *alors, ce jour-là, le lendemain, la veille, le surlendemain, l'avant-veille, trois jours auparavant, trois jours après*, etc. ;

d) la **deixis** est devenue celle de l'éloignement : *là, là-bas, celui-là, voilà*, etc. ;

e) des désignations objectives remplacent les appellatifs : *le père de X., la mère de Y., Monsieur Untel, le capitaine Untel.*

Benveniste donne des exemples probants pris à l'histoire ancienne, qui est évidemment le cas le plus caractéristique. Mais il est facile de trouver de multiples textes littéraires fondés sur le récit historique dans une littérature plus proche de nous. En voici quelques exemples :

— **Dans le conte**, qui fait admettre son irréalité en renvoyant l'histoire dans un passé mythique :

TEXTE 23

Les fées

Il était une fois une veuve qui avait deux filles : l'aînée lui ressemblait si fort d'humeur et de visage, que qui la voyait, voyait la mère. Elles étaients toutes deux si désagréables et si orgueilleuses qu'on ne pouvait vivre avec elles. La cadette, qui était le vrai portrait de son Père pour la douceur et pour l'honnêteté, était avec cela une des plus belles filles qu'on eût su voir. Comme on aime naturellement son semblable, cette mère était folle de sa fille aînée, et en même temps avait une aversion effroyable pour la cadette. Elle la faisait manger à la Cuisine et travailler sans cesse.

Il fallait entre autre chose que cette pauvre enfant allât deux fois le jour puiser de l'eau à une grande demi-lieue du logis, et qu'elle en rapportât plein une grande cruche. Un jour qu'elle était à cette fontaine, il vint à elle une pauvre femme qui la pria de lui donner à boire. « Oui-dà, ma bonne mère », dit cette belle fille ; et rinçant aussitôt sa cruche, elle puisa de l'eau au plus bel endroit de la fontaine, et la lui présenta, soutenant toujours la cruche afin qu'elle bût plus aisément.

Charles Perrault, *Contes du temps passé* (1697)

Le conte moderne, comme celui de Voltaire (voir texte 9), adopte lui aussi la même forme, même s'il évoque des événements contemporains (comme le désastre de Lisbonne dans *Candide*) : l'ironie et la prudence expliquent cette distance.

— **Dans la fable**, renvoyant elle aussi à un passé mythique (du temps où les bêtes parlaient) :

TEXTE 24

Le Héron

Un jour, sur ses longs pieds, allait, je ne sais où,
Le héron au long bec emmanché d'un long cou.
Il côtoyait une rivière.
L'onde était transparente ainsi qu'aux plus beaux jours :

Ma commère la carpe y faisait mille tours,
Avec le brochet son compère.
Le héron en eût fait aisément son profit :
Tous approchaient du bord ; l'oiseau n'avait qu'à prendre.
Mais il crut mieux faire d'attendre
Qu'il eût un peu plus d'appétit :
Il vivait de régime et mangeait à ses heures.
Après quelques moments, l'appétit vint : l'oiseau,
S'approchant du bord, vit sur l'eau
Des tanches qui sortaient du fond de ces demeures.
Le mets ne lui plut pas : il s'attendait à mieux,
Et montrait un goût dédaigneux,
Comme le rat du bon Horace.
« Moi, des tanches ! dit-il ; moi, héron, que je fasse
Une si pauvre chère ? Et pour qui me prend-on ? »
La tanche rebutée, il trouva du goujon.
« Du goujon ! c'est bien là le dîner d'un héron !
J'ouvrirais pour si peu le bec ! aux dieux ne plaise ! »
Il l'ouvrit pour bien moins : tout alla de façon
Qu'il ne vit plus aucun poisson.
La faim le prit : il fut tout heureux et tout aise
De rencontrer un limaçon.

Jean de La Fontaine, *Fables* (1668-1694)

— Et même **dans le récit « réaliste » au passé,** pour bien détacher le narrateur du référent du récit, en signe d'impartialité :

TEXTE 25

Arrivée au pays minier

[...] Depuis une heure, il avançait ainsi, lorsque sur la gauche, à deux kilomètres de Montsou, il aperçut des feux rouges, trois brasiers brûlant au plein air, et comme suspendus. D'abord, il hésita, pris de crainte ; puis, il ne put résister au besoin douloureux de se chauffer un instant les mains.

Un chemin creux s'enfonçait. Tout disparut. L'homme avait à sa droite une palissade, quelque mur de grosses planches fermant une voie ferrée ; tandis qu'un talus d'herbe s'élevait à gauche, surmonté de pignons confus, d'une vision de village aux toitures basses et uniformes. Il fit environ deux cents pas. Brusquement, à un coude du chemin, les feux reparurent près de lui, sans qu'il comprît davantage comment ils brûlaient si haut dans le ciel mort, pareils à des lunes fumeuses. Mais, au ras du sol, un autre spectacle venait de l'arrêter. C'était une masse lourde, un tas écrasé de constructions, d'où se dressait la silhouette d'une cheminée d'usine : de rares lueurs sortaient des fenêtres encrassées, cinq ou six lanternes tristes étaient pendues dehors, à des charpentes dont les bois noircis alignaient vaguement des profils de tréteaux gigantesques et, de cette apparition fantastique, noyée de nuit et de fumée, une seule voix montait, la respiration grosse et longue d'un échappement de vapeur, qu'on ne voyait point.

Alors, l'homme reconnut une fosse.

Émile Zola, *Germinal* (1885)

1.3. Alternance et combinaisons du discours et du récit

Ces deux formes existent à l'état pur, mais aussi sous des formes combinées, par exemple le récit au présent dans un récit général au passé. On parle dans les grammaires de **présent historique**, et il est réservé aux moments auxquels on veut donner une plus grande intensité. La Fontaine donne ainsi une vie particulière à ses fables :

TEXTE 26

Le Coche et la Mouche

Dans un chemin montant, sablonneux, malaisé,
Et de tous les côtés au soleil exposé,
Six forts chevaux tiraient un coche.
Femmes, moine, vieillards, tout était descendu ;
L'attelage suait, soufflait, était rendu.
Une mouche survient, et des chevaux s'approche,
Prétend les animer par son bourdonnement,
Pique l'un, pique l'autre, et pense à tout moment
Qu'elle fait marcher la machine,
S'assied sur le timon, sur le nez du cocher.
Aussitôt que la char chemine,

> Et qu'elle voit les gens marcher,
> Elle s'en attribue uniquement la gloire,
> Va, vient, fait l'empressée : il semble que ce soit
> Un sergent de bataille allant en chaque endroit
> Faire avancer ses gens et hâter la victoire. [...]
>
> Jean de La Fontaine, *Fables*

Inversement, on rencontre le récit personnel au passé simple : il combine le discours du *je* et le côté historique, et imprime aux faits qui touchent le locuteur une importance ou une majesté digne de l'histoire. C'est ce que nous constatons dans le texte 5, lorsque Rousseau proclame : « Voici ce que je fus. »

Dans de très nombreux textes, discours et récit alternent, s'enchâssent l'un dans l'autre ou se panachent de façon plus libre, selon les besoins de la narration, du commentaire ou de l'accent que l'auteur veut imprimer.

2. Mimésis et diégésis

L'opposition de ces deux modes de récit remonte à Platon, qui voit dans le second un récit « pur », où le poète parle en son nom propre, et dans la mimésis, la forme par laquelle il veut donner au lecteur l'illusion que ce n'est pas lui qui parle, mais tel personnage, ou encore que les objets représentés et les faits reproduits possèdent des caractéristiques particulières, indépendantes du narrateur.

2.1. La mimésis

Se rapprochant le plus possible de l'imitation directe, c'est d'elle que relèvent les dialogues, et plus intensément ceux du théâtre, tous les faits de **discours direct**, les citations, mais aussi les expressions pittoresques ou fautives qui servent à caractériser le langage d'un personnage romanesque, comme chez Balzac le baron de Nucingen ou Schmucke, avec leur prononciation germanique, ou chez Proust la cuisinière Françoise, patoisant et déformant les mots, le maître d'hôtel du Grand-Hôtel de Balbec, réputé pour ses « cuirs », ou le diplomate Norpois, auteur de phrases alambiquées et débordant de clichés journalistiques. Il suffit parfois de placer une seule de ces expressions dans un récit « pur » pour évoquer avec intensité le personnage.

Relèvent également de la mimésis, dans le récit d'événements, les « choses vues » (qualifiées encore d'« effets de réel »), c'est-à-dire les détails narratifs ou descriptifs qui ne sont pas nécessaires à l'intrigue, mais qui lui donnent un caractère de vraisemblance et même de présence par leur précision même. Les écrivains modernes utilisent beaucoup ce genre d'effets, et même le systématisent, comme dans le Nouveau Roman : l'objet y prend le pas sur le narrateur, l'information sur l'informateur. Témoin ce passage de *Dans le labyrinthe*, de Robbe-Grillet :

TEXTE 27

Intérieur

Ici la pluie n'entre pas, ni la neige, ni le vent ; et la seule fine poussière qui ternit le brillant des surfaces horizontales, le bois verni de la table, le plancher ciré à chevrons, le marbre de la cheminée, celui, fêlé, de la commode, la seule poussière provient de la chambre elle-même, des raies du plancher peut-être, ou bien du lit, ou des cendres dans la cheminée, ou des rideaux de velours dont les plis verticaux montent du sol jusqu'au plafond sur lequel l'ombre de la mouche — qui a la forme du fil incandescent de l'ampoule électrique, cachée par l'abat-jour tronconique de la lampe — passe maintenant à proximité de la mince ligne noire, qui, demeurant dans la pénombre hors du cercle de lumière et à une distance de quatre ou cinq mètres, est d'observation très aléatoire. [...]

Alain Robbe-Grillet, *Dans le labyrinthe* (1959), © Éd. de Minuit

2.2. La diégésis

En revanche, la diégésis ne cherche pas à donner l'illusion de la réalité : elle résume, mentionne, évoque par allusion, commente. Elle utilise non le discours direct et le dialogue, mais le **discours indirect**, qui se contente de donner la teneur des paroles des personnages, en en effaçant les caractéristiques originelles de personne et de temps, en supprimant les traits « réalistes » d'énonciation (exclamation, interrogation). Dans la page que voici de *La Chartreuse de Parme*, l'accent mis sur la diégésis permet au narrateur de ne retenir de l'enfance du jeune Fabrice que les quelques traits qui suffisent à le situer dans son milieu familial et dans la société, et de se consacrer avant tout au traitement par l'ironie de ce début dans la vie. Le **discours entièrement narrativisé** est le moyen le plus expéditif d'évoquer les paroles, dont il remplace la reproduction, même résumée, par des propositions sommaires : « le marquis exigea... », « sa mère obtenait la permission... », « elle obtint du marquis la permission... », « la comtesse promit sa protection... », « il n'eut garde de se plaindre... », « le supérieur fut complimenté... » :

TEXTE 28

L'enfance de Fabrice

Nous glissons sur dix années de progrès et de bonheur, de 1800 à 1810 ; Fabrice passa les premières au château de Grianta, donnant et recevant force coups de poing au milieu des petits paysans du village, et n'apprenant rien, pas même à lire. Plus tard, on l'envoya au collège des jésuites à Milan. Le marquis son père exigea qu'on lui montrât le latin, non point d'après ces vieux auteurs qui parlent toujours de républiques, mais sur un magnifique volume orné de plus de cent gravures, chef-d'œuvre des artistes du XVIIe siècle ; c'était la généalogie latine des Valserra, marquis del Dongo ; publiée en 1650 par Fabrice del Dongo, archevêque de Parme. La fortune des Valserra étant surtout militaire, les gravures représentaient force batailles, et toujours on voyait quelque héros de ce nom donnant de grands coups d'épée. Ce livre plaisait fort au jeune Fabrice. Sa mère, qui l'adorait, obtenait de temps en temps la permission de venir le voir à Milan ; mais son mari ne lui offrant jamais d'argent pour ces voyages, c'était sa belle-sœur, l'aimable comtesse Pietranera, qui lui en prêtait. Après le retour des Français, la comtesse était devenue l'une des femmes les plus brillantes de la cour du prince Eugène, vice-roi d'Italie.

Lorsque Fabrice eut fait sa première communion, elle obtint du marquis, toujours exilé volontaire, la permission de le faire sortir quelquefois de son collège. Elle le trouva singulier, spirituel, fort sérieux, mais joli garçon, et ne déparant point trop le salon d'une femme à la mode ; du reste, ignorant à plaisir, et sachant à peine écrire. La comtesse, qui portait en toutes choses son caractère enthousiaste, promit sa protection au chef de l'établissement, si son neveu Fabrice faisait des progrès étonnants, et à la fin de l'année avait beaucoup de prix. Pour lui donner les moyens de les mériter, elle l'envoyait chercher tous les samedis soir et souvent ne le rendait à ses maîtres que le mercredi ou le jeudi. Les jésuites, quoique tendrement chéris par le prince vice-roi, étaient repoussés d'Italie par les lois du royaume, et le supérieur du collège, homme habile, sentit tout le parti qu'il pourrait tirer de ses relations avec une femme toute-puissante à la cour. Il n'eut garde de se plaindre des absences de Fabrice, qui, plus ignorant que jamais, à la fin de l'année obtint cinq premiers prix. À cette condition, la brillante comtesse Pietranera, suivie de son mari, général commandant une des divisisions de la garde, et de cinq ou six des plus grands personnages de la cour du vice-roi, vint assister à la distribution des prix chez les jésuites. Le supérieur fut complimenté par ses chefs.

Stendhal, *La Chartreuse de Parme* (1839)

Notre chapitre 12 reprendra en détail les distinctions sur les diverses formes de discours rapporté. À la différence de la mimésis, dans la diégésis le narrateur parle en son nom, l'information perd de sa primauté en faveur de l'informateur.

2.3. La situation dans les textes

Mimésis et diégésis sont rarement pures dans un long texte et leurs rapports peuvent donner lieu à des effets remarquables d'alternance ou de combinaison. Dans les tout derniers chapitres de *L'Éducation sentimentale*, Flaubert met en contact brutal les deux modes narratifs. Le chapitre V s'achève en mimésis par une scène très précise de répression dans la rue, où le héros reconnaît dans l'agent meurtrier d'un de ses amis révolutionnaires un autre de ses anciens amis ; puis le chapitre suivant, laissant un vaste blanc chronologique, passe sans transition, et en reprenant par un simple *il* le nom de Frédéric, à un développement en diégésis sur le même personnage :

TEXTE 29

Chocs narratifs

[...] et Frédéric, béant, reconnut Sénécal.

VI

Il voyagea.

Il connut la mélancolie des paquebots, les froids réveils sous la tente, l'étourdissement des paysages et des ruines, l'amertume des sympathies interrompues. Il revint.

Il fréquenta le monde, et il eut d'autres amours encore. [...]

Flaubert, *L'Éducation sentimentale* (1869)

La suite de ce chapitre revient à la mimésis dominante, avec la scène de la dernière rencontre de Frédéric avec Mme Arnoux, le grand amour de sa vie. Le dialogue y tient une place capitale, et s'achève par le don d'une mèche de cheveux et une séparation définitive. Le chapitre VII et dernier nous transporte quelque temps après, lors d'une conversation, résumée en diégésis, où le héros et un autre ami font le bilan de leurs dernières années :

Texte 29 (suite)

> Elle défit son peigne ; tous ses cheveux blancs tombèrent.
> Elle s'en coupa, brutalement, à la racine, une longue mèche.
> — Gardez-les ! adieu !
> Quand elle fut partie, Frédéric ouvrit sa fenêtre, Mme Arnoux, sur le trottoir, fit signe d'avancer à un fiacre qui passait. Elle monta dedans. La voiture disparut.
> Et ce fut tout.
>
> VII
>
> Vers le commencement de cet hiver, Frédéric et Deslauriers causaient au coin du feu, réconciliés encore une fois, par la fatalité de leur nature qui les faisait toujours se rejoindre et s'aimer.
> L'un expliqua sommairement sa brouille avec Mme Dambreuse, laquelle s'était remariée à un Anglais.
> L'autre, sans dire comment il avait épousé Mlle Roque, conta que sa femme, un beau jour, s'était enfuie avec un chanteur. Pour se laver un peu du ridicule il s'était compromis dans sa préfecture par des excès de zèle gouvernemental. On l'avait destitué. [...]

Flaubert, *L'Éducation sentimentale* (1869)

Chez Proust, suivi par bien d'autres modernes, on voit s'abolir la différence entre mimésis et diégésis. Dans la scène importante de la madeleine trempée dans du thé, le narrateur rapporte avec une extrême précision ses efforts pour retrouver ce qu'évoque en lui cette saveur (précision qui est de l'ordre de la mimésis), puis décrit longuement Combray et la vie qu'il y menait lorsqu'il était enfant (mimésis encore). Mais à la fin de ce chapitre, il reprend ces mêmes motifs, pour préciser qu'il s'agit de souvenirs très anciens, très médiatisés, largement estompés, qu'il ne retrouve plus qu'à l'état de traces dans sa mémoire (ordre de la diégésis) :

TEXTE 30

Géologie du souvenir

C'est ainsi que je restais souvent jusqu'au matin à songer au temps de Combray, à mes tristes soirées sans sommeil, à tant de jours aussi dont l'image m'avait été plus récemment rendue par la saveur — ce qu'on aurait appelé à Combray le « parfum » — d'une tasse de thé, et par association de souvenirs à ce que, bien des années après avoir quitté cette petite ville, j'avais appris, au sujet d'un amour que Swann avait eu avant ma naissance, avec cette précision dans les détails plus facile à obtenir quelquefois pour la vie de personnes mortes il y a des siècles que pour celle de nos meilleurs amis, et qui semble impossible comme semblait impossible de causer d'une ville à une autre — tant qu'on ignore le biais par lequel cette impossibilité a été tournée. Tous ces souvenirs ajoutés les uns aux autres ne formaient plus qu'une masse, mais non sans qu'on ne pût distinguer entre eux — entre les plus anciens, et ceux plus récents, nés d'un parfum, puis ceux qui n'étaient que les souvenirs d'une autre personne de qui je les avais appris — sinon des fissures, des failles véritables, du moins ces veinures, ces bigarrures de coloration, qui dans certaines roches, dans certains marbres, révèlent des différences d'origine, d'âge, de « formation ».

Marcel Proust, *Du côté de chez Swann* (1913)

Chez d'autres, on assiste au développement du **discours immédiat**, qui fait parler directement les personnages, sans termes introducteurs (et parfois même sans ponctuation démarcative : deux points, guillemets), en plein récit du narrateur. L'exactitude de la mimésis se trouve noyée dans la trame diégétique, et les passages ambigus ne sont pas rares. Un extrait d'Yves Navarre nous en donnera un exemple :

TEXTE 31

Rencontre familiale

Suzy, veuve du dramaturge Jean Martin, vient déjeuner aujourd'hui avec son frère. C'est un événement. « Nous nous voyons peu parce que nous nous aimons trop. » Ou l'un, ou l'autre, il y en

> a toujours un des deux pour le dire à l'autre, le frère ou la sœur, rescapés, toujours là. Ils se renvoient cette balle, Suzy trichait toujours au croquet et Henri voulait à tout prix gagner au tennis, comme un aveu, leur aveu. Pour rire. Ou bien s'excuser. Toute une vie à s'excuser en faisant mine de s'amuser. Henri Prouillan, membre de l'Académie des sciences morales et politiques, ancien ministre, président honoraire du Conseil économique et social, trois Républiques, vingt-sept gouvernements, une fortune transmise, protégée, intacte, et Suzanne, Suzy, de sept ans sa cadette, moqueuse (« de quoi étais-tu ministre, déjà ? »), glorieuse (« Jean n'a eu qu'une femme et des femmes. L'une reste, les autres passent ») et sans enfant (« le Boulevard ne doit pas reproduire. Ou bien n'est-ce qu'un oubli de notre part ! »). Suzy dirige le théâtre des Champs, rive droite, bon an mal an « je suis condamnée au succès ». Henri n'a plus de nouvelles de ses enfants. Henri et Suzy ont rendez-vous ce 9 juillet, à 13 heures, 2, place d'Antioche, premier étage, il n'y a qu'une porte. Bernadette fera les courses en rentrant du dispensaire. Elle a sorti l'argenterie des grands jours. La sœur de Monsieur, comme d'habitude, sitôt à table, réclamera une serviette non amidonnée « j'ai les lèvres fragiles ». Tout d'eux est écrit, vécu d'avance, et pourtant. La sœur de Monsieur viendra à pied, « en voisine », du boulevard Haussmann.

Yves Navarre, *Le Jardin d'acclimatation* (1980), © Éd. Flammarion

Les paroles rapportées sont privées de l'indication du locuteur, et c'est le contexte qui doit la fournir. Certaines expressions, comme « la sœur de Monsieur », qui appartiennent à un autre type de langage que celui du narrateur ou des personnages principaux, celui de la gouvernante Bernadette, sont des effets de mimésis encore plus complètement intégrés au récit, sans la moindre démarcation.

Ainsi l'opposition traditionnelle des deux formes de récit tend-elle à se résorber dans l'extrême souplesse de possibilités que s'est donnée le roman moderne.

LECTURES COMPLÉMENTAIRES

BENVENISTE Émile, *Problèmes de linguistique générale*, cité au chap. 1.
GENETTE Gérard, *Figures III*, cité au chap. 3.
WEINRICH Harald, *Le Temps*, trad. Le Seuil, 1973.

Chapitre 6

Les niveaux de langue. L'expressivité

La langue courante fait un grand usage des **synonymes** (c'est-à-dire de mots de signifiants différents ayant un même signifié, par exemple « sauter » et « bondir ») et de termes approchants (ayant des signifiants différents et des signifiés voisins, comme « magasin », « boutique », « échoppe »). Cette multiplication des signes du lexique n'est ni fortuite ni inutile. Elle est due à l'adoption, par les individus et surtout par les groupes sociaux, de termes différents correspondant soit à des distinctions nuancées dans les activités qu'ils pratiquent, soit à des héritages culturels variés. Tout spécialiste, d'une activité manuelle ou autre, a besoin d'être précis pour désigner ses différents outils ou appareils, même s'ils se ressemblent aux yeux du profane. D'autre part, l'homme instruit d'aujourd'hui a appris au lycée, dans son milieu de vie et dans les livres, un langage intellectualisé qu'il utilise souvent même dans les circonstances banales, alors que l'homme moins instruit, dans les mêmes circonstances, pratique un vocabulaire et une syntaxe plus simples. Ces différences sont dites de **niveau de langue** ; elles correspondent à des différences de techniques dans le référent, ou à des différences sociales ou de circonstances (une même personne peut passer d'un niveau à un autre). On a essayé, de tout temps, de décrire ces différences.

1. Les tons ou « styles »

La rhétorique a formalisé depuis l'Antiquité l'adaptation du langage au thème traité. Elle a symbolisé ses prescriptions par un schéma sous forme de cercles concentriques appelé « roue de Virgile » ; ils sont partagés en trois zones correspondant aux trois grands tons ou « styles », et chacune d'elles correspond en même temps à l'une des trois œuvres du poète latin : *Les Bucoliques*, poème pastoral, *Les Géorgiques*, poème didactique sur l'agriculture, et *L'Énéide*, poème épique sur Énée et la naissance légendaire de Rome.

TEXTE 32

La roue de Virgile

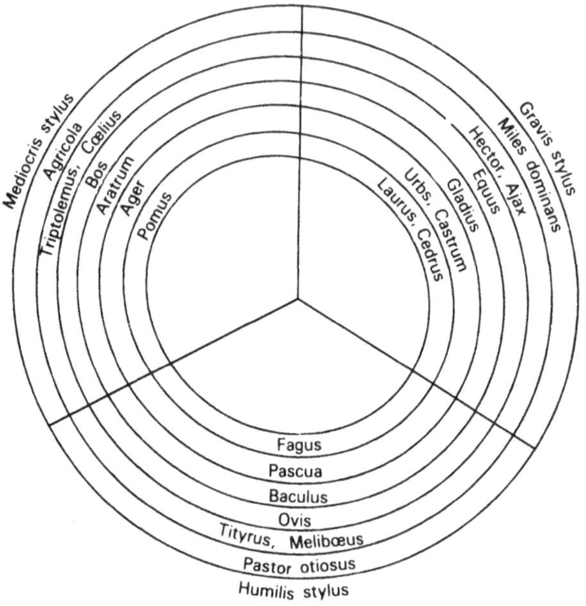

in Pierre Guiraud, *La Stylistique*,
coll. « Que sais-je ? », © P.U.F., 1957.

À la première correspond le style simple ou bas (*humilis*). Le personnage type est un berger au repos (*pastor otiosus*), nommé Tityre ou Mélibée, il peut être symbolisé par un animal, la brebis (*ovis*), un instrument, le bâton (*baculus*), un lieu, le pâturage (*pascua*), et un arbre, le hêtre (*fagus*).

À la seconde correspond le style moyen, tempéré ou médiocre (*mediocris*), dont les symboles sont le laboureur (*agricola*), nommé Triptolème ou Célius, le bœuf (*bos*), la charrue (*aratrum*), le champ (*ager*) et l'arbre fruitier (*pomus*).

À la troisième correspond le style élevé, noble ou sublime (*gravis*), avec pour symboles le guerrier conquérant (*miles dominans*), appelé Hector ou

Ajax, le coursier (*equus*), le glaive (*gladius*), la cité (*urbs*) ou le camp (*castrum*), et pour végétaux le laurier (*laurus*) ou le cèdre.

Ces grandes subdivisions ont traversé le Moyen Âge et se sont retrouvées à l'âge classique : le style bas y était celui de la fable ou de la comédie ; le médiocre celui de l'histoire, et le sublime celui de la tragédie. Cette répartition ne prenait pas en compte le langage du peuple, qui restait en marge, au-dessous du bas, et n'apparaissait qu'à titre exceptionnel, chez les valets ou paysans de comédie (voir par exemple les paysans de *Dom Juan*) ou dans les mazarinades, œuvrettes souvent colportées contre Mazarin à l'époque de la Fronde.

Le XVIIIe siècle reprit ces catégories de base et les développa abondamment, pour tenir compte des classes variées de la société et surtout des multiples genres littéraires. Mais dès le milieu du XVIIe siècle, un développement particulier fut connu sous le nom de « burlesque » : il consistait à confondre les genres en leur appliquant le langage opposé à celui qui leur était prescrit. C'est le cas du *Virgile travesti* de Scarron, qui parodie l'*Énéide* en style bas. Le procédé inverse, ou « héroï-comique », prête le style noble à des personnages ou des événements mineurs : c'est le cas du *Lutrin*, de Boileau, qui relate en termes héroïques une querelle de chanoines. Le début du *Roman comique*, de Scarron, suit le même procédé en présentant l'arrivée d'une charrette de comédiens comme la course du soleil sur son char mythique :

TEXTE 33

Le soleil et son char

CHAPITRE PREMIER
UNE TROUPE DE COMÉDIENS ARRIVE DANS LA VILLE DU MANS

Le soleil avait achevé plus de la moitié de sa course et son char, ayant attrapé le penchant du monde, roulait plus vite qu'il ne voulait. Si ses chevaux eussent voulu profiter de la pente du chemin, ils eussent achevé ce qui restait du jour en moins d'un demi-quart d'heure ; mais, au lieu de tirer de toute leur force, ils ne s'amusaient qu'à faire des courbettes, respirant un air marin qui les faisait hennir et les avertissait que la mer était proche, où l'on dit que leur maître se couche toutes les nuits. Pour parler plus humainement et plus intelligiblement, il était entre cinq et six quand une charrette entra dans les halles du Mans. Cette charrette était attelée de quatre bœufs fort maigres, conduits par une jument poulinière dont le poulain allait et venait à l'entour de la charrette comme un petit fou

> qu'il était. La charrette était pleine de coffres, de malles et de gros paquets de toiles peintes qui faisaient comme une pyramide au haut de laquelle paraissait une demoiselle habillée moitié ville, moitié campagne.
>
> Paul Scarron, *Le Roman comique* (1651)

2. Les niveaux de langue

De ces distinctions, qui portent essentiellement sur le vocabulaire, mais concernent aussi la morphologie et la syntaxe, est née la notion moderne de **niveau de langue**. Elle correspond aux hiérarchies sociales, aux hiérarchies de situations de communication (discours solennel ou conversation, par exemple), et à des types d'activités spécialisées. On trouve généralement un niveau dit « moyen » ou « courant », au-dessous un niveau « familier », puis un niveau « populaire », parfois « grossier » ; et au-dessus le « soutenu », le « littéraire », l'« oratoire », le « poétique », etc. Les dictionnaires prennent acte, de façon assez anarchique, de ces distinctions. Ainsi trouvons-nous, dans la liste des abréviations utilisées par le *Petit Robert* dans ses rubriques, les indications suivantes :

arg. : mot d'argot, emploi argotique limité à un milieu particulier, surtout professionnel (*arg. scol.* : argot scolaire), mais inconnu du grand public. Pour les mots d'argot passés dans le langage courant, voir *pop.*

cour. : courant (insiste sur le fait qu'un sens, un emploi est connu de tous, quand le mot est d'apparence savante ou quand les autres sens sont techniques, savants, etc.).

enfant. : enfantin (*lang. enfant.* : mot, expression du langage des jeunes enfants, mais que les adultes peuvent employer aussi, en leur parlant).

exagér. : exagération (*par exagér.* : par exagération, présente un sens, une expression emphatique).

fam. : familier (usage parlé et même écrit de la langue quotidienne : conversation, etc. ; mais ne s'emploierait pas dans les circonstances solennelles).

littér. : littéraire : désigne un mot qui n'est pas d'usage familier, qui s'emploie surtout dans la langue écrite élégante. Ce mot a généralement des synonymes d'emploi plus courant.

poét. : mot de la langue littéraire utilisé seulement en poésie.

pop. : populaire : qualifie un mot ou un sens courant dans la langue parlée des milieux populaires (souvent argot ancien répandu), qui ne s'emploierait pas dans un milieu social élevé.

vulg. : vulgaire : mot, sens ou emploi choquant (souvent familier ou populaire, qu'on ne peut employer entre personnes bien élevées, quelle que soit leur classe sociale).

Le lecteur doit être aussi en mesure de percevoir un autre type de niveaux, fondé non plus sur des hiérarchies sociales, mais sur les diverses catégories d'activités humaines. Le XIXe siècle, héritier en cela de l'*Encyclopédie* et des récits de voyages du siècle précédent, assistant après la Révolution à un vaste reclassement de la société française, puis à l'apparition et au développement d'industries nouvelles, fit entrer en masse dans les œuvres littéraires les vocabulaires techniques. Balzac introduit un abondant vocabulaire de l'imprimerie et du journalisme dans *Illusions perdues*, Zola celui de la mine dans *Germinal*, de la paysannerie dans *La Terre*, du commerce dans *Au bonheur des dames*, de l'alimentation dans *Le Ventre de Paris*, du chemin de fer dans *La Bête humaine*, etc.

3. L'expressivité

Les synonymes et approchants ne servent pas qu'à marquer des distinctions de hiérarchie sociale et de spécialisation. Ils permettent, par leur variété, l'insistance, ou mise en relief, ou emphase, sur certains termes, et aussi l'expressivité, c'est-à-dire la manifestation de l'attitude psychologique du locuteur : plaisir, enthousiasme, irritation, méfiance, ironie, etc. Dans toute série de synonymes, nous trouvons des mots plus expressifs que d'autres ; cette différence est souvent en rapport avec le contexte du discours et avec les niveaux de langue. Ainsi la langue familière ou populaire est-elle généralement beaucoup plus expressive que la langue courante, en raison des images qu'elle véhicule : « automobile » et « voiture » sont beaucoup moins expressifs que « bagnole », « bousine », « caisse », « tire », « tas », « veau ». Mais d'autres moyens que le familier et le bas peuvent servir à l'expressivité. Voici, sur un ton à la fois solennel et irrité, l'allocution radiotélévisée du général de Gaulle le 23 avril 1961, au lendemain du putsch d'une partie de l'armée française à Alger :

TEXTE 34

Un quarteron de généraux en retraite

ALLOCUTION RADIOTÉLÉVISÉE DU 23 AVRIL 1961

Un pouvoir insurrectionnel s'est établi en Algérie par un *pronunciamiento* militaire.

Les coupables de l'usurpation ont exploité la passion des cadres de certaines unités spécialisées, l'adhésion enflammée d'une partie de la population de souche européenne qu'égarent les craintes et les mythes, l'impuissance des responsables submergés par la conjuration militaire.

Ce pouvoir a une apparence : un quarteron de généraux en retraite. Il a une réalité : un groupe d'officiers, partisans, ambitieux et fanatiques. Ce groupe et ce quarteron possèdent un savoir-faire expéditif et limité. Mais ils ne voient et ne comprennent la nation et le monde que déformés à travers leur frénésie. Leur entreprise conduit tout droit à un désastre national.

Car l'immense effort de redressement de la France, entamé depuis le fond de l'abîme, le 18 juin 1940, mené ensuite jusqu'à ce qu'en dépit de tout la victoire fût remportée, l'indépendance assurée, la République restaurée ; repris depuis trois ans, afin de refaire l'État, de maintenir l'unité nationale, de reconstituer notre puissance, de rétablir notre rang au dehors, de poursuivre notre œuvre outre-mer à travers une nécessaire décolonisation, tout cela risque d'être rendu vain, à la veille même de la réussite, par l'aventure odieuse et stupide des insurgés en Algérie. Voici l'État bafoué, la nation défiée, notre puissance ébranlée, notre prestige international abaissé, notre place et notre rôle en Afrique compromis. Et par qui ? Hélas ! hélas ! hélas ! par des hommes dont c'était le devoir, l'honneur, la raison d'être de servir et d'obéir.

Au nom de la France, j'ordonne que tous les moyens, je dis tous les moyens, soient employés pour barrer partout la route à ces hommes-là, en attendant de les réduire. J'interdis à tout Français, et, d'abord, à tout soldat d'exécuter aucun de leurs ordres. L'argument selon lequel il pourrait être localement nécessaire d'accepter leur commandement, sous prétexte d'obligations opérationnelles ou administratives, ne saurait tromper personne. Les seuls chefs, civils et militaires, qui aient le droit d'assumer les responsabilités, sont ceux qui ont été régulièrement nommés pour cela et que, précisément, les insurgés empêchent de le faire. L'avenir des usurpateurs ne doit être que celui que leur destine la rigueur des lois.

Devant le malheur qui plane sur la Patrie et la menace qui pèse sur la République, ayant pris l'avis officiel du Conseil constitutionnel, du Premier ministre, du président du Sénat, du président de l'Assemblée nationale, j'ai décidé de mettre en œuvre l'article 16 de notre Constitution. À partir d'aujourd'hui, je prendrai, au besoin directement, les mesures qui me paraîtront exigées par les circonstances. Par là même, je m'affirme, pour aujourd'hui et pour demain, en la légitimité française et républicaine que la nation m'a conférée, que je maintiendrai, quoi qu'il arrive, jusqu'au terme de mon mandat ou jusqu'à ce que me manquent, soit les forces, soit la vie, et dont je prendrai les moyens d'assurer qu'elle demeure après moi.

Françaises, Français ! Voyez où risque d'aller la France par rapport à ce qu'elle était en train de redevenir.

Françaises, Français ! Aidez-moi !

Charles de Gaulle, *Journal officiel*, 26 avril 1961

L'expressivité, celle d'une mise en accusation vigoureuse dans une circonstance dramatique, est assurée ici par un archaïsme (un « quarteron » = un petit nombre), une série de termes intensifs (« ambitieux, fanatiques, frénésie, désastre, odieuse et stupide, bafoué, défiée, usurpateurs »), l'interjection répétée « hélas ! » qui relève du ton soutenu, et des faits qui relèvent du discours au moins autant que du vocabulaire, comme le balancement entre l'apparence et la réalité dans le troisième paragraphe, entre le redressement de la France et la menace d'abaissement, dans le quatrième.

Les moyens de l'expressivité sont en fait nombreux. Nous énumérerons les principaux.

3.1. Les changements de niveau de langue

Il peut se faire dans les sens ascendant comme descendant, mais on trouve le plus souvent le recours au niveau parlé, ou populaire, ou vulgaire. Un écrivain comme Céline s'en est fait une spécialité. Le texte 35, tiré d'un de ses romans, décrit à sa manière un lâcher de ballon captif :

TEXTE 35

Départ en ballon

(Le narrateur, jeune homme, tient les cordages au sol pendant le décollage du ballon le Zélé, où se tient l'inventeur Courtial.)

Je filais un petit signe au maître... Il renversait sa vapeur... Il bloquait sa parlerie... Il redescendait dans son panier... Il rajustait son panama... il amarrait toutes ses tringles, il dénouait la dernière écoute, et il décalait tout doucement. J'avais plus que le suprême filin... C'est moi qui donnais : « Lâchez tout »... Il me renvoyait un coup de son bugle... Guiderope à la traîne... Le « Zélé » prenait l'espace !... Jamais je l'ai vu s'envoler droit... Il était flasque dès le début... On le gonflait, pour bien des raisons, qu'avec une extrême réserve... Il barrait donc en traviole... Il chaloupait au-dessus des toits. Ça faisait avec ses raccrocs un gros arlequin en couleurs... Il batifolait dans les airs en attendant un vrai coup de brise... il pouvait bouffir qu'en plein vent... Tel un vieux jupon sur la corde, il était calamiteux... Même les plus bouzeux campagnols ils s'apercevaient bien de la chose... Tout le monde se marrait de le voir partir tituber dans les toits... Moi je rigolais beaucoup moins !... Je le prévoyais l'horrible accroc, le décisif ! Le funeste ! La carambouille terminale... Je lui faisais mille signes d'en bas... qu'il laisse choir tout de suite le sable !... Il était jamais très pressé... Il avait peur de monter trop... C'était pas tellement à craindre !... Question qu'il s'éloigne c'était guère possible, vu l'état des toiles !... Mais le bec dont je me gourrais, c'était qu'il rechute en plein village... Car c'était toujours à deux doigts et la perte avec... qu'il vienne frôler dans l'école... qu'il emmène le coq de l'église... qu'il s'enfourche dans une gouttière !... Qu'il s'arrête en pleine mairie !... qu'il s'écroule dans le petit bois. Ça suffisait amplement s'il arrivait à gagner ses cinquante ou soixante mètres... je calculais au petit bonheur... c'était le maximum... Son rêve à Courtial, dans l'état de son attirail, c'était de jamais dépasser le premier étage des maisons...

Louis-Ferdinand Céline, *Mort à crédit* (1936), © Éd. Gallimard

Les moyens lexicaux de l'expressivité sont l'usage d'archaïsmes (« sa parlerie », « calamiteux », « bouffir »), de termes spécialisés (« guiderope » = cordage de direction ; « écoute », « chalouper »), d'argot populaire (« filer » pour donner, « décaler » pour partir, « barrer en traviole », « bouzeux », « campagnols », « se marrait », « je rigolais »), mais aussi de termes élevés, à contre-emploi (« avec une extrême réserve », « funeste »). La suppression générale du *ne* dans les négations est un moyen syntaxique. Des faits discursifs (portant sur le niveau supérieur à la phrase) interviennent également, comme le récit par accumulation, la forme répétitive des phrases (pronom sujet-verbe à l'imparfait-complément), leur brièveté, les points de suspension (marques d'interruption brusque).

3.2. Les métaphores, ou leur caricature

Lorsque le langage courant paraît insuffisant pour manifester les particularités des objets ou des sentiments, l'écrivain recourt à des **figures**. Celles-ci, selon une définition traditionnelle, sont « certaines formes de langage qui donnent au discours plus de grâce et de vivacité, d'éclat et d'énergie » (Littré). Nous les étudierons plus loin, au chapitre 13, mais dès maintenant nous pouvons en voir fonctionner une dans un texte. Il s'agit de la **métaphore**, ou assimilation d'un terme à un autre, qui semblerait devoir aboutir à une impropriété, mais apporte en réalité une nuance ou un enrichissement du sens, et donc une mise en relief.

TEXTE 36

Chambres d'hiver, chambres d'été

Mais j'avais revu tantôt l'une, tantôt l'autre, des chambres que j'avais habitées dans ma vie, et je finissais par me les rappeler toutes dans les longues rêveries qui suivaient mon réveil ; chambres d'hiver où quand on est couché, on se blottit la tête dans un nid qu'on se tresse avec les choses les plus disparates : un coin de l'oreiller, le haut des couvertures, un bout de châle, le bord du lit, et un numéro des *Débats roses*, qu'on finit par cimenter ensemble selon la technique des oiseaux en s'y appuyant indéfiniment ; où, par un temps glacial le plaisir qu'on goûte est de se sentir séparé du dehors (comme l'hirondelle de mer qui a son nid au fond d'un souterrain dans la chaleur de la terre), et où, le feu étant entretenu toute la nuit dans la cheminée, on dort dans un grand manteau d'air chaud et fumeux, traversé des lueurs des tisons qui se rallument, sorte d'impalpable alcôve, de chaude caverne creusée au sein de la chambre même, zone ardente et mobile en ses contours thermiques, aérée de souffles qui nous rafraîchissent la figure et viennent des angles, des parties voisines de la fenêtre ou éloignées du foyer et qui se sont refroidies ; — chambres d'été où l'on aime être uni à la nuit tiède, où le clair de lune appuyé aux volets entrouverts, jette jusqu'au pied du lit son échelle enchantée, où on dort presque en plein air, comme la mésange balancée par la brise à la pointe d'un rayon ; — parfois la chambre Louis XVI, si gaie que même le premier soir je n'y avais pas été trop malheureux et où les colonnettes qui soutenaient légèrement le plafond s'écartaient avec tant de grâce pour montrer et réserver la place du lit ; — parfois au contraire celle, petite et si élevée de plafond, creusée en forme de pyramide dans la hauteur de deux étages et partiellement revêtue d'acajou, où dès la première seconde j'avais été intoxiqué moralement par l'odeur inconnue du vétiver, convaincu de l'hostilité des rideaux violets et de l'insolente indifférence de la pendule qui jacas-

> sait tout haut comme si je n'eusse pas été là ; où une étrange et impitoyable glace à pieds quadrangulaire, barrant obliquement un des angles de la pièce, se creusait à vif dans la douce plénitude de mon champ visuel accoutumé un emplacement qui n'y était pas prévu ; où ma pensée, s'efforçant pendant des heures de se disloquer, de s'étirer en hauteur pour prendre exactement la forme de la chambre et arriver à remplir jusqu'en haut son gigantesque entonnoir, avait souffert bien de dures nuits, tandis que j'étais étendu dans mon lit, les yeux levés, l'oreille anxieuse, la narine rétive, le cœur battant : jusqu'à ce que l'habitude eût changé la couleur des rideaux, fait taire la pendule, enseigné la pitié à la glace oblique et cruelle, dissimulé, sinon chassé complètement, l'odeur du vétiver et notablement diminué la hauteur apparente du plafond.

Marcel Proust, *Du côté de chez Swann* (1913)

Dans cette très longue phrase, nous voyons les métaphores faire des chambres successivement des nids d'oiseau, un manteau, une caverne, un lieu d'échange aéré, une pyramide peuplée d'objets anguleux et hostiles, un entonnoir, suggérant une évolution qui fait passer le narrateur de la chaude profondeur du sein maternel à une situation d'échange aisé entre l'intérieur et l'extérieur, puis à un supplice causé par ce qui est élevé, rectiligne et nouveau. De plus, les objets semblent s'animer et nourrir des intentions à l'égard du héros, tandis que celui-ci éclate entre une pensée assimilée à une sorte de pantin désarticulé (« se disloquer », « s'étirer en hauteur »), un corps paralysé par une peur animale, et une puissance interne et amicale, l'habitude. Une même vie mystérieuse et élémentaire anime les choses et l'homme.

Toutes les figures n'ont pas l'originalité de celles de Proust. La langue courante elle-même en fait un grand usage, également à des fins expressives. Mais la répétition fréquente use leurs effets à la longue : on appelle ces métaphores et comparaisons devenues banales des **clichés**, et ils finissent soit par passer inaperçus, soit par susciter des réactions de rejet comme poncifs et platitudes. Ils peuvent toutefois être repris par certains locuteurs et modifiés, ou placés dans des contextes nouveaux, de façon à produire des effets tout à fait inattendus d'humour ou de sarcasme. C'est ce que nous constatons dans ce court poème de Prévert :

TEXTE 37

Le discours sur la paix

Vers la fin d'un discours extrêmement important
le grand homme d'État trébuchant
sur une belle phrase creuse
tombe dedans
et désemparé la bouche grande ouverte
haletant
montre les dents
et la carie dentaire de ses pacifiques raisonnements
met à vif le nerf de la guerre
la délicate question d'argent.

Jacques Prévert, *Paroles* (1949), © Éd. Gallimard

Les formules rebattues « trébucher sur une phrase », « montrer les dents », « mettre les nerfs à vif », « le nerf de la guerre » sont prises au pied de la lettre et, au lieu de s'intégrer au discours sur la paix, le désintègrent, le transforment en une cascade d'accidents ridicules, sauvant seulement le dernier vers, le seul avec le premier à ne pas comporter de cliché.

3.3. La création verbale

D'autres écrivains, reprenant la tradition de Rabelais, cherchent l'expressivité dans la création de mots nouveaux. Ce sont parfois de simples variantes orthographiques, par adjonction d'éléments qui donnent au mot une ampleur indue et ridicule : ainsi Flaubert employant dans sa correspondance l'adjectif « hénaurme », ou Proust signalant en marge de ses manuscrits des passages par l'annotation : « kapital » ou « capitalissime ». Jarry va plus loin dans ses pièces sur le roi Ubu, en créant à peu de frais les mots « merdre » et « phynances », et quelques autres empruntant des éléments à plusieurs mots déjà existants : « gidouille » pour ventre (sur bidouille, gibbosité, gibecière, citrouille, andouille...), « palotin » pour fonctionnaire (sur pâle et calotin). Mais ces mots n'apparaissent que de loin en loin dans son texte, tandis qu'un écrivain comme Henri Michaux pousse beaucoup plus loin la création, en écrivant des passages entiers faits de mots fabriqués pour la circonstance :

TEXTE 38

Dimanche à la campagne

Jarrettes et Jarretons s'avançaient sur la route débonnaire.

Darvises et Potamons folâtraient dans les champs.

Une de parmegarde, une de tarmouise, une vieille paricaridelle remiellée et foruse se hâtait vers la ville.

Garinettes et Farfalouves devisaient allégrement.

S'éboulissant de groupe en groupe, un beau Ballus de la famille des Bormulacées rencontra Zanicovette. Zanicovette sourit, ensuite Zanicovette, pudique, se détourna.

Hélas ! la paricaridelle, d'un coup d'œil, avait tout vu.

« Zanicovette », cria-t-elle. Zanicovette eut peur et s'enfuit.

Le vieux soleil entouré de nuages s'abritait lentement à l'horizon.

L'odeur de la fin du jour d'été se faisait sentir faiblement, mais profondément, futur souvenir indéfinissable dans les mémoires.

Les embasses et les ranoulements de la mer s'entendaient au loin, plus graves que tout à l'heure. Les abeilles étaient déjà toutes rentrées. Restaient quelques moustiques en goupil.

Les jeunes gens, les moins sérieux du village, s'acheminèrent à leur tour vers leur maisonnette.

Le village formait sur une éminence une éminence plus découpée. Olopoutre et pailloché, avec ses petits toits égrissés et croquets, il dendait l'azur comme un petit navire excessivement couvert, surponté et brillant, brillant !

La paricaridelle excitée et quelques vieilles coquillardes, sales rides et mauvaises langues, achastées à tout, épiaient les retardataires. L'avenir contenait un sanglot et des larmes. Zanicovette dut les verser.

Henri Michaux, *Plume* (1938), © Éd. Gallimard

La création reprend un grand nombre de préfixes et de suffixes déjà existants en français (Jarrettes et Jarretons, s'éboulissant, bormulacées, foruse, ranoulements), de radicaux déjà connus (paricaridelle, parmegarde, pailloché, croquets, coquillardes), d'autres rappelant des mots connus mais ayant subi une déformation (tarmouise ; ramiellée et rapiécée ; s'éboulissant et s'ébaubissant ; ranoulements et roulements ; dendait et fendait), si bien que même en l'absence d'un signifié clair, le texte présente un air de familiarité, et une signification beaucoup moins fantaisiste qu'il y paraît au premier abord (une jeune fille abordée par un garçon, dénoncée et réprimandée pour lui avoir souri).

Ce type de création est repris, à l'époque moderne, toujours dans une intention satirique, mais aussi par Boris Vian, et par Raymond Queneau, dans le cadre de l'utilisation du « néo-français » (voir *Bâtons, chiffres et lettres*) : il s'agit essentiellement de réécrire certaines expressions phonétiquement ou presque, en respectant l'accent unique des groupes. Certaines de ces recréations sont célèbres, notamment dans *Zazie dans le métro* (1959) : « doukipudonktan » qui ouvre le roman, les « bloudjinnzes » (blue jeans), les « hanvélos » (agents cyclistes), « ltipstu » (le type se tut), les « papouilles zozées ».

3.4. Le grossissement des traits descriptifs dans la caricature, le pastiche, la parodie

Il s'agit cette fois d'une expressivité portant assez peu sur les mots eux-mêmes, mais sur le rapport qu'ils entretiennent avec leur référent. Quoique celui-ci soit d'une importance plutôt modeste, la terminologie et l'énergie du discours qui lui est appliqué sont amplifiées jusqu'à l'excès. Il y a une disproportion flagrante entre eux, d'où naît un effet de ridicule.

Nous nous rappelons le début de *Candide* (texte 9), où le baron, qui vit presque comme un manant, est dit « un des plus puissants seigneurs de la Vestphalie », où la baronne s'attire une très grande considération par son poids de « trois cent cinquante livres », où Pangloss enseigne la « métaphysico-théologo-cosmolonigologie ». Dans un registre plus mondain, Proust nous trace une galerie de portraits de personnages à monocle en multipliant les traits satiriques, les comparaisons et métaphores astronomiques et animalières :

TEXTE 39

Monocles

Le monocle du Marquis de Forestelle était minuscule, n'avait aucune bordure et obligeant à une crispation incessante et douloureuse l'œil où il s'incrustait comme un cartilage superflu dont la présence est inexplicable et la matière recherchée, il donnait au visage du Marquis une délicatesse mélancolique, et le faisait juger par les femmes comme capable de grands chagrins d'amour. Mais celui de M. de Saint-Candé, entouré d'un gigantesque anneau, comme Saturne, était le centre de gravité d'une figure qui s'ordonnait à tout moment par rapport à lui, dont le nez frémissant et rouge et la bouche lippue et sarcastique tâchaient par leurs grimaces d'être à la hauteur des feux roulants d'esprit dont étincelait le disque de verre, et se voyait préférer aux plus beaux regards du monde par des jeunes femmes snobs et dépravées qu'il faisait rêver de charmes artificiels et d'un raffinement de volupté ; et cependant, derrière le sien, M. de Palancy qui, avec sa grosse tête de carpe aux yeux ronds, se déplaçait lentement au milieu des fêtes, en desserrant d'instant en instant ses mandibules comme pour chercher son orientation, avait l'air de transporter seulement avec lui un fragment accidentel, et peut-être purement symbolique, du vitrage de son aquarium, partie destinée à figurer le tout, qui rappela à Swann, grand admirateur des *Vices* et des *Vertus* de Giotto à Padoue, cet Injuste à côté duquel un rameau feuillu évoque les forêts où se cache son repaire.

Marcel Proust, *Du côté de chez Swann* (1913)

Un nouveau passage de Céline nous fait assister à une querelle de famille qui tient du tournoi de catch, de l'assassinat et du déferlement d'injures ordurières :

TEXTE 40

La mort du père

(Sont en scène Ferdinand, le souffre-douleur, et son père.)

Il revient me souffler dans les narines, des autres injures... toujours des autres... Je sens aussi moi monter les choses... Et puis la chaleur... Je me passe mes deux mains sur la bouille... Je vois tout drôle alors d'un seul coup !... Je veux plus voir... Je fais qu'un bond... Je suis dessus ! Je soulève sa machine [1] la lourde, la pesante... Je la lève tout en l'air. Et plac !... d'un bloc là vlac !... je la lui verse dans la gueule ! Il a pas le temps de parer !... Il en culbute sous la rafale, tout le bastringue à la renverse !... La table, le bonhomme, la chaise, tout le fourniment viré en bringue... Tout ça barre sur les carreaux... s'éparpille... Je suis pris aussi dans la

---

1. Sa machine à écrire

danse... Je trébuche, je fonce avec... Je peux plus m'empêcher... Il faut là, que je le termine le fumier salingue ! Pouac ! Il retombe sur le tas... Je vais lui écraser la trappe !... Je veux plus qu'il cause... Je vais lui crever toute la gueule... Je le ramponne par terre... Il rugit... Il beugle... Ça va ! Je lui trifouille le gras du cou... Je suis à genoux dessus... Je suis empêtré dans les bandes, j'ai les deux mains prises. Je tire. Je serre. Il râle encore... Il gigote... Je pèse... Il est dégueulasse... Il couaque... Je pilonne dessus... Je l'égorge... Je suis accroupi... Je m'enfonce plein dans la bidoche... C'est moi... C'est la bave... Je tire... J'arrache un grand bout de bacchante... Il me mord, l'ordure !... Je lui trifouille dans les trous. J'ai tout gluant... mes mains dérapent... Il se convulse... Il me glisse des doigts. Il m'agrafe dur autour du cou... Il m'attaque la glotte... Je serre encore. Je lui sonne le cassis sur les dalles... Il se détend... Il redevient tout flasque... Il est flasque dessous mes jambes... Il me suce le pouce... Il me le suce plus... Merde !

Louis-Ferdinand Céline, Mort à crédit (1936), © Éd. Gallimard

LECTURES COMPLÉMENTAIRES

BALLY Charles, *Traité de stylistique française, 2* volumes, 1re éd. 1902 ; nouvelle éd. Klincksieck 1951.
RIFFATERRE Michael, *Essais de stylistique structurale,* Flammarion, 1971.
GUIRAUD Pierre, *La Stylistique,* PUF, Que sais-je ?, 1957.
KERBRAT-ORECCHIONI Catherine, *L'Énonciation. De la subjectivité dans le langage*, A. Colin, 1980.

Chapitre 7

Le récit : états, transformations ; actants, acteurs ; modalités

On peut définir le récit comme un énoncé rapportant une succession d'actes (accomplis par des humains) ou d'événements (touchant le monde), et d'états ou de situations, c'est-à-dire de faits d'ordre dynamique et de faits d'ordre statique. La succession des uns et des autres met en jeu le temps : le récit est plus ou moins rapide, peut sauter des événements, faire des retours en arrière ou des anticipations. L'ensemble des actes du récit en forme l'**action**.

1. La constitution du récit. Ses grandes parties

1.1. Objectifs et sélection

Le récit a une orientation, déterminée par les intentions des personnages, les objectifs qu'ils se donnent, le destin que l'auteur leur fait subir. Cela n'exclut pas, bien au contraire, les conflits entre les intentions des divers personnages participants, les intentions inconscientes, ou la divergence entre les intentions humaines et celles d'une destinée ou Providence plus puissante. Ainsi, l'intention permanente du Candide de Voltaire est de retrouver Mademoiselle Cunégonde, tandis que celle de la Providence semble être de lui démontrer que tout n'est pas pour le mieux dans le meilleur des mondes possibles. Celle du héros d'*À la recherche du temps perdu* est apparemment et tour à tour de rester auprès de sa mère, de voyager, de connaître l'amour de diverses femmes, d'être accueilli par la société aristocratique, alors que toute sa vie tend, à son insu, vers la découverte, à la fin de l'histoire, de sa vocation d'écrivain.

Ces objectifs entraînent le narrateur à sélectionner les faits ou les situations en rapport avec eux, et à éliminer les autres, sauf lorsqu'il maintient des fragments inutiles pour en faire des *effets de réel*, ou des digressions explicatives, d'intérêt indirect ou purement ludiques (apportant un moment de détente, par exemple). D'autres facteurs de sélection peuvent être la recherche de la vraisemblance, ou de la fantaisie, celle de l'économie des moyens ou au contraire de l'expansion. Le récit ne se présente donc pas comme un amalgame aléatoire et désordonné de faits, il est composé.

1.2. Les grandes parties de l'action

En général, une **exposition** inaugure le texte, en présentant les personnages (en tout ou en partie), la situation initiale et, de façon plus ou moins précise, les enjeux. Nous avons eu un aperçu de l'exposition à propos des incipit, au chapitre 3 ; mais celle-ci peut s'étendre beaucoup plus loin que la première page.

On voit ensuite se développer l'*intrigue*, le *nœud*, la ou les *péripéties*, des *épisodes* et le *dénouement*. Tous ces termes, comme celui d'exposition, sont empruntés à la critique du théâtre, cet art étant le plus ancien et le modèle généralement admis de toute action. Leur ancienneté d'emploi, à propos d'œuvres si diverses, les laisse entourés d'un certain flou. L'**intrigue** désigne plutôt l'ensemble des actes et des événements qui forment l'essentiel de l'action, en soulignant le comportement volontaire et conscient des personnages (voir des termes comme « intriguer », « intrigant »). Le **nœud** est la situation entraînée par une action ou un événement qui change le cours de l'intrigue et en rend la suite problématique : c'est le cas après la mort du Comte dans *Le Cid*. Une **péripétie** est un renversement de l'action, un « coup de théâtre » qui modifie la situation et change les objectifs : c'est la victoire de Rodrigue sur les Mores alors qu'il va être puni pour le meurtre du Comte ; c'est encore l'intervention de Mme Lepic dans le texte suivant de *Poil de Carotte* :

TEXTE 41

La trompette

Monsieur Lepic arrive de Paris ce matin même. Il ouvre sa malle. Des cadeaux en sortent pour grand frère Félix et sœur Ernestine, de beaux cadeaux, dont précisément (comme c'est drôle !) ils ont rêvé toute la nuit. Ensuite M. Lepic, les mains derrière son dos, regarde malignement Poil de Carotte et lui dit :

« Et toi, qu'est-ce que tu aimes le mieux : une trompette ou un pistolet ? »

En vérité, Poil de Carotte est plutôt prudent que téméraire. Il préférerait une trompette, parce que ça ne part pas dans les mains ;

mais il a toujours entendu dire qu'un garçon de sa taille ne peut jouer sérieusement qu'avec des armes, des sabres, des engins de guerre. L'âge lui est venu de renifler de la poudre et d'exterminer des choses. Son père connaît les enfants : il a apporté ce qu'il faut.

« J'aime mieux un pistolet », dit-il hardiment, sûr de deviner.

Il va même un peu plus loin et ajoute :

« Ce n'est plus la peine de le cacher ; je le vois !

— Ah ! dit M. Lepic embarrassé, tu aimes mieux un pistolet ! tu as donc bien changé ? »

Tout de suite Poil de Carotte se reprend :

« Mais non, va, mon papa, c'était pour rire. Sois tranquille, je les déteste, les pistolets. Donne-moi vite ma trompette, que je te montre comme ça m'amuse de souffler dedans.

MADAME LEPIC

— Alors pourquoi mens-tu ? pour faire de la peine à ton père, n'est-ce pas ? Quand on aime les trompettes, on ne dit pas qu'on aime les pistolets, et surtout on ne dit pas qu'on voit des pistolets, quand on ne voit rien. Aussi, pour t'apprendre, tu n'auras ni pistolet ni trompette. Regarde-la bien : elle a trois pompons rouges et un drapeau à franges d'or. Tu l'as assez regardée. Maintenant, va voir à la cuisine si j'y suis ; déguerpis, trotte et flûte dans tes doigts. »

Tout en haut de l'armoire, sur une pile de linge blanc, roulée dans ses trois pompons rouges et son drapeau à franges d'or, la trompette de Poil de Carotte attend qui souffle, imprenable, invisible, muette, comme celle du jugement dernier.

Jules Renard, *Poil de Carotte* (1894)

Les **épisodes** sont des actions accessoires ou incidentes par rapport à l'action principale. Le **dénouement** est la résolution du problème posé par le nœud : à la fin du *Cid*, le roi a pardonné à Rodrigue, Chimène a laissé paraître son amour, il ne reste plus aux deux jeunes gens qu'à s'épouser. Bien entendu, tout dénouement n'est pas une *happy end*, comme le montre, dans un registre plus modeste, le texte de Jules Renard ; et tout récit ne comporte pas nécessairement un dénouement.

1.3. Les pauses de l'action

L'action proprement dite, marquée par le dynamisme, se voit par moments suspendue par des éléments marginaux : la **description**, qui est souvent accompagnée d'un arrêt du déroulement temporel, et attire l'attention sur des objets, des personnes ou des situations considérés comme statiques (du moins en ce qui concerne l'action principale), ou présentés dans leur généralité ; la **délibération**, qui est un débat entre personnages ou intérieur à l'un d'eux (voir les Stances du *Cid*), pendant lequel l'action n'avance pas ; et le **commentaire**, fait soit par des personnages, soit par le narrateur lui-même : il représente un saut hors de l'action, une mise à distance de celle-ci, et se situe dans un domaine intermédiaire entre une action particulière et l'action principale (commentaire d'un personnage), ou entre le récit général et l'espace de communication où se meuvent le narrateur et le narrataire ; c'est un « discours », au sens de Benveniste : ainsi les incessants commentaires du narrateur de Proust servent-ils tantôt à faire prévoir des événements ultérieurs ou à faire comprendre le passé, tantôt à faire connaître au narrataire (c'est-à-dire au lecteur) les opinions littéraires, ou esthétiques, ou morales du narrateur (c'est-à-dire, dans ce cas, de Proust) ; mais ils ne font pas avancer l'action.

2. Les transformations

Si l'on recherche la cellule de base d'un récit, on constate qu'elle réside dans le passage d'un état à un autre état, à la suite d'un acte ou d'un événement. La forme la plus simple de l'état peut se formuler à l'aide d'un verbe « être » ou d'un verbe « avoir ». Le changement d'état est une **transformation**. Essayons de décomposer selon ce schéma le récit de la trompette :

— *État n° 1* : le père a les cadeaux ; les enfants ne les ont pas ; (implicitement : le père veut donner les cadeaux aux enfants).

— *Transformation n° 1* : première distribution des cadeaux.

— *État n° 2* : Félix et Ernestine ont des cadeaux ; Poil de Carotte n'en a pas.

— *Digression délibérative* : quel cadeau désire Poil de Carotte ?

État (a) : il désire un pistolet.

Transformation (a) : il change d'avis.

État (b) : il désire une trompette.

— *État n° 3* (implicite) : le père veut donner la trompette à Poil de Carotte.

— *Péripétie (État n° 4)* : la mère ne veut pas donner la trompette.

— *Transformation n° 2* (implicite) : le père change d'avis.

— *État n° 5* (implicite) : le père ne veut (ou ne peut pas) donner la trompette.

— *Transformation n° 3* : le père ou la mère place la trompette à un endroit inaccessible.

— *État n° 6* : Félix et Ernestine ont des cadeaux ; Poil de Carotte n'en a pas.

Doit-on considérer que l'état final est le même que l'état n° 2 ? Le lecteur sent bien que non, qu'il y a eu une progression (même si elle est négative). Pour en rendre compte, il faut considérer aussi les états possibles dans l'avenir. Dans l'état n° 2, Poil de Carotte pense qu'il aura la trompette, mais dans l'état n° 6, il ne le pense pas. Cette exclusion d'un état possible fait toute la différence, et provoque en 6 un état psychologique nouveau quoique implicite dans le texte, la souffrance de l'enfant (évoquée indirectement par l'allusion à la trompette du jugement dernier).

Il est donc possible de décomposer un récit en états et transformations élémentaires, mais il faut affiner l'analyse pour en rendre compte fidèlement, et faire entrer en ligne des éléments comme « désirer », « vouloir », « pouvoir », qui modifient états et transformations. Nous allons les retrouver dans la section suivante.

3. Actants, rôles, acteurs. Modalités

3.1. Actants, rôles, acteurs

À un premier degré de lecture, il semble que les actions soient accomplies ou subies par des personnages humains. Mais très vite , on s'aperçoit qu'elles le sont aussi par des choses (« le téléphone sonne ») ou des abstractions (« l'union fait la force », « la liberté éclaire le monde »). Aussi des sémioticiens (la sémiotique est l'étude générale des significations) ont-ils postulé, à un niveau plus abstrait que celui des personnages, des catégories susceptibles de rendre compte de tous les actes du récit : ces catégories sont appelées les **actants**.

Tout acte suppose un **Sujet**, qui l'accomplit, et un **Objet** sur lequel il porte. Dans sa tension vers l'**Objet**, le **Sujet** peut être aidé par une force favorable, l'**Adjuvant**, mais contrarié par une force adverse, l'**Opposant**. Par ailleurs, l'Objet est transmis par un **Destinateur** à un **Destinataire**. Ce sont les actants de tout récit.

Ainsi, dans « Le Coche et la Mouche », nous avons :

— *Sujet* : les chevaux

— *Objet* : gravir la côte

— *Opposant* : la difficulté du chemin, le soleil

— *Adjuvant* : l'allègement par la marche à pied des passagers

— *Destinateur* : la mouche

— *Destinataire* : les voyageurs (bénéficiaires de l'action).

Nous voyons que certains actants sont réalisés par plusieurs « personnages », que d'autres sont des choses (le soleil) ou des abstractions (l'allègement). Le destinateur est ici une sorte d'instance supérieure qui met en mouvement le sujet direct (les chevaux), et le destinataire est le bénéficiaire. La Fontaine joue d'ailleurs sur une double représentation du récit. Celle qui apparaît ci-dessus est la représentation de la mouche, qui l'avantage en lui donnant la toute-puissance. Une autre, celle des participants humains à l'action, serait plutôt de faire d'elle un opposant de plus. Dans ce cas, le destinateur serait le cocher qui fait avancer l'attelage.

Dans le texte de Poil de Carotte, en simplifiant, le sujet est le père, l'objet la trompette, le destinataire Poil de Carotte, l'opposant la mère. On ne perçoit pas d'adjuvant, et le destinateur semble se confondre avec le sujet.

Dans le début de *Jacques le Fataliste* (texte 10), en revanche, destinateur (la Destinée) et sujet (un tireur inconnu) sont parfaitement distincts dans l'acte de la blessure de Jacques. On peut dire de même que dans *Candide*, la Providence est le destinateur général de tous les malheurs qui s'abattent (appliqués par des sujets variés et nombreux), sur le héros et ses comparses. Mais, même dans ces cas, la différence n'est pas très nette entre le destinateur et un sujet *factitif*, c'est-à-dire qui fait faire l'action par un autre. Le tableau des actants tel qu'il a été présenté est en fait un amalgame entre deux schémas qui ne sont pas nécessairement compatibles, celui de la communication (voir chap. 1) et le schéma syntaxique des verbes dits « à double objet », du type « Pierre donne un livre (objet 1) à Jacques (objet 2) ». Néanmoins, il est encore d'usage courant dans l'analyse de base des récits.

Les actants, nous l'avons dit, sont des abstractions non figuratives et anonymes. À un degré un peu plus concret nous trouvons les **rôles**, qui désignent des catégories plus proches de nous. Ce sont des entités figuratives animées, anonymes aussi, et sociales : le roi, ses sujets, le père, la mère, le maître, le valet, etc.

Les sémioticiens appellent enfin **acteur** une entité figurative animée, susceptible d'individuation ; c'est donc le personnage tel que nous le connaissons : M. Lepic, Poil de Carotte, Candide, mais aussi les personnages anonymes des récits. Un « acteur » peut tenir plusieurs rôles : Candide est le bâtard, l'amoureux, le disciple, le fugitif, le naufragé, le supplicié, etc. Inversement, un seul rôle peut être tenu par plusieurs acteurs : Candide n'est pas seul quand il est fugitif, naufragé, supplicié. Ces grandes distinctions sont utiles dans le repérage des formes de base du récit ; elles doivent ensuite céder la place à des analyses plus fines.

3.2. Les modalités

L'organisation du sens dans le discours repose d'un côté sur l'existence des actants, de l'autre sur celle des *prédicats*. Ces derniers sont des unités abstraites rapportées aux actants, et qui s'intègrent à eux soit de façon dynamique, et ce sont alors les prédicats de **fonction** ou du **faire** :

Exemple : *M. Lepic* ***ouvre*** *sa malle.*

soit de façon statique, et ce sont les prédicats de **qualification** ou de l'**être** :

Exemple : *Poil de Carotte est plutôt* ***prudent*** *que* ***téméraire****.*

Ces deux formes de prédicats peuvent être modalisées, ou affectées de **modalités**, c'est-à-dire qu'elles sont régies par un autre prédicat. Les principales modalités des prédicats du *faire* sont :

— le vouloir : *Poil de Carotte* ***veut jouer*** *de la trompette*

— le pouvoir : *Poil de Carotte* ***peut jouer*** *de la trompette*

— le savoir : *Poil de Carotte* ***sait jouer*** *de la trompette.*

Ces modalités sont très importantes dans le récit donné en exemple, qui ne se comprend guère sans elles : le vouloir de Poil de Carotte, d'abord assisté par le vouloir de son père (adjuvant), est combattu par le vouloir de Mme Lepic (opposant), et l'enfant n'accède pas au pouvoir de jouer.

Les modalités de l'*être* s'organisent autour de l'opposition de l'*être* et du *paraître*. Ce sont le *vrai* (être + paraître), le *faux* (ni être ni paraître), le *secret* (être mais non paraître) et le *mensonge* (paraître mais non être). Ainsi :

— le désir de Poil de Carotte pour une trompette est de l'ordre du vrai ;

— son goût pour une toupie serait de l'ordre du faux ;

— la dissimulation du cadeau derrière le dos est de l'ordre du secret ;

— le goût de Poil de Carotte pour un pistolet relève du mensonge.

LECTURES COMPLÉMENTAIRES

ADAM Jean-Michel, *Le Texte narratif*, Nathan, 1985.

BREMOND Claude, *Logique du récit*, Le Seuil, 1973.

COURTÈS Joseph, *Introduction à la sémiotique narrative et discursive*, Hachette, 1976.

GOLDENSTEIN Jean-Pierre, *Pour lire le roman*, cité au chap. 4.

Chapitre 8

Le récit : la focalisation

Nous nous sommes posé, au chapitre 3, à propos du narrateur, la question de savoir « qui raconte ». Mais le narrateur peut avoir, par rapport à ce qu'il raconte, diverses positions de connaissance. Il peut se présenter comme quelqu'un qui voit ou sait tout des événements et des personnages de l'histoire, ou comme quelqu'un qui n'en voit et n'en sait pas plus que tel des personnages, ou encore comme quelqu'un qui ne sait rien d'avance et voit les choses entièrement du dehors. Ces différentes positions répondent à la question « qui voit ? » ou « qui sait ? » (c'est-à-dire « qui voit par la connaissance ? »). On leur a donné, selon les critiques, des noms divers : **point de vue**, ou **perspective narrative**, ou **vision**, ou encore, avec Gérard Genette, **focalisation**, terme qui évite ce que les autres ont de trop exclusivement visuel, et que ce critique définit ainsi : c'est une « restriction de champ, c'est-à-dire en fait une sélection de l'information narrative par rapport à ce que la tradition nommait l'*omniscience.* [...] L'instrument de cette éventuelle sélection est un *foyer situé*, c'est-à-dire une sorte de goulot d'information, qui n'en laisse passer que ce qu'autorise la situation : Marcel derrière la fenêtre de Montjouvain. » Voici le début du passage de *Du côté de chez Swann* auquel Genette fait allusion :

(*Le héros s'est endormi dans des buissons, sur un talus dominant la maison de M. Vinteuil à Montjouvain.*)

> Il faisait presque nuit quand je m'éveillai, je voulus me lever, mais je vis Mlle Vinteuil (autant que je pus la reconnaître [...]) qui probablement venait de rentrer, en face de moi, à quelques centimètres de moi, dans cette chambre où son père avait reçu le mien et dont elle avait fait son petit salon à elle. La fenêtre était entrouverte, la lampe était allumée, je voyais tous ses mouvements sans qu'elle me vît, mais en m'en allant j'aurais fait craquer les buissons, elle m'aurait entendu et elle aurait pu croire que je m'étais caché là pour l'épier.

Le spectacle est effectivement *restreint* à ce que le personnage peut apercevoir à travers la fenêtre entrouverte.

À partir des différentes positions de connaissance, on distingue donc trois catégories de focalisation :

— la **focalisation zéro** ou absence de focalisation, appelée encore **vision omnisciente** ou *vision « par en dessus »*. Le narrateur raconte comme s'il voyait et savait tout (ou en tout cas plus que les participants de l'histoire) des objets et des personnages. Il n'y a pas de goulot d'information. C'est, sensiblement, le point de vue de l'historien informé.

— la **focalisation interne**, ou **vision « avec »**, qui fait coïncider ce que voit et sait le narrateur avec ce que voit et sait un personnage. Il y a bien « restriction du champ de la connaissance » et « sélection de l'information narrative ».

— la **focalisation externe**, ou **vision « du dehors »**, ou **vision objective**, qui est celle d'un narrateur qui ne sait rien d'avance et ne s'introduit dans la perspective d'aucun personnage, ce qui le laisse dans l'ignorance de ce qui n'est pas directement visible et immédiatement connaissable. Il y a aussi restriction de champ.

1. La focalisation zéro (perspective omnisciente)

TEXTE 42

Portrait de Michu

Les lois de la physionomie sont exactes, non seulement dans leur application au caractère, mais encore relativement à la fatalité de l'existence. Il y a des physionomies prophétiques. S'il était possible, et cette statistique vivante importe à la Société, d'avoir un dessin exact de ceux qui périssent sur l'échafaud, la science de Lavater et celle de Gall prouveraient invinciblement qu'il y avait dans la tête de tous ces gens, même chez les innocents, des signes étranges. Oui, la Fatalité met sa marque au visage de ceux qui doivent mourir d'une mort violente quelconque ! Or, ce sceau, visible aux yeux de l'observateur, était empreint sur la figure expressive de l'homme à la carabine. Petit et gros, brusque et leste comme un singe quoique d'un caractère calme, Michu avait une face blanche, injectée de sang, ramassée comme celle d'un Calmouque et à laquelle des cheveux rouges, crépus, donnaient une expression sinistre. Ses yeux jaunâtres et clairs offraient, comme ceux des tigres, une profondeur intérieure où le regard de qui l'examinait allait se perdre, sans y rencontrer de mouvement ni de chaleur. Fixes, lumineux et rigides, ces yeux finissaient par épouvanter. L'opposition constante de l'immobilité des yeux avec la vivacité du corps ajoutait encore à l'expression glaciale que Michu causait au premier abord. Prompte chez cet homme, l'action devait desservir une pensée unique ; de même que, chez les animaux, la vie est sans réflexion au service de l'instinct. Depuis 1793, il avait aménagé sa barbe rousse en éventail. Quand même il n'aurait pas été, pendant la Terreur, président d'un club de Jacobins, cette particularité de sa figure l'eût, à elle seule, rendu terrible à voir. Cette figure socratique à nez camus était couronnée par un très beau front, mais si bombé qu'il paraissait être en surplomb sur le visage. Les oreilles bien détachées possédaient une sorte de mobilité comme celles des bêtes sauvages, toujours sur le qui-vive. La bouche, entr'ouverte par une habitude assez ordinaire chez les campagnards, laissait voir des dents fortes et blanches comme des amandes, mais mal rangées. Des favoris épais et luisants encadraient cette face blanche et violacée par places. Les cheveux coupés ras sur le devant, longs sur les joues et derrière la tête, faisaient, par leur rougeur fauve, parfaitement ressortir tout ce que cette physionomie avait d'étrange et de fatal. Le cou, court et gros, tentait le couperet de la Loi. En ce moment, le soleil, prenant ce groupe en écharpe, illuminait en plein ces trois têtes que le chien regardait par moments.

Balzac, *Une ténébreuse affaire* (1841)

Balzac compose ce portrait du point de vue non seulement d'un témoin oculaire (« l'homme à la carabine, petit et gros, une face blanche, injectée de sang », etc.), mais de quelqu'un qui connaît le personnage de l'intérieur (« d'un caractère calme, l'action devait desservir une pensée unique »), connaît son passé (« depuis 1793 il avait aménagé sa barbe rousse en éventail », il avait été « pendant la Terreur, président d'un club de Jacobins »), et même prévoit son avenir (« le cou [...] tentait le couperet de la Loi »). Les premières lignes rattachent le portrait à une démonstration psychologique, faite par un narrateur théorisant (double de l'auteur lui-même) qui intègre la description dans un système de pensée : c'est aussi une forme de l'omniscience.

Flaubert, de son côté, commence ainsi la longue description d'Yonville dans *Madame Bovary* :

TEXTE 43

Yonville

Yonville-l'Abbaye (ainsi nommé, à cause d'une ancienne abbaye de Capucins dont les ruines n'existent même plus) est un bourg à huit lieues de Rouen, entre la route d'Abbeville et celle de Beauvais, au fond d'une vallée qu'arrose la Rieule, petite rivière qui se jette dans l'Andelle, après avoir fait tourner trois moulins vers son embouchure, et où il y a quelques truites, que les garçons, le dimanche, s'amusent à pêcher à la ligne.

On quitte la grande route à la Boissière et l'on continue à plat jusqu'au bout de la côte des Leux, d'où l'on découvre la vallée. La rivière qui la traverse en fait comme deux régions de physionomie distincte : tout ce qui est à gauche est en herbage, tout ce qui est à droite est en labour. La prairie s'allonge sous un bourrelet de collines basses pour se rattacher par derrière aux pâturages du pays de Bray, tandis que, du côté de l'est, la plaine, montant doucement, va s'élargissant et étale à perte de vue ses blondes pièces de blé. L'eau qui court au bord de l'herbe sépare d'une raie blanche la couleur des prés et celle des sillons, et la campagne ainsi ressemble à un grand manteau déplié qui a un collet de velours vert, bordé d'un galon d'argent.

Au bout de l'horizon, lorsqu'on arrive, on a devant soi les chênes de la forêt d'Argueil, avec les escarpements de la côte Saint-Jean, rayés du haut en bas par de longues traînées rouges, inégales ; ce sont les traces des pluies, et ces tons de brique, tranchant en filets minces sur la couleur grise de la montagne, viennent de la quantité de sources ferrugineuses qui coulent au-delà, dans le pays d'alentour.

Flaubert, *Madame Bovary* (1856)

Ce tableau ne peut provenir que d'un narrateur omniscient, situé assez « au-dessus » pour considérer toutes les parties du paysage et même « le pays d'alentour », et assez informé pour connaître l'histoire de la bourgade (« une ancienne abbaye de Capucins dont les ruines n'existent même plus ») et les occupations dominicales des habitants.

2. La focalisation interne (vision « avec »)

Genette nous renvoyait au héros proustien observant Mlle Vinteuil par la fenêtre. Le cas est plus intéressant quand la focalisation ne s'exerce pas sur un narrateur *homodiégétique* (à la fois narrateur et personnage), mais sur quelqu'un d'autre que lui. Un autre passage de Proust nous servira de témoin. C'est un portrait de Swann :

TEXTE 44

Portrait de Swann

On ne se gênait guère pour l'envoyer quérir dès qu'on avait besoin d'une recette de sauce gribiche ou de salade à l'ananas pour des grands dîners où on ne l'invitait pas, ne lui trouvant pas un prestige suffisant pour qu'on pût le servir à des étrangers qui venaient pour la première fois. Si la conversation tombait sur les princes de la Maison de France : « des gens que nous ne connaîtrons jamais ni vous ni moi et nous nous en passons, n'est-ce-pas », disait ma grand-tante à Swann qui avait peut-être dans sa poche une lettre de Twickenham ; elle lui faisait pousser le piano et tourner les pages les soirs où la sœur de ma grand-mère chantait, ayant pour manier cet être ailleurs si recherché, la naïve brusquerie d'un enfant qui joue avec un bibelot de collection sans plus de précautions qu'avec un objet bon marché. Sans doute le Swann que connurent à la même époque tant de clubmen était bien différent de celui que créait ma grand-tante, quand le soir, dans le petit jardin de Combray, après qu'avaient retenti les deux coups hésitants de la clochette, elle injectait et vivifiait de tout ce qu'elle savait sur la famille Swann, l'obscur et incertain personnage qui se détachait, suivi de ma grand-mère, sur un fond de ténèbres, et qu'on reconnaissait à la voix.

[...]

Sans doute, dans le Swann qu'ils s'étaient constitué, mes parents avaient omis par ignorance de faire entrer une foule de particularités de sa vie mondaine qui étaient cause que d'autres personnes, quand elles étaient en sa présence, voyaient les élégances régner dans son visage et s'arrêter à son nez busqué comme à leur frontière naturelle ; mais aussi ils avaient pu entasser dans ce visage désaffecté de son prestige, vacant et spacieux, au fond de ces yeux dépréciés, le vague et doux résidu — mi-mémoire, mi-oubli — des heures oisives passées ensemble après nos dîners hebdomadaires, autour de la table de jeu ou au jardin, durant notre vie de bon voisinage campagnard. L'enveloppe corporelle de notre ami en avait été si bien bourrée, ainsi que de quelques souvenirs relatifs à ses parents, que ce Swann-là était devenu un être complet et vivant, et que j'ai l'impression de quitter une personne pour aller vers une autre qui en est distincte, quand, dans ma mémoire, du Swann que j'ai connu plus tard avec exactitude je passe à ce premier Swann — à ce premier Swann dans lequel je retrouve les erreurs charman-

> tes de ma jeunesse, et qui d'ailleurs ressemble moins à l'autre qu'aux personnes que j'ai connues à la même époque, comme s'il en était de notre vie ainsi que d'un musée où tous les portraits d'un même temps ont un air de famille, une même tonalité — à ce premier Swann rempli de loisir, parfumé par l'odeur du grand marronnier, des paniers de framboises et d'un brin d'estragon.

Marcel Proust, *Du côté de chez Swann* (1913)

La focalisation interne porte d'abord sur la famille du héros (essentiellement sa grand-tante) qui ne voit en Swann que le voisin de campagne modeste et obligeant. Cette partie comporte néanmoins quelques décrochements vers la focalisation zéro dans « Swann qui peut-être avait dans sa poche une lettre de Twickenham », et vers une autre focalisation interne dans : « le Swann que connurent à la même époque tant de clubmen était bien différent. »

Le fragment sauté est un commentaire général du narrateur comparable à celui de Balzac exposant les lois de la physiognomonie dans le texte 42 ; ce narrateur est capable de connaître et de juger les actes des personnages : il s'agit donc de focalisation zéro.

Puis l'on revient à la *vision interne* de la famille du héros (vision collective), mais mise en parallèle avec l'autre vision interne, celle des mondains (collective également : « d'autres personnes [...] voyaient les élégances régner dans son visage... »). Le portrait est donc double, fait alternativement selon deux focalisations, et l'on peut parler, ici, comme c'est souvent le cas dans les descriptions, de *focalisation interne variable.*

Avec le retour, à la fin, de la première personne, (« j'ai l'impression de quitter une personne pour aller vers une autre... »), le narrateur assume de nouveau le point de vue omniscient, qui intègre les deux focalisations internes précédentes, et y ajoute son propre point de vue interne ancien en parlant des « erreurs charmantes de ma jeunesse » (interne parce qu'il est localisé hors de la situation d'omniscience et correspond à une restriction de champ). Nous avons l'apparent paradoxe d'une focalisation zéro constituée par plusieurs focalisations positives. Cela ne peut s'expliquer que parce que la focalisation est une restriction de champ : plusieurs restrictions additionnées ou synthétisées abolissent la restriction et la transforment en vision générale.

La littérature contemporaine développe de plus en plus les focalisations multiples et variables. Dans le texte 31 déjà cité, Yves Navarre nous fait passer sans transition, et parfois pour d'infimes fragments de phrases, de la focalisation zéro du narrateur à des focalisations internes sur des personnages. Il le fait en leur donnant la parole sans terme introducteur, ou en pratiquant un discours indirect libre à peine perceptible : « Ils se renvoient cette balle,

Suzy trichait toujours au croquet et Henri voulait toujours gagner au tennis » (focalisation successive sur le frère et la sœur) ; dans : « La sœur de Monsieur, comme d'habitude, sitôt à table, réclamera une serviette non amidonnée », la formule « la sœur de Monsieur » ne peut appartenir qu'au vocabulaire de la domestique, et révèle une focalisation interne sur elle.

À l'exception du récit historique, par hypothèse omniscient, la plupart des récits connaissent des variations de focalisation, et parfois, nous venons de le voir, sur des fragments très brefs. Il est utile de pouvoir délimiter ceux-ci pour bien saisir les effets recherchés par l'écrivain. On recourt alors à des notions comme celles de **point de vue dominant** et de **point de vue partiel** : ainsi la page d'Yves Navarre a-t-elle un point de vue dominant omniscient et des points de vue partiels internes.

Il ne faut pas cacher que la focalisation pose parfois des problèmes délicats d'interprétation, surtout quand le narrateur lit dans les pensées et les sentiments des personnages : y a-t-il dans ce cas focalisation sur le personnage, ou absence de focalisation puisque le narrateur « sait tout » sur lui ? Si le personnage est nommé ou clairement désigné, on peut hésiter entre les deux positions, encore qu'en toute rigueur seul le narrateur (focalisation zéro) puisse nommer le personnage dont il lit les pensées. Mais la focalisation interne est plus nette si le personnage dont le point de vue est adopté n'est pas nommé et que ses pensées ne sont pas annoncées comme telles par le narrateur : songeons encore à « la sœur de Monsieur » remarquée ci-dessus. C'est aussi le cas du **monologue intérieur**, dans lequel le monde est vu uniquement à travers les pensées non annoncées d'un personnage. C'est le cas au début du roman *Les lauriers sont coupés* d'Édouard Dujardin :

TEXTE 45

Les lauriers sont coupés

Un soir de soleil couchant, d'air lointain, de cieux profonds ; et des foules confuses ; des bruits, des ombres, des multitudes ; des espaces infiniment étendus ; un vague soir...

Car sous les chaos des apparences, parmi les durées et les sites, dans l'illusion des choses qui s'engendrent et qui s'enfantent, un parmi les autres, un comme les autres, semblable aux autres, un le même et un de plus, de l'infini des possibles existences, je surgis ; et voici que le temps et le lieu se précisent ; c'est l'aujourd'hui ; c'est l'ici ; l'heure qui sonne ; et, autour de moi, la vie ; le lieu, un soir d'avril, Paris, un soir clair de soleil couchant, les monotones bruits, les maisons blanches, les feuillages d'ombres ; le soir plus doux, et une joie d'être quelqu'un, d'aller ; les rues et les multitudes, et, dans l'air très lointainement étendu, le ciel ; Paris à l'entour chante, et, dans la brume des formes aperçues, mollement il encadre l'idée.

L'heure a sonné ; six heures, l'heure attendue. Voici la maison où je dois entrer, où je trouverai quelqu'un ; la maison ; le vestibule ; entrons. Le soir tombe ; l'air est bon ; il y a une gaieté dans l'air. L'escalier ; les premières marches. Si, par hasard, il était sorti avant l'heure ? cela lui arrive quelquefois ; je veux pourtant lui conter ma journée d'aujourd'hui. Le palier du premier étage ; l'escalier large et clair ; les fenêtres. Je lui ai confié, à ce brave ami, mon histoire amoureuse. Quelle bonne soirée encore j'aurai ! Enfin il ne se moquera plus de moi. Quelle délicieuse soirée ce va être ! Pourquoi le tapis de l'escalier est-il retourné en ce coin ? cela fait sur le rouge montant une tache grise, sur le rouge qui de marche en marche monte. Le second étage ; la porte à gauche ; « Étude ». Pourvu qu'il ne soit pas sorti ; où courir le trouver ? tant pis, j'irai au boulevard. Vivement entrons. La salle de l'Étude. Où est Lucien Chavainne ? La vaste salle et la rangée circulaire des chaises. Le voilà près de la table, penché ; il a son pardessus et son chapeau ; il dispose des papiers, hâtivement avec un autre clerc. La bibliothèque de cahiers bleus, au fond, avec les ficelles nouées. Je m'arrête sur le seuil. Quel plaisir de conter cette histoire ! Lucien Chavainne lève la tête ; il me voit ; bonjour.

Édouard Dujardin, *Les lauriers sont coupés* (1887)

Le personnage semble ne faire que reproduire ses sensations et impressions, telles qu'il les a éprouvées et dans l'ordre (ou le désordre) où elles l'ont frappé. Il ne prend pas, dès le début, conscience de sa propre existence, et encore moins de ses intentions. Puis, éveillé à lui-même et aux formes extérieures, il donne l'impression de rencontrer la maison où il se rend et ses différentes parties, qui semblent défiler devant lui, tandis que ses souvenirs et ses projets l'envahissent. On ne perçoit pas l'intervention d'un narrateur extérieur susceptible de voir le héros : il s'est transporté **dans** le héros.

Peut-on dire que la narration à la première personne, avec un narrateur homodiégétique, implique automatiquement une focalisation sur ce héros-narrateur ? C'en est le cas dans le texte 45. Il en allait de même dans le passage cité plus haut du héros de Proust apercevant Mlle Vinteuil à travers la fenêtre. Mais si nous continuons la lecture de ce dernier passage, voici ce que nous trouvons :

Au fond du salon de Mlle Vinteuil, sur la cheminée était posé un petit portrait de son père que vivement elle alla chercher au moment où retentit le roulement d'une voiture qui venait de la route, puis elle se jeta sur un canapé, et tira près d'elle une petite table sur laquelle elle plaça le portrait, comme M. Vinteuil autrefois avait mis à côté de lui le morceau qu'il avait le désir de jouer à mes parents. Bientôt son amie entra. Mlle Vinteuil l'accueillit sans se lever, ses deux mains derrière la tête et se recula sur le bord opposé du sofa comme pour lui faire une place. Mais aussitôt elle sentit qu'elle semblait ainsi lui imposer une attitude qui lui était peut-être importune. Elle pensa que son amie aimerait peut-être mieux être loin d'elle sur une chaise, elle se trouva indiscrète, la délicatesse de son cœur s'en alarma ; reprenant toute la place sur le sofa elle ferma les yeux et se mit à bâiller pour indiquer que l'envie de dormir était la seule raison pour laquelle elle s'était ainsi étendue. Malgré la familiarité rude et dominatrice qu'elle avait avec sa camarade, je reconnaissais les gestes obséquieux et réticents, les brusques scrupules de son père. Bientôt elle se leva, feignit de vouloir fermer les volets et de n'y pas réussir.

Marcel Proust, *Du côté de chez Swann*

Des expressions comme « elle sentit », « elle pensa », « elle se trouva indiscrète », « son cœur s'en alarma », « elle se mit à bâiller pour indiquer... », « elle feignit », ne relèvent pas d'une focalisation interne sur le héros comme ce qui précède, puisqu'elles nous font pénétrer dans les pensées de Mlle Vinteuil, mais d'une absence de focalisation, du point de vue omniscient du narrateur qui sonde les reins et les cœurs.

À d'autres moments, dans le récit proustien, nous avons le point de vue du narrateur ultime, celui qui est en train d'écrire le roman : nous l'avons rencontré à la fin du portrait de Swann (texte 44). Proust « navigue » ainsi du point de vue du héros ignorant à celui du narrateur final omniscient, en passant par des points de vue intermédiaires correspondant aux divers âges du héros, et aussi par des points de vue « avec » d'autres personnages. Cette technique lui permet d'opposer la naïveté de l'enfant et du jeune homme à l'expérience de l'homme mûr. La focalisation dominante sur le héros au cours de sa vie l'aide à démontrer que les autres personnages lui sont inconnaissables puisqu'il ne peut pénétrer leurs pensées (c'est particulièrement le cas des femmes qu'il aime : Gilberte, Albertine). En tout cas, ce type de récit très mobile nous apporte l'illustration des possibilités variées offertes par les changements de focalisation.

3. La focalisation externe

Selon ce point de vue, les personnages sont considérés uniquement de l'extérieur, à partir d'un « foyer » indéfini qui ne coïncide avec aucun d'entre eux. Rien ne permet de connaître leur histoire, leurs pensées ni leurs sentiments. C'est un point de vue entièrement objectif et, puisque le lecteur est surtout habitué au point de vue omniscient, énigmatique. Les écrivains le pratiquent volontiers au début de leurs récits, précisément pour attirer l'attention sur un personnage inconnu ou sur un mystère. Nous le constatons par exemple au début de *Bouvard et Pécuchet* (texte 13), jusqu'au moment où les deux hommes entrent en conversation. Plus rarement, cette focalisation peut être adoptée dans un texte long, comme dans la majeure partie de *La Dernière Harde* de Maurice Genevoix, roman de la forêt, où animaux et hommes sont essentiellement décrits de l'extérieur, avec un grand nombre de verbes d'état, de « c'était », de « il y eut », qui évitent de mettre en scène un quelconque sujet humain percevant :

TEXTE 46

Vie de la forêt

Il y eut d'abord un soupir, un souffle exhalé d'une poitrine, et de nouveau un soupir rude et grave. Une buée d'haleines flottait entre les arbres, où des échines bougeaient en ondulant vaguement sur place.

Les bêtes étaient encore debout. Elles devaient être nombreuses. Elles demeuraient serrées les unes contre les autres, se réchauffant ensemble à leur chaleur. L'aube commençait à rôder de toute part. Les arbres étaient de vieux hêtres gris. Les feuilles des ronces, violettes et sanglantes, s'allumaient deçà delà. Les silhouettes des bêtes grandissaient dans la lueur du crépuscule. Il y avait au moins dix ou douze biches, au long cou grêle, aux oreilles disproportionnées. Toutes étaient amaigries par l'hiver, le crâne marqué de durs creux d'ombre en arrière de leurs yeux tristes.

[...]

C'était une voix qui parlait sous les arbres, loin encore ; puis une autre voix. Non pas le huchement d'un roulier, ni le rire d'un bûcheron dans une vente. C'était des voix qui parlaient entre elles, continues comme le jacassement des pies, mais sourdes, voilées par la distance, et qui entraient pourtant jusqu'au tréfonds des moelles en faisant vibrer tout le corps. Elles approchaient. Les jeunes bêtes de la harde commençaient à s'agiter sur place, regardant le taillis à l'opposé de ces voix bourdonnantes, les jambes prêtes à bondir et le poil parcouru d'ondes nerveuses.

Des branches, maintenant, craquaient dans le sous-bois. Un bâton résonna contre le fût d'un hêtre. C'était encore très loin, mais tous les bruits portaient avec force dans le vide de l'espace.

Maurice Genevoix, *La Dernière Harde* (1938) © Éd. Flammarion

Le procédé tend ici à mettre l'accent sur la vie végétale et animale, et à présenter l'homme comme un étranger.

LECTURES COMPLÉMENTAIRES

BAL Mieke, *Narratologie*, Klincksieck, 1977.
GENETTE Gérard, *Figures III*, Le Seuil. 1972.
GENETTE Gérard, *Nouveau Discours du récit*, Le Seuil, 1983.

Chapitre 9

Le récit : la temporalité

Quoiqu'il nous apparaisse sous la forme d'un objet fixe, le texte présente toujours les traces du temps auquel a été soumis l'auteur et dans lequel évoluent les personnages. On regroupe sous le terme de temporalité tous ces aspects concernant le temps : formes linguistiques appropriées, moment où est censée se dérouler l'histoire, moment où se situe le narrateur par rapport à celle-ci, relations du récit avec le temps de l'énonciation, bouleversements qu'il fait subir à l'ordre des faits de l'histoire, accélérations ou ralentissements, etc. Le temps peut aussi être un thème de contenu du texte, et l'auteur ou le narrateur peut formuler ou suggérer ses positions philosophiques sur ce cadre de toute perception et de toute existence, qu'il s'agisse du *carpe diem* du poète latin Horace, du « ô temps, suspends ton vol » de Lamartine, ou de l'éternité atteinte par les souvenirs involontaires de Proust.

1. Les indicateurs de temps

Puisque nous avons affaire à un cadre général dans lequel s'inscrivent les activités humaines, il n'est pas surprenant que le temps soit très largement manifesté par les formes de la langue. Il n'est pas inutile d'en indiquer au moins les principales catégories.

1.1. Les indicateurs lexicaux

Ce sont tous les mots pourvus d'un sens propre : noms, verbes, adjectifs, adverbes qui se réfèrent au temps selon des critères de succession, de durée et de fréquence, mais aussi selon divers objets à fonction temporelle (montre, horloge, etc.) ou selon des notions abstraites (mémoire, éternité...).

1.1.1. Indicateurs de succession

Ils décrivent l'ordre, absolu ou relatif, des actions ou des événements. Ils peuvent noter :

— le degré zéro de la succession, c'est-à-dire la simultanéité : « maintenant », « en même temps », « pendant ce temps », « être en train de », « se dérouler », « se prolonger », etc.

— les moments de la succession : « avant », « après », « début », « fin », « commencer », « finir », « précéder », « suivre »...

— la dimension des intervalles : « peu » ou « longtemps avant (après) », « ancien », « récent », « nouveau », « prochain », « futur »...

— l'interruption et son contraire la prolongation : « cesser », « continuer »... ; l'intermittence qui combine les deux.

1.1.2. Indicateurs de durée

C'est tout le lexique rattaché à la mesure du temps, de la seconde au siècle, comprenant également des indicateurs d'évaluation approximative : « bientôt », « tout à l'heure », « longtemps », « toujours ». Les indicateurs, déjà mentionnés, de la prolongation, entrent aussi dans cette catégorie.

1.1.3. Indicateurs de fréquence

« De nouveau », « encore », « une nouvelle fois », « parfois », « deux (trois, x) fois », « souvent », « fréquent », « rare », « recommencer », « se répéter »...

1.2. Les mots-outils

Ce sont les prépositions, conjonctions et locutions servant à construire les compléments de temps. Ils sont rarement vides de sens (comme *à, de*) dans l'expression de la temporalité. Parmi les prépositions, nous trouvons notamment : « avant », « après », « pendant », « en (huit jours) », « dans (huit jours) », « depuis (huit jours) », « il y a (huit jours) », « dans les (huit jours) », « de (huit) en (huit) jours », « en (janvier) », « à (Pâques) ». On peut leur associer des adjectifs indéfinis distributifs, lorsqu'ils s'appliquent à des noms de mesures du temps : « chaque semaine », « tous les huit jours ».

Les conjonctions et locutions conjonctives de subordination introduisent des syntagmes verbaux subordonnés selon les différentes nuances de la simultanéité, de la succession et de la durée : « quand », « lorsque », « pendant que », « tandis que », « comme »... ; « avant que », « après que », « jusqu'à ce que », « dès que »... ; « chaque fois (toutes les fois) que », « aussi souvent que »...

La conjonction de coordination *et* elle-même, si elle n'amène pas un complément de temps, indique souvent une succession d'actions : « Il entra et se découvrit. »

1.3. Les temps verbaux

1.3.1. Le présent

Nous les avons déjà rencontrés à propos de l'énonciation, surtout pour observer que la forme de base des verbes est celle qui correspond au moment où *je* parle : c'est le présent de l'indicatif. Il connaît des extensions d'emploi à partir de cette base, et peut exprimer :

— le passé récent : « Hier, en sortant de chez moi, je rencontre... »

— le futur prochain : « Ce soir, je t'attends à huit heures. »

— la vivacité dans le récit passé : le fameux récit de Théramène à la fin de *Phèdre* commence au passé :

> À peine sortions-nous des portes de Trézène,
> Il était sur son char [...]

et se poursuit au présent lors de l'apparition du monstre et de la mort d'Hippolyte :

> Cependant sur le dos de la plaine liquide
> S'élève à gros bouillons une montagne humide [...]
> J'arrive, je l'appelle ; et, me tendant la main,
> Il ouvre un œil mourant qu'il referme soudain.
>
> Racine, *Phèdre*

— l'habitude : « La marquise reçoit le mardi à cinq heures. »

— la généralité : c'est le présent omnitemporel des constatations générales, des maximes, des proverbes :« L'homme est mortel », « Pierre qui roule n'amasse pas mousse » ; ou encore le présent atemporel des énoncés mathématiques, scientifiques ou philosophiques : « Tous les points d'un cercle sont équidistants de son centre. »

1.3.2. Le passé

C'est à partir du repère du présent d'énonciation que se développe le système des autres temps verbaux. Ceux du passé comprennent :

a) **Le passé simple,** forme surtout de la langue écrite et du récit historique, qui situe de l'extérieur un fait dans le passé et l'y classe.

b) **L'imparfait,** sorte de présent du passé, qui présente un fait de l'intérieur et en cours de déroulement ; il est une forme de prédilection dans la description et l'évocation de tout ce qui sert de cadre aux faits successifs relatés par le récit (fond, arrière-plan, commentaire) ; comme il existe un présent d'habitude, il existe pour le passé un imparfait d'habitude ou de répétition : « Avant son veuvage, la marquise recevait le mardi à cinq heures. »

c) **Le passé composé,** équivalent du passé simple dans la langue parlée, situe, à l'écrit, les faits dans un passé récent, ou dans un passé ancien ressenti comme lié à l'actualité du locuteur. Le début de *L'Étranger* de Camus nous présente un événement passé proche du présent du narrateur, dans une langue volontairement très simple :

> Aujourd'hui, maman est morte. Ou peut-être hier, je ne sais pas. J'ai reçu un télégramme de l'asile : « Mère décédée. Enterrement demain. Sentiments distingués. » Cela ne veut rien dire. C'était peut-être hier.

« Aujourd'hui », comme « hier », sont de toute façon les indices d'un passé extrêmement récent qui justifie l'emploi du passé composé. Le télégramme lui-même appartient à un type de discours sans verbe et reste obscur malgré le « demain » parce que rien n'y indique objectivement le moment de l'énonciation. Les réflexions au présent, « je ne sais pas », « cela ne veut rien dire », appartiennent à l'actualité du narrateur. L'imparfait de « c'était peut-être hier » désigne le cadre chronologique supposé de la mort de la mère.

Dans le début de la seconde partie du même roman, la distance temporelle entre le moment de la narration et les faits rapportés est plus grande : plus d'un an. Mais le narrateur reste évidemment très concerné par ce passé :

> Tout de suite après mon arrestation, j'ai été interrogé plusieurs fois. Mais il s'agissait d'interrogatoires d'identité qui n'ont pas duré longtemps. La première fois au commissariat, mon affaire semblait n'intéresser personne. Huit jours après, le juge d'instruction, au contraire, m'a regardé avec curiosité.
>
> Camus, *L'Étranger*

Par ailleurs, le passé composé peut servir à exprimer l'**aspect accompli** du passé (par opposition à l'**aspect en cours**) et à souligner l'**achèvement**, une situation révolue :

> Elle a vécu, Myrto, la jeune Tarentine ! (André Chénier)
> Longtemps, je me suis couché de bonne heure. (Proust)

Le passé connaît une série de **temps relatifs**, c'est-à-dire fournissant des indications par rapport à un verbe déjà au passé.

d) Le **plus-que-parfait** est en général, pour le sens, un « passé composé du passé » : « Quand il arriva, j'avais déjà dîné » (passé par rapport à un passé et aspect accompli ; en transposant le début de la phrase au présent, on a : « Quand il arrive, j'ai déjà dîné »).

e) Le **passé antérieur** est aussi un passé du passé, mais il sert à marquer, dans une subordonnée de temps, l'aspect accompli d'un passé simple :

La cigale ayant chanté
Tout l'été
Se trouva fort dépourvue
Quand la bise *fut venue.*

La Fontaine, *Fables*

(« Quand la bise vint » marquerait, sous une forme de récit historique, la simultanéité avec la proposition principale. Le passé antérieur marque l'accompli, donc l'antériorité : c'est *après* l'arrivée de la bise que la cigale se trouve dépourvue.)

— Le « **conditionnel** » ou « **forme en -rais** » est un futur du passé :

Il se demanda s'il irait ou non (= « il se demanda : « Irai-je ou non ? »).

1.3.3. Le futur

Il situe les faits dans l'avenir par rapport à l'actualité de l'énonciateur. Il sert parfois à exprimer une probabilité dans le présent : « Ce sera le chien de Mme Sazerat », dit la Françoise de Proust en apercevant un animal errant dans la rue.

a) Le **futur antérieur** est un passé du futur :

« Si nous traînons, il sera parti quand nous arriverons au rendez-vous. »

b) Le « **conditionnel passé** » ou forme « accomplie » du futur dans le passé est un futur antérieur du passé :

« Il pensait que l'homme *serait parti* quand nous arriverions au rendez-vous. »

Nous ne parlerons pas ici de la question délicate des modes des verbes : impératif, subjonctif, conditionnel (dans la mesure où celui-ci ne se réduit pas à des temps de l'indicatif, comme nous venons de le voir pour le conditionnel).

Il faut encore signaler une répartition des temps de l'indicatif autre que celle de Benveniste entre « discours » et récit historique : c'est celle de Weinrich qui, après observation de textes variés, y voit à l'œuvre deux groupes de temps, les **temps commentatifs** (présent, passé composé, futur) et les **temps narratifs** (passé simple, imparfait, plus-que-parfait et conditionnel). Remarquons qu'elle correspond, au cas de l'imparfait près, à la distinction entre les temps du discours (pour les temps commentatifs) et ceux du récit historique (pour les temps narratifs) : les premiers se retrouvent notamment dans « le dialogue dramatique, le mémorandum politique, l'éditorial, le testament, le rapport scientifique, l'essai philosophique, le commentaire juridique et toutes les formes du discours rituel, codifié et performatif » (« performatif » signifie ici « qui accomplit une action par le fait même de la nommer », comme dans « je jure ») ; il y ajoute la poésie, le journal, l'essai critique ; aux seconds correspondent les histoires, récits, contes, nouvelles, romans. Mais dans les textes narratifs les parties dialoguées et le commentaire sont aux temps commentatifs.

La distinction de Weinrich, plus orientée vers les textes littéraires, complète utilement celle de Benveniste, mais aurait besoin d'être elle-même complétée, notamment à propos de l'imparfait. Et il faudrait qu'elle rende compte des récits et romans qui adoptent le présent comme temps général de certains récits (voir, parmi les exemples déjà cités, les textes 14, 27, 31, 40, 41, 45).

1.4. Participes et gérondifs

Ces formes du verbe sont dites **adjectivales** parce qu'elles se rapportent à un nom ou à un pronom et ne comportent pas de précision de personne ou de temps comme le verbe. Cependant, elles peuvent, comme ce dernier, recevoir des compléments, parfois fort développés. La distinction entre le participe présent et le participe passé est surtout une distinction d'aspect : aspect en cours pour le participe présent, aspect accompli pour le participe passé, à quoi s'ajoute le plus souvent une valeur active pour le participe présent et passive pour le participe passé (mais pas toujours : les participes passés des verbes à auxiliaire « être » ont une valeur active : « venu saluer la maîtresse de maison », « parti pour Bordeaux »). Ils permettent de donner à la phrase de nombreuses nuances temporelles de simultanéité, de durée, de continuité, en évoquant des faits ou des situations annexes.

Le gérondif est un participe présent précédé de *en*, parfois de *tout en*, et ayant le même agent (implicite) que le verbe principal : il indique une action qui en accompagne une autre, avec une valeur soit de simple simultanéité, soit encore de cause ou de moyen (« C'est en forgeant qu'on devient forgeron »).

Des écrivains ont systématisé l'emploi de nombreux participes présents ou gérondifs de façon à ouvrir dans leurs phrases des voies secondaires à la description ou au récit, comme autant de perspectives. Claude Simon, de nos jours, y recourt à chaque instant. Voici un fragment pris presque au hasard dans *L'Acacia* :

TEXTE 47

Prisonniers en route vers l'Allemagne

Parfois une dispute éclatait, quelque part dans le noir ou, de jour, dans l'avare lumière, parmi la masse indistincte des corps aux uniformes terreux et souillés, aux membres emmêlés et aux visages tous semblables, eux aussi terreux, sales, avec leurs barbes de quinze jours, leurs yeux rougis. Comme si quelque feu mal éteint de violence se rallumait soudain ici et là, dans un éclat de voix, de jurons, comme si l'informe et vague agrégat que composaient les prisonniers était secoué par places d'impuissants soubresauts, s'exaspérant, s'épuisant bientôt d'eux-mêmes, retombant, le calme revenant de nouveau, seulement troublé par quelque injure, quelque malédiction s'élevant encore, les voix se répondant encore un moment, les uns et les autres s'accusant haineusement de lâcheté, de trahison, puis se lassant même de s'injurier, puis plus rien, seulement le silence, seulement le bruit des respirations difficiles.

Claude Simon, *L'Acacia* (1989), © Éd. de Minuit

Cette longue revue des indicateurs de temps dans les textes a pour but de faire apparaître leur multiplicité, leur variété, et par conséquent leur importance.

À titre indicatif, on relève dans la cinquantaine de lignes de la longue phrase qui constitue le texte 36, sur les chambres remémorées par le héros proustien (passage qui n'est pourtant pas tourné vers la description du temps en soi), 73 indicateurs temporels, répartis ainsi :

— indicateurs lexicaux : 25
— mots-outils : 9
— temps verbaux : 33
— participes et gérondifs : 6

Nombreux sont d'ailleurs les ouvrages littéraires qui annoncent le temps dès leurs titres, qu'ils s'intitulent Mémoires, Journal, Chroniques, Souvenirs, Histoire (un roman de Claude Simon s'intitule précisément *Histoire*), ou encore *Enfance* (Nathalie Sarraute), *La Force de l'âge* ou *La Vieillesse* (Simone de Beauvoir), *L'Immortalité* (Milan Kundera), ou *Les Mille et Une Nuits*, ou, plus directement, *À la recherche du temps perdu*, *Le Temps retrouvé* (Marcel Proust), *Le Temps immobile*, *Le Temps accompli* (Claude Mauriac).

2. Les relations temporelles dans le récit

2.1. Temps du narrateur, temps de l'histoire

Dans la plupart des cas, le narrateur raconte une histoire passée, ce qui lui procure plusieurs avantages : d'abord celui d'être censé la connaître dans son ensemble et de donner l'impression qu'il la domine, la comprend, est capable d'anticiper sur la suite des événements ou de revenir en arrière, voire d'en tirer des conclusions ; c'est la procédure la plus favorable au narrateur omniscient. Inversement, le récit d'une histoire passée peut au contraire faire place à des incertitudes du narrateur : manque d'informations, oubli, imagination se mêlant à la mémoire exacte ; l'avantage est, cette fois, d'excuser d'avance des lacunes, des ellipses, des fantaisies ou des mensonges ; la position du narrateur est alors beaucoup plus flottante : on voit se succéder des éléments d'omniscience, de focalisation interne sur ce que sait tel ou tel personnage, et de focalisation externe. Un romancier contemporain comme Patrick Modiano s'est spécialisé dans un type de récits où le narrateur homodiégétique enquête sur des personnages, allant de bribes de renseignements en mystères, alors que lui-même se sent pris, dans sa propre vie et ses comportements, dans des incertitudes parallèles. Ainsi, dans *Voyage de noces* (1990), le héros-narrateur, explorateur en perte de vocation, feint d'être disparu en Amazonie, alors qu'il enquête incognito à Paris sur une femme, Ingrid, qu'il a vaguement connue après la guerre et qui s'est suicidée il y a dix-huit ans. Il reconstitue peu à peu cette vie, largement fugitive et dissimulée, tout en racontant sa propre fugue actuelle et ses disparitions passées. À la fin, il décide de ne pas rentrer chez lui, et visite un quartier de Paris qu'il a naguère fréquenté avec sa femme, et où Ingrid a habité avant de s'enfuir. Un même sentiment de vide devant ces lieux est prêté à Ingrid et à lui-même, et enveloppe leurs deux histoires, superposées, d'un même voile d'incertitude. Le roman s'achève ainsi :

TEXTE 48

Temps superposés

Et voilà maintenant que j'arrive devant ce cinéma que l'on a transformé en magasin. De l'autre côté de la rue, l'hôtel où habitait Ingrid avec son père n'est plus un hôtel mais un immeuble comme tous les autres. Le café du rez-de-chaussée, dont elle m'avait parlé, n'existe plus. Un soir, elle était retournée elle aussi dans ce quartier et, pour la première fois, elle avait éprouvé un sentiment de vide.

Peu importent les circonstances et le décor. Ce sentiment de vide et de remords vous submerge, un jour. Puis, comme une marée il se retire et disparaît. Mais il finit par revenir en force et elle ne pouvait pas s'en débarrasser. Moi non plus.

Patrick Modiano, *Voyage de noces* (1990), © Éd. Gallimard

Le récit au présent donne au lecteur l'impression d'une plus grande actualité de l'histoire, mais favorise parfois moins la perception des interventions directes du narrateur, qui se font au même temps que le récit (voir ci-dessus les textes 14, 27, 31, 40, 41, 45). Un procédé fréquemment adopté par les écrivains dans les textes rappelant les souvenirs est le va-et-vient entre le présent et le passé, qui exploite toutes les ressources de la langue en matière de temporalité. Pour éviter de citer la trop célèbre madeleine de Proust, voyons comment Loti, vingt-cinq ans auparavant, présente une évocation de l'enfance suscitée par un coup de vent au Japon :

TEXTE 49

Souvenirs d'enfance

Une heure plus tard, au crépuscule de cette journée de typhon, toujours dans cette même montagne, le hasard me conduit sous des arbres ressemblant à des chênes ; ils sont tordus toujours par ce vent, et les touffes d'herbes sous leurs pieds ondulent, couchées, rebroussées en tous sens... Là, je retrouve très nettement tout d'un coup ma première impression de grand vent dans les bois — dans les bois de la Limoise, en Saintonge, il y a quelque vingt-huit ans, à l'un des mois de mars de ma petite enfance.

Il soufflait sur l'autre face du monde, ce premier coup de vent que mes yeux ont vu dans la campagne, — et les années rapides ont passé sur ce souvenir — et depuis, le plus beau temps de ma vie s'est consumé...

J'y reviens beaucoup trop souvent à mon enfance ; j'en rabâche en vérité. Mais il me semble que je n'ai eu des impressions, des sensations qu'en ce temps-là ; les moindres choses que je voyais ou que j'entendais avaient alors des dessous d'une profondeur insondable et infinie ; c'étaient comme des images réveillées, des rappels d'existences antérieures ; ou bien c'étaient comme des pressentiments d'existences à venir, d'incarnations futures dans des pays de rêve ; et puis des attentes de merveilles de toute sorte — que le monde et la vie me réservaient sans doute pour plus tard — pour quand je grandirais. Eh bien, j'ai grandi et n'ai rien trouvé sur ma route, de toutes ces choses vaguement entrevues ; au contraire, tout s'est rétréci et obscurci peu à peu autour de moi ; les ressouvenirs se sont effacés, les horizons d'en avant se sont lentement refermés et remplis de ténèbres grises. Il sera bientôt l'heure de m'en retourner dans l'éternelle poussière, et je m'en irai sans avoir compris le pourquoi mystérieux de tous ces mirages de mon enfance ; j'emporterai avec moi le regret de je ne sais quelles patries jamais retrouvées, de je ne sais quels êtres désirés ardemment et jamais embrassés...

Pierre Loti, *Madame Chrysanthème* (1888)

Cette page nous place d'abord dans l'actualité de l'histoire racontée (1er paragraphe), nous entraîne dans un passé ancien (2e paragraphe), puis nous ramène dans le présent du narrateur (« J'y reviens beaucoup trop souvent ») ; nous revenons vers l'enfance dans la séquence : « les moindres choses que je voyais... », glissons vers un passé récent (« Eh bien, j'ai grandi »...), et finalement le narrateur se tourne vers l'avenir (« Il sera bientôt l'heure »...).

2.2. Relations d'ordre, ou de succession

Dans la réalité, les faits et les événements se déroulent inévitablement dans l'ordre de la succession temporelle régulière, enregistrée par l'horloge et le calendrier, avec néanmoins, dans le cas des déplacements vers l'est ou vers l'ouest, des brisures dues au décalage horaire (Jules Verne a tiré parti de ce décalage dans *Le Tour du monde en quatre-vingts jours*). Dans le récit, cet ordre chronologique est essentiellement respecté dans les genres historiques : histoire, chronique, mémoires, biographie et journal intime. Encore ce dernier cas présente-t-il des exceptions, comme celle de l'ouvrage de Claude Mauriac, intitulé *Le Temps immobile*, composé de séquences appartenant à des époques différentes et regroupées autour de thèmes, de façon à « piéger » le temps, à empêcher que la succession ne représente son écoulement.

Mais dans les autres genres narratifs, le déroulement du temps réel est généralement altéré par les **anticipations** (ou **prolepses**) et les **retours en arrière** (ou **analepses**), qui rompent la monotonie, apportent des explications ou des découvertes, ouvrent la voie vers l'avenir. Prenons un exemple de quelques pages, celui de l'épisode de l'oncle Adolphe dans *Du côté de chez Swann* (édition Garnier-Flammarion, p. 172-181). Nous pouvons le décomposer en dix séquences chronologiques :

1. Évocation des après-midi du dimanche en vacances à Combray, pendant l'enfance du héros-narrateur : « J'allais m'asseoir... dans ce petit coin du jardin... »

2. « *Autrefois*... j'entrais dans le petit cabinet de repos de mon oncle Adolphe... » (analepse 1).

3. « Mais *depuis nombre d'années* je n'entrais plus dans le cabinet de mon oncle Adolphe, ce dernier ne venant plus à Combray à cause d'une brouille

4. qui *était survenue* entre lui et ma famille, par ma faute, dans les circonstances suivantes (analepse 2) : Une ou deux fois par mois, à Paris, on m'envoyait lui faire une visite... » (récit des visites-types).

5. « *À cette époque* j'avais l'amour du théâtre (parenthèse commentative)...*Tous les matins* je courais jusqu'à la colonne Morris pour voir les spectacles qu'elle annonçait... *Toutes* mes conversations avec mes camarades portaient sur ces acteurs... *Plus tard*, quand je fus au collège (prolepse 1)... la vue d'une femme que je pensais être peut-être une actrice laissait en moi un trouble plus prolongé... Or mon oncle en connaissait beaucoup, et aussi des cocottes que je ne distinguais pas nettement des actrices. Il les recevait chez lui... »

6. « *Un jour*, autre que celui qui était réservé aux visites que nous lui faisions... je courus jusqu'à lui. » (récit de la rencontre chez l'oncle d'une « dame en rose », dans l'ordre chronologique).

7. « *Deux heures plus tard*... [je racontai à mes parents] dans les moindres détails la visite que je venais de faire... Mon père et mon grand-père eurent avec lui des explications violentes... »

8. « *Quelques jours après*, croisant mon oncle... je détournai la tête. Mon oncle pensa que je suivais en cela les ordres de mes parents, il ne le leur pardonna pas,

9. et il est mort *bien des années après* (prolepse 2) sans qu'aucun de nous l'ait jamais revu.

10. Aussi *je n'entrais plus* dans le cabinet de repos, *maintenant* fermé, de mon oncle Adolphe... »

En conservant le numéro d'ordre des segments du texte, la succession des faits de l'histoire est la suivante :

2	4 - (5) - 6 - 7 - 8	1 - 3 - 10	9
autrefois	la brouille	maintenant	bien des années après

Les deux ordres ne coïncident donc pas : deux analepses et deux prolepses se développent par rapport au récit principal. Leur *portée*, c'est-à-dire la dimension du saut temporel qu'elles font faire au récit, est indiquée de façon au moins approximative par : « autrefois », « depuis nombre d'années », « plus tard », « bien des années après ».

Le récit prend souvent une grande liberté par rapport à l'ordre chronologique et en tire des effets d'explication, de suspens (le roman policier commençant à la découverte du crime et devant remonter jusqu'à son accomplissement et ses causes), de récits parallèles, dits « à tiroirs ». Il illustre aussi fréquemment, dans le récit subjectif, le fonctionnement de la mémoire, qui rappelle les faits dans un ordre et selon une sélection suggérés par l'affectivité et non dans l'ordre « objectif » et complet. Ainsi le héros proustien déclare-t-il que, pour lui, Combray se résuma longtemps à une seule image, une « sorte de pan lumineux, découpé au milieu d'indistinctes ténèbres » et représentant seulement le rez-de-chaussée de la maison, l'escalier et sa chambre, « décor strictement nécessaire au drame de [son] déshabillage ».

2.3. Relations de durée

La **vitesse** d'un récit est une notion difficile à cerner, car on ne sait pas très bien quels critères adopter : la vitesse de lecture est évidemment variable selon les lecteurs, la vitesse d'écriture est à peu près inconnaissable. Mais on peut, abstraitement, car un tel cas ne se produit jamais, dire qu'un récit a une vitesse constante si le rapport entre la longueur des segments du texte, mesurés en pages et en lignes, et la durée des événements de l'histoire, mesurée en temps des horloges, est constant : tant de pages correspondraient toujours à tant de journées de l'action, par exemple. À partir de là, on peut parler d'accélération quand il s'écoule davantage de temps de l'action pour un même nombre de pages, et de ralentissement quand moins de temps de l'action s'écoule dans le même espace textuel.

Gérard Genette, dans *Figures III*, a dressé un tableau des grandes variations de la vitesse du récit dans *À la recherche du temps perdu*, et fait nettement apparaître des disparités flagrantes : ainsi, « Combray », la partie initiale, consacre 180 pages à une dizaine d'années, tandis que la dernière réception mondaine du *Temps retrouvé* en consacre 190 à deux ou trois heures, soit... une vitesse au moins 30 000 fois supérieure dans « Combray » ! Même si cette approximation reste grossière, en raison des variations internes à chacun de ces passages et de l'incertitude sur leur exacte durée, elle permet de constater que les récits sont soumis à des changements de « rythme » importants et significatifs : le roman de Proust va, lui, dans le sens d'un ralentissement général, mais avec de vastes lacunes de l'action à mesure qu'il avance, signes d'une mémoire du narrateur devenant à la fois plus grossissante et plus sélective.

En ce qui concerne la **durée** (estimée en pages et en lignes) des passages retraçant les événements de l'histoire, on détermine quatre grandes allures narratives qui sont, de la plus lente à la plus rapide, la **pause**, la **scène**, le **sommaire** (ou résumé), et l'**ellipse**. La pause est un arrêt du mouvement narratif ne correspondant à aucun événement nouveau. Elle est généralement utilisée pour la description ou le commentaire. La scène correspond à une action et à des paroles reproduites en détail, approximativement en temps réel, le cas le plus net étant la scène de théâtre. Le sommaire comprend, de façon très variable, toutes les allures accélérées par rapport à la scène. Dans l'ellipse, une absence (ou degré zéro) de récit correspond à une durée quelconque de l'histoire. On peut schématiser ces relations dans un tableau, en désignant par **TR** le temps du récit, **TH** celui de l'histoire et **n** une grandeur indéterminée :

— pause	:	TH = o	TR = n
— scène	:	TH = TR	
— sommaire	:	TH supérieur à TR	
— ellipse	:	TH = n	TR = o

Dans l'épisode de l'oncle Adolphe étudié ci-dessus, la visite chez l'oncle (quatre pages et demie correspondant peut-être à un quart d'heure ou à une demi-heure), avec des répliques et des actions des personnages, a l'allure d'une scène.

Les commentaires sur le théâtre (deux pages et demie, pas d'action nouvelle dans le récit) forment une pause présentant un arrière-plan circonstanciel et psychologique.

La dénonciation de l'oncle aux parents (deux lignes, mais représentant un compte rendu détaillé : « je trouvai plus explicite de leur raconter dans les moindres détails la visite que je venais de faire ») est un sommaire.

Enfin, le reste de la vie de l'oncle est ellipsé : « Il est mort bien des années après sans qu'aucun de nous l'ait jamais revu. »

Les segments correspondant à ces allures peuvent être enchâssés les uns dans les autres : une pause peut s'insérer tant à l'intérieur d'une scène que d'un sommaire, un sommaire peut couper une scène. Et les variations d'allure se déploient à plein dans les grands ensembles romanesques, contribuant à leur donner leur rythme chronologique singulier (nous disons rythme chronologique, parce qu'il existe dans un texte d'autres rythmes, dans les retours de thèmes narratifs et descriptifs, dans l'agencement des parties et chapitres, dans les récurrences et correspondances des éléments lexicaux, phoniques, syntaxiques de l'expression).

2.4. Relations de fréquence

Les actions répétées de l'histoire sont relatées par le récit de façon variable, et produisent des effets différents. Elles déterminent des relations de **fréquence**, qui appartiennent à trois types :

— le **récit singulatif** raconte **une** fois ce qui s'est passé **une** fois (ou **n** fois ce qui s'est passé **n** fois), selon une correspondance exacte.

— le **récit répétitif** raconte **n** fois ce qui s'est passé **une** fois : c'est le cas, dans *Du côté de chez Swann*, pour l'épisode des clochers de Martinville, qui est raconté successivement deux fois, l'une du point de vue du narrateur adulte, insistant sur le phénomène d'illusion d'optique selon lequel les clochers semblent se déplacer dans le paysage, l'autre, poétiquement, dans une page écrite par le héros enfant et selon son point de vue d'alors. Pour un nombre de répétitions plus élevé, on peut se reporter à la mort du mille-pattes dans *La Jalousie* d'Alain Robbe-Grillet.

— le **récit itératif** raconte **une** fois ce qui s'est passé **n** fois. À la différence du précédent, la répétition n'y existe que dans l'histoire.

Les textes littéraires font couramment alterner l'itératif, apte à rendre les arrière-plans, les situations, et le singulatif pour les événements particuliers. Dans le récit au passé, leur opposition est bien marquée par l'opposition des temps verbaux entre l'imparfait et le passé simple, et souvent par des indicateurs chronologiques lexicaux (« souvent », « toujours », « tous les matins », « parfois », « tantôt... tantôt » s'opposant à « un jour », « une fois », « soudain »...). La Fontaine nous donne un exemple de cette opposition dans « La Vieille et les deux servantes » :

TEXTE 50

La Vieille et les deux servantes

Il était une vieille ayant deux chambrières.
Elles filaient si bien que les sœurs filandières
Ne faisaient que brouiller au prix de celles-ci.
La vieille n'avait point de plus pressant souci
Que de distribuer aux servantes leur tâche.
Dès que Téthys chassait Phébus aux crins dorés,
Tourets entraient en jeu, fuseaux étaient tirés ;
    Deçà, delà, vous en aurez :
    Point de cesse, point de relâche.
Dès que l'aurore, dis-je, en son char remontait,
Un misérable coq à point nommé chantait ;
Aussitôt notre vieille, encor plus misérable,
S'affublait d'un jupon crasseux et détestable,
Allumait une lampe, et courait droit au lit
Où, de tout leur pouvoir, de tout leur appétit,
    Dormaient les deux pauvres servantes.
L'une entrouvrait un œil, l'autre étendait un bras ;

Et toutes deux, très mal contentes,
Disaient entre leurs dents : « Maudit coq, tu mourras. »
Comme elles l'avaient dit, la bête fut grippée ;
Le réveille-matin eut la gorge coupée.
Ce meurtre n'amenda nullement leur marché.
Notre couple, au contraire, à peine était couché,
Que la vieille, craignant de laisser passer l'heure,
Courait comme un lutin par toute sa demeure.

La Fontaine, *Fables* (1668-1694)

L'imparfait caractérise les deux récits itératifs du début et de la fin, tandis que le passé simple marque l'événement singulier qu'est le meurtre du coq. Les limites des deux phases itératives sont ici implicites (l'exécution de l'animal), leur rythme de récurrence est indiqué : « dès que Thétis chassait Phébus », « dès que l'aurore en son char remontait » (c'est-à-dire au petit matin), et « notre couple à peine était couché » (c'est-à-dire tous les jours encore plus tôt).

Proust fait, dans les deux premiers volumes de son roman, un usage assez généralisé de l'itératif. Nous en trouvons de multiples cas dans les textes déjà cités, qui appartiennent tous à ce début :
— Texte 1 : les projections de la lanterne magique ont lieu « *les soirs où* on me trouvait l'air trop malheureux ».
— Texte 30 : « C'est ainsi que je restais *souvent* jusqu'au matin à songer au temps de Combray... »
— Texte 36 : « ... je finissais par me rappeler toutes [les chambres que j'avais habitées dans ma vie] *dans les longues rêveries qui suivaient mon réveil.* »
— Texte 44 : « On ne se gênait guère pour l'envoyer quérir *dès qu'on avait besoin d'une sauce gribiche ou d'une salade à l'ananas...* »
— Épisode de l'oncle Adolphe : « *Autrefois...* avant de monter lire, j'entrais dans le petit cabinet de repos... », « *Une ou deux fois par mois...* on m'envoyait lui faire une visite... », « *Tous les matins* je courais jusqu'à la colonne Morris... »

L'ensemble du récit de « Combray », à peu d'exceptions près, se présente sous cette forme, la plus apte à dépeindre l'aspect rituel de la vie familiale et provinciale (rites de la jounée, du dimanche, du samedi, des conversations de la tante, des visites de Swann, du coucher, des promenades, tantôt du côté de Méséglise, tantôt du côté de Guermantes), dans un monde clos traversé de peu d'événements, situé hors de l'histoire et survivant surtout dans la mémoire affective du narrateur. Dans les parties ultérieures, les événements deviennent peu à peu plus nombreux, et le singulatif prend le dessus : le personnage s'émancipe et vit davantage une histoire (mais non exclusivement, car divers rites subsistent).

LECTURES COMPLÉMENTAIRES

BENVENISTE Émile, *Problèmes de linguistique générale*, cité au chap. 1.
GENETTE Gérard, *Figures III* et *Nouveau Discours du récit*, cités au chap. 8.
WAGNER Robert-Léon, et PINCHON Jacqueline, *Grammaire du français classique et moderne*, Hachette, 1962 (pour les temps verbaux).
WEINRICH Harald, *Le Temps*, cité au chap. 5.

Chapitre 10

La description. Le portrait

La description est un mode d'énonciation tendant à représenter les objets (au sens le plus général : choses, personnes, états, situations) **par l'énumération de leurs propriétés**. Elle se distingue du récit proprement dit, qui représente des successions d'actions ou d'événements. On préfère parfois à description le terme de **descriptif** (« le descriptif », qu'on oppose au « narratif »), pour éviter de la concevoir comme une sorte d'unité statique et pour l'analyser comme un effet dominant reconnaissable à un certain nombre de traits.

1. L'extension de la description

L'usage pratique de la langue comporte de nombreuses catégories de textes purement descriptifs, dont le modèle commun est la *liste* (d'objets, de personnes, d'actions à accomplir...) et qui nous sont indispensables à tout moment : inventaires, catalogues, dictionnaires, encyclopédies, guides, annuaires, mémentos, menus, emplois du temps, nomenclatures, codes et recueils juridiques, ouvrages d'anatomie, de grammaire et de toutes les disciplines d'enseignement, arbres généalogiques, etc. Ce sont des outils permettant d'énumérer, inventorier, classer, expliquer les composants du monde. Ils sont d'un usage didactique. Mais nous les connaissons aussi sur un mode ludique, avec les comptines ou les chansons populaires composées sur des énumérations (« Alouette », « J'ai la rate qui se dilate », « Tout va très bien, madame la marquise ») et dans de nombreux genres littéraires : portrait, blason, éloge, oraison funèbre, poème didactique...

La description intervient souvent à l'intérieur du récit pour l'étayer et l'expliquer. La disposition et les proportions de ce qui relève de l'un et de l'autre sont variables. Il peut y avoir une répartition par vastes ensembles, par exemple par chapitres à l'intérieur d'un livre : un ouvrage d'histoire peut faire se succéder un chapitre décrivant une situation à un moment donné et un autre racontant les événements qui en découlent. L'alternance peut se faire par plus courts fragments, de l'ordre de la page ou du paragraphe, ou de façon « émaillée » (par des descriptions ponctuelles dans un vaste récit), ou encore l'imbrication peut être très poussée et se faire à l'intérieur d'un même paragraphe, d'une même phrase. La notion de **traits descriptifs** est alors très opératoire, car elle permet de repérer ceux-ci dans des segments très limités : un simple adjectif, une relative. Prenons ainsi la page de Zola sur le défilé des grévistes dans *Germinal* :

TEXTE 51

Défilé de grévistes

Les femmes avaient paru, près d'un millier de femmes, aux cheveux épars, dépeignés par la course, aux guenilles montrant la peau nue, des nudités de femelles lasses d'enfanter des meurt-de-faim. Quelques-unes tenaient leur petit entre les bras, le soulevaient, l'agitaient, ainsi qu'un drapeau de deuil et de vengeance. D'autres, plus jeunes, avec des gorges gonflées de guerrières, brandissaient des bâtons ; tandis que les vieilles, affreuses, hurlaient si fort que les cordes de leurs cous décharnés semblaient se rompre. Et les hommes déboulèrent ensuite, deux mille furieux, des galibots, des haveurs, des raccommodeurs, une masse compacte qui roulait d'un seul bloc, serrée, confondue au point qu'on ne distinguait ni les culottes déteintes, ni les tricots de laine en loques, effacés dans la même uniformité terreuse. Les yeux brûlaient, on voyait seulement les trous des bouches noires, chantant La Marseillaise, dont les strophes se perdaient en un mugissement confus, accompagné par le claquement des sabots sur la terre dure. Au-dessus des têtes, parmi le hérissement des barres de fer, une hache passa, portée toute droite ; et cette hache unique, qui était comme l'étendard de la bande, avait, dans le ciel clair, le profil aigu d'un couperet de guillotine.

« Quels visages atroces ! » balbutia Mme Hennebeau.

Négrel dit entre ses dents :

« Le diable m'emporte si j'en reconnais un seul ! D'où sortent-ils donc, ces bandits-là ? »

Et, en effet, la colère, la faim, ces deux mois de souffrance et cette débandade enragée au travers des fosses, avaient allongé en mâchoires de bêtes fauves les faces placides des houilleurs de Montsou. À ce moment, le soleil se couchait, les derniers rayons, d'un pourpre sombre, ensanglantaient la plaine. Alors, la route sembla charrier du sang, les femmes, les hommes continuaient à galoper, saignants comme des bouchers en pleine tuerie.

« Oh ! superbe ! » dirent à demi-voix Lucie et Jeanne, remuées dans leur goût d'artistes par cette belle horreur.

Elles s'effrayaient pourtant, elles reculèrent près de Mme Hennebeau, qui s'était appuyée sur une auge. L'idée qu'il suffisait d'un regard, entre les planches de cette porte disjointe, pour qu'on les massacrât, la glaçait. Négrel se sentait blémir, lui aussi, très brave d'ordinaire, saisi là d'une épouvante supérieure à sa volonté, une de ces épouvantes qui soufflent de l'inconnu. Dans le foin, Cécile ne bougeait plus. Et les autres malgré leur désir de détourner les yeux, ne le pouvaient pas, regardaient quand même.

C'était la vision rouge de la révolution qui les emporterait tous, fatalement, par une soirée sanglante de cette fin de siècle. Oui, un soir, le peuple lâché, débridé, galoperait ainsi sur les chemins ; et il ruissellerait du sang des bourgeois, il promènerait des têtes, il sèmerait l'or des coffres éventrés. Les femmes hurleraient, les hommes auraient ces mâchoires de loup ouvertes pour mordre. Oui, ce seraient les mêmes guenilles, le même tonnerre de gros sabots, la même cohue effroyable, de peau sale, d'haleine empestée, balayant le vieux monde, sous leur poussée débordante de barbares. Des incendies flamberaient, on ne laisserait pas debout une pierre des villes, on retournerait à la vie sauvage dans les bois, après le grand rut, la grande ripaille, où les pauvres, en une nuit, efflanqueraient les femmes et videraient les caves des riches. Il n'y aurait plus rien, plus un sou des fortunes, plus un titre des situations acquises, jusqu'au jour où une nouvelle terre repousserait peut-être. Oui, c'étaient ces choses qui passaient sur la route, comme une force de la nature, et ils en recevaient le vent terrible au visage.

Un grand cri s'éleva, domina La Marseillaise :

« Du pain ! du pain ! du pain ! »

Émile Zola, *Germinal* (1885)

L'imbrication du descriptif et du narratif y est poussée très loin. Est narratif ce qui évoque les actions successives : « les femmes avaient paru », « les hommes déboulèrent », « une hache passa », « balbutia Mme Hennebeau », « elles reculèrent », etc. Est descriptif tout ce qui énumère les aspects, le nombre, les vêtements, les gestes des grévistes, les craintes des spectateurs. Mais dans une même phrase on les voit associés l'un à l'autre : « les hommes déboulèrent » est narratif, mais est suivi d'une série d'appositions descriptives (les différents métiers masculins de la mine), d'une vision synthétique (« une seule masse »), d'une énumération de vêtements. Bien plus, par son temps verbal, « déboulèrent » s'inscrit dans le narratif, mais par son signifié lexical (« tomber et se déplacer comme en roulant ») il apporte un élément descriptif. Les verbes d'action à l'imparfait (« agitaient », « brandissaient », « hurlaient » ...) appartiennent au descriptif car ces actions ne sont pas présentées comme successives, mais comme simultanées, comme formant par leur réunion un tableau animé.

Dans certains cas-limites, la frontière entre récit et description s'estompe complètement : une énumération des gestes successifs d'un travailleur peut à la fois décrire son travail et le raconter.

2. Les traits de la description

2.1. La stabilité

La description correspond généralement à un arrêt du récit, ou au moins à un ralentissement. La succession des faits s'interrompt franchement, ou laisse de petites places pour un regard sur les objets.

Aussi certaines formes linguistiques sont-elles plus volontiers employées que les autres dans la description : les noms (surtout s'ils sont d'objet ou d'état), les adjectifs qualificatifs, les verbes d'état, le présent « duratif » (« la terre est ronde »), l'imparfait duratif ou itératif (comme ci-dessus chez Zola), des constructions syntaxiques comme l'apposition (qui met un terme sur le même plan qu'un autre), les propositions relatives (qui fonctionnent comme des adjectifs), de nombreuses circonstancielles (notamment de cause, concession, simultanéité, manière, comparaison ; mais plus rarement les circonstancielles de conséquence, d'antériorité et de postériorité, plus aptes à entrer dans le récit). Cette répartition indique seulement des tendances, car les formes de la langue sont toujours adaptables aux diverses situations du discours.

2.2. Les signaux de la description

Ce ne peuvent être que des changements textuels qui permettent de percevoir le passage du narratif au descriptif, et inversement. Si l'on se place au niveau du récit, certains rôles de personnages semblent préposés à la description. Ce sont d'abord ceux qui ont pour fonction de *voir* : curieux, promeneurs (voir le texte 45), voyageurs à pied ou en véhicule (voir le texte 25), surveillants, espions, voyeurs, ou tout simplement personnages qui font une rencontre, attribuée plus ou moins au hasard par le narrateur. La thématique du regard connaît chez certains écrivains un développement privilégié : chez Zola, chez Proust par exemple. Chez ce dernier, le héros de la *Recherche* a de multiples occasions de regarder autrui : une fillette par-dessus une haie d'aubépines, une duchesse à l'intérieur d'une église, un spectacle très indiscret par une fenêtre ouverte, la salle d'un grand restaurant à travers ses baies, la campagne et ses habitants par la fenêtre d'un train, la mer réfléchie par les glaces dans sa chambre, un visage de jeune fille dont il s'approche pour l'embrasser, des accouplements sordides à travers des lucarnes. La description peut même être amenée par des perceptions autres que visuelles : le même héros est capable de décrire Paris d'après les bruits du dehors qui parviennent dans sa chambre.

D'autres rôles introducteurs de description sont ceux de personnages qui **savent** et qui **disent** : guides, témoins, habitants affables, anciens mettant les nouveaux au courant, éducateurs, personnages compétents de toutes sortes faisant part de leur savoir (voir les textes 22, 49). D'autres enfin sont des personnages ayant une compétence professionnelle que le narrateur fait *agir* : ce seul exercice de leur compétence donne lieu à des descriptions spécialisées. Zola, représentant dans ses *Rougon-Macquart* toutes les classes de la société en action, nous en donne de multiples exemples. On a appelé (Philippe Hamon) « thématique postiche » cet aspect des récits qui n'est pas tourné vers les enjeux directs de celui-ci (l'accession aux buts recherchés dans l'action principale), mais sert de prétexte à introduire des descriptions. C'est le plus souvent une thématique du témoignage, de la participation, de l'enquête, du déplacement, de la surprise, de la technicité, de l'apprentissage.

Si l'on se place du côté des signifiants linguistiques, la description est annoncée ou marquée par des signaux ou des changements de signaux morpho-syntaxiques (temps des verbes, types de propositions, déjà signalés plus haut) et lexicaux. Certains, très polyvalents, indiquent simplement un changement (« mais ») ou une pause de l'action (« pendant ce temps », « en ce temps-là », « or »), ou un retour au narratif (« alors », « soudain »). D'autres sont plus spécialisés et indiquent un partage de l'espace (« devant », « derrière », « en haut », « en bas », etc.) ou une catégorisation (« le premier, le second » « l'un, l'autre », etc.).

2.3. L'encyclopédisme

Le caractère énumératif de la description relève d'une tendance à épuiser l'objet décrit. Le propre des listes, catalogues, sommaires, ouvrages scientifiques, est d'être complets et précis. Ils sont le résultat d'un travail de mémoire, et engagent le destinataire à apprendre, ou du moins à connaître par la lecture, tout un pan des connaissances sur le monde. Aussi nécessitent-ils l'usage de nombreux termes techniques, étrangers, inhabituels de toute façon. La description n'est donc pas qu'une exploration du monde, elle l'est aussi du vocabulaire : elle provoque souvent, de la part du lecteur, un recours au dictionnaire, aux encyclopédies, aux traités spécialisés et, de la part du descripteur, l'emploi de nombreux procédés métalinguistiques, dans le discours descriptif lui-même (définitions, appositions, périphrases, explications de toutes sortes) et dans des notes, un glossaire, etc., qui font partie du **péritexte** (le péritexte est l'ensemble des messages fragmentaires associés à un texte et situés **autour** de lui, en contact direct : titres, préfaces, dédicaces, épigraphes...).

Elle est aussi **classement**, mise en ordre des éléments du monde. Elle ordonne dans un cadre spatio-temporel s'il s'agit du monde concret : lieu où se situe l'objet, place de ses composants, orientation de l'énumération (de bas en haut ou inversement, de l'extérieur à l'intérieur, du premier plan à l'arrière-plan, du plus grand au plus petit, selon tels ou tels mouvements, etc.), moment du temps concerné, perspective évolutive ou stable. Pour le monde abstrait, le spatio-temporel est moins mis en œuvre que les classements logiques : cause-conséquence ou, inversement, finalité, concret-abstrait, partie-tout, important-secondaire, nécessaire-contingent, analogie, etc. À la limite, le classement peut suivre un ordre arbitraire purement destiné à faciliter la consultation, comme l'ordre alphabétique ou l'ordre numérique. Ces classements peuvent être considérés en eux-mêmes : on met en évidence l'architecture mentale qui sous-tend la description et ses mécanismes internes ; on répond alors à la question : comment ? Ou bien on peut les considérer dans leur rôle pragmatique, en se demandant pourquoi le descripteur suit tel ordre, en fonction du récit dans lequel la description s'insère, ou en fonction de l'effet recherché sur le lecteur.

Dans les textes de fiction, la description, moins soumise à des nécessités pratiques que les listes et les catalogues, n'est pas tenue à autant de rigueur. Mais elle peut tendre vers un maximum d'extension, dans une intention documentaire (comme c'est souvent le cas dans le roman réaliste ou naturaliste), ou pour susciter chez le destinataire des mouvements d'enthousiasme, d'exaltation ou d'horreur (elle se rapproche alors de la figure rhétorique appelée **amplification**), ou dans une intention satirique ou humoristique. Des **effets de désordre** peuvent même être recherchés, pour mettre en évidence l'irrationalité ou l'absurdité du monde. Le célèbre « Inventaire » de Prévert mêle plaisamment des fragments d'ordre (numérique, ou répétitif dans les refrains, ou par volumes croissants) à une accumulation hétéroclite d'objets dépareillés, tirés des stéréotypes (expressions toutes faites et figées) du langage :

TEXTE 52

Inventaire

Une pierre
deux maisons
trois ruines
quatre fossoyeurs
un jardin
des fleurs

un raton laveur

une douzaine d'huîtres un citron un pain
un rayon de soleil
une lame de fond
six musiciens
une porte avec son paillasson
un monsieur décoré de la légion d'honneur

un autre raton laveur

un sculpteur qui sculpte des Napoléon
la fleur qu'on appelle souci
deux amoureux sur un grand lit
un receveur des contributions une chaise trois dindons

un ecclésiastique un furoncle
une guêpe
un rein flottant
une écurie de courses
un fils indigne deux frères dominicains trois sauterelles un strapontin
deux filles de joie un oncle Cyprien
une Mater dolorosa trois papas gâteau deux chèvres de
Monsieur Seguin
un talon Louis XV
un fauteuil Louis XVI
un buffet Henri II deux buffets Henri III trois buffets Henri IV
un tiroir dépareillé
une pelote de ficelle deux épingles de sûreté un monsieur âgé
une Victoire de Samothrace un comptable deux aides-comptables
un homme du monde deux chirurgiens trois végétariens

un cannibale
une expédition coloniale un cheval entier une demi-pinte de bon sang
une mouche tsé-tsé
un homard à l'américaine un jardin à la française
deux pommes à l'anglaise
un face-à-main un valet de pied un orphelin un poumon d'acier
un jour de gloire
une semaine de bonté
un mois de Marie
une année terrible
une minute de silence
une seconde d'inattention
et...

cinq ou six ratons laveurs

un petit garçon qui entre à l'école en pleurant
un petit garçon qui sort de l'école en riant
une fourmi
deux pierres à briquet
dix-sept éléphants un juge d'instruction en vacances assis sur
un pliant
un paysage avec beaucoup d'herbe verte dedans
une vache
un taureau
deux belles amours trois grandes orgues un veau marengo
un soleil d'Austerlitz
un siphon d'eau de Seltz
un vin blanc citron
un Petit Poucet un grand pardon un calvaire de pierre
une échelle de corde
deux sœurs latines trois dimensions douze apôtres mille et une nuits
trente-deux positions six parties du monde cinq points cardinaux dix ans de bons et loyaux services sept péchés capitaux deux doigts de la main dix gouttes avant chaque repas trente jours de prison dont quinze de cellule cinq minutes d'entracte

et...

plusieurs ratons laveurs.

Jacques Prévert, *Paroles* (1949), © Éd. Gallimard

2.4. L'intertextualité

Étant énumération des éléments du monde et de ses lois, la description tend à se multiplier en recourant à d'autres descriptions préexistantes, par économie de moyens, ou pour les perfectionner : ainsi en va-t-il des catalogues, constamment remis à jour, des documentations de toutes sortes, qui se recopient les unes les autres, des manuels scolaires et des ouvrages techniques. Ce phénomène de reprise d'un texte antérieur, à l'identique ou avec modifications, est appelé **intertextualité**. Les écrivains la pratiquent sans cesse, qu'ils mettent à contribution leurs propres autres textes (notes, articles, ouvrages précédents) dans une intertextualité dite **interne**, ou ceux d'autrui (intertextualité **externe**). Le texte d'origine (appelé encore **hypotexte**) peut être parfois une simple expression du langage courant, appartenant à tous, comme les stéréotypes d'« Inventaire » où apparaissent des nombres (trois dimensions, douze apôtres, mille et une nuits), un catalogue (Zola recopie des passages de catalogues d'horticulture), un dictionnaire (c'est ce dernier modèle que suivent Flaubert dans le *Dictionnaire des idées reçues* ou Leiris dans *Glossaire j'y serre mes gloses*), un traité sur telle technique ou sur tel art (Proust recopie dans son roman des extraits d'un ouvrage sur *L'Art religieux du XIIIe siècle en France*). L'intertextualité littéraire peut aller de la pure et simple copie (plagiat) à la paraphrase (production d'énoncés sémantiquement équivalents) et à des reprises plus subtiles qui laissent une place plus grande à l'originalité du descripteur.

2.5. La structure de la description

Il faut se défier du mot de « structure » en littérature, à cause de sa trop grande polysémie : il est souvent confondu avec « composition », « construction », d'autres fois avec « récurrence de thèmes », d'autres fois il prend un sens psychologique assez indéterminé. Il est en tout cas toujours indispensable de le définir. Nous le prendrons ici au sens précis, usité en linguistique, de « système invariant de relations » : cela veut dire qu'un schéma abstrait rend compte de tous les cas particuliers. Philippe Hamon (voir la bibliographie) a mis au jour les grandes relations qui interviennent de manière constante dans toutes les descriptions. Une description se présente toujours comme une **expansion** : on a d'un côté un objet, représenté dans le texte (c'est la **dénomination**) par un nom ou un pronom, de l'autre l'énumération de propriétés, qui est proprement l'expansion. La place de l'élément de dénomination peut varier. Il est le plus souvent en tête, mais l'objet peut n'être nommé qu'au milieu de l'énumération, ou à la fin, quand le descripteur veut laisser un suspens ou présenter le nom comme une synthèse des traits énumérés. Il peut être répété à différents endroits. Des procédés comme l'énigme suppriment la dénomination ; la devinette le laisse seulement subsister sous forme d'un pronom interrogatif (« Qu'est-ce qui... ? »).

À son tour, l'expansion se subdivise en une **nomenclature**, c'est-à-dire une liste d'objets (N1, N2, N3...) retenus comme composants ou participants, et une série correspondante de **prédicats** (P1, P2, P3...), c'est-à-dire d'assertions (affirmations ou négations) ou d'interrogations portant sur ces objets. Les prédicats sont très variés grammaticalement (adjectif qualificatif, apposition, périphrase, verbe et son expansion, suite de propositions et même de phrases), et en extension (d'un mot à tout un développement). Le schéma est le suivant :

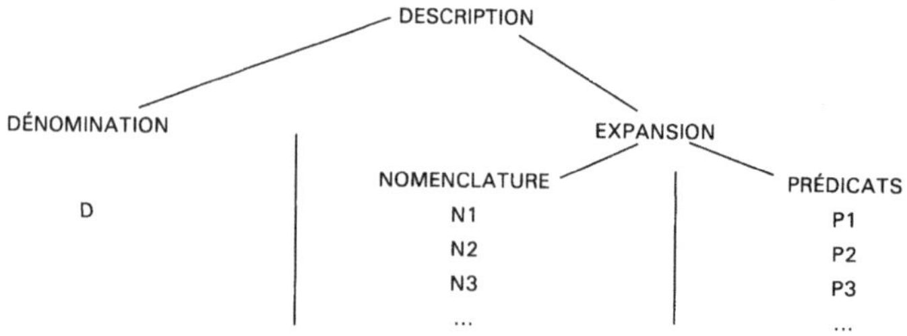

On peut trouver des nomenclatures sans prédicats (énumération pure), et parfois des prédicats sans nomenclature (dans les litanies, par exemple). Appliquons maintenant ce schéma à une description littéraire, par exemple cette arrivée à Nagasaki dépeinte par Pierre Loti :

TEXTE 53

Arrivée à Nagasaki

Et nous entrions maintenant dans une espèce de couloir ombreux, entre deux rangées de très hautes montagnes, qui se succédaient avec une bizarrerie symétrique — comme les « portants » d'un décor tout en profondeur, extrêmement beau, mais pas assez naturel. — On eût dit que ce Japon s'ouvrait devant nous, en une déchirure enchantée, pour nous laisser pénétrer dans son cœur même.

Au bout de cette baie longue et étrange, il devait y avoir Nagasaki qu'on ne voyait pas encore. Tout était admirablement vert. La grande brise du large, brusquement tombée, avait fait place au calme ; l'air, devenu très chaud, se remplissait de parfums de fleur. Et, dans cette vallée, il se faisait une étonnante musique de cigales ; elles se répondaient d'une rive à l'autre ; toutes ces montagnes résonnaient de leurs bruissements innombrables ; tout ce pays rendait comme une incessante vibration de cristal. Nous frôlions au passage des peuplades de grandes jonques, qui glissaient tout doucement, poussées par des brises imperceptibles ; sur l'eau à peine froissée, on ne les entendait pas marcher ; leurs voiles blanches, tendues sur des vergues horizontales, retombaient mollement, drapées à mille plis comme des stores ; leurs poupes compliquées se relevaient en château, comme celles des nefs du Moyen Âge. Au milieu du vert intense de ces murailles de montagnes, elles avaient une blancheur neigeuse.

Quel pays de verdure et d'ombre, ce Japon, quel Eden inattendu !...

Pierre Loti, *Madame Chrysanthème* (1888)

DÉNOMINATION	NOMENCLATURE	PRÉDICATS
(baie de N.)		une espèce de couloir ombreux
	2 rangées de montagnes	- très hautes - qui se succédaient... - comme les portants d'un décor...
	ce Japon	s'ouvrait devant nous...
cette baie		- longue et étrange - précédant Nagasaki...
	tout	était admirablement vert
	la brise du large	- grande - brusquement tombée - avait fait place au calme
	l'air	- devenu très chaud - se remplissait de parfums...
cette vallée	musique de cigales	étonnante...
	montagnes	résonnaient...
	tout ce pays	rendait comme une vibration...
	jonques	- frôlées par nous - grandes - glissaient tout doucement... - on ne les entendait pas...

	leurs voiles	- blanches, tendues... - retombaient mollement - drapées... comme des stores
	leurs poupes	- compliquées - se relevaient en château...
	montagnes	- murailles - vert intense
	ce Japon	- pays de verdure et d'ombre - Éden inattendu

Nous remarquons que la dénomination, seulement implicite dans le premier paragraphe, apparaît dans le deuxième, et est reprise quelques lignes plus loin, sous une forme métaphorique, par « vallée ».

La nomenclature énumère tantôt des parties du paysage (montagnes, brise, jonques) et des sous-parties (voiles et poupes), tantôt un objet plus vaste qui englobe la baie (tout ce pays, le Japon). C'est donc un classement hiérarchique, avec un va-et-vient du supérieur à l'inférieur, puis à un supérieur ultime : en effet, le spectacle décrit symbolise l'entité « Japon ».

Les prédicats ont des formes grammaticales très variées : adjectifs épithètes, attributs, détachés (« la brise, brusquement tombée »), subordonnées relatives, verbes accompagnés de leur expansion, appositions, périphrases (« une espèce de couloir ombreux »), et même un mot régissant le terme de la nomenclature (dans « ces murailles de montagnes », c'est « murailles » qui est le prédicat, qui qualifie « montagnes ».) D'un point de vue rythmique, ils se multiplient au fur et à mesure qu'on avance dans le texte, selon une séquence en volumes croissants. D'un point de vue sémantique, ils sont de plus en plus développés et précis à mesure que les objets sont plus petits : le paysage se présente comme un tableau, dont sont soulignés d'abord le cadre et la forme fermée, puis où apparaissent des détails fins traités avec minutie, à la manière de l'art extrême-oriental.

Un grand nombre de ces prédicats sont **métaphoriques** (c'est-à-dire relèvent de la métaphore ou de la comparaison) : « comme les portants d'un décor », « le Japon s'ouvrait, en une déchirure enchantée », « ce pays rendait comme une incessante vibration de cristal »,« de grandes jonques glissaient », « on ne les entendait pas marcher », « leurs voiles ... à mille plis comme des stores », etc. Autrement dit, l'énumération des objets rebondit vers d'autres objets : un décor de théâtre, une déchirure enchantée, des êtres vivants évoqués par les jonques. Le descripteur, comme l'explicite la dernière phrase, veut produire une impression de paix, d'art et de spiritualité.

2.6. La sélection

À l'inverse de la tendance à l'encyclopédisme, illustrée plus haut dans une veine comique par « Inventaire » , la description peut s'orienter vers la sélection d'un petit nombre de traits. L'objet peut être décrit d'un mot, parce qu'on veut le présenter comme relativement négligeable, ou par quelques éléments choisis auxquels leur rareté confère un grand relief. Dans le texte ci-dessus, Loti a manifestement sélectionné les traits du paysage qui faisaient le plus « tableau japonais ».

Voici maintenant un autre cas, avec une description où Proust ne retient tout d'abord de la petite ville de Combray qu'un seul élément, l'église :

TEXTE 54

Panorama de Combray

Combray de loin, à dix lieues à la ronde, vu du chemin de fer quand nous y arrivions la dernière semaine avant Pâques, ce n'était qu'une église résumant la ville, la représentant, parlant d'elle et pour elle aux lointains, et, quand on approchait, tenant serrés autour de sa haute mante sombre, en plein champ, contre le vent, comme une pastoure ses brebis, les dos laineux et gris des maisons rassemblées qu'un reste de remparts du Moyen Âge cernait çà et là d'un trait aussi parfaitement circulaire qu'une petite ville dans un tableau de primitif. À l'habiter, Combray était un peu triste, comme ses rues dont les maisons construites en pierres noirâtres du pays, précédées de degrés extérieurs, coiffées de pignons qui rabattaient l'ombre devant elles, étaient assez obscures pour qu'il fallût dès que le jour commençait à tomber relever les rideaux dans les « salles » ; des rues aux graves noms de saints (desquels plusieurs se rattachaient à l'histoire des premiers seigneurs de Combray) : rue Saint-Hilaire, rue Saint-Jacques où était la maison de ma tante, rue Sainte-Hildegarde, où donnait la grille, et rue du Saint-Esprit sur laquelle s'ouvrait la petite porte latérale de son jardin ; et ces rues de Combray existent dans une partie de ma mémoire si reculée, peinte de couleurs si différentes de celles qui maintenant revêtent pour moi le monde, qu'en vérité elles me paraissent toutes, et l'église qui les dominait sur la Place, plus irréelles encore que les projections

> de la lanterne magique ; et qu'à certains moments, il me semble que pouvoir encore traverser la rue Saint-Hilaire, pouvoir louer une chambre rue de l'Oiseau — à la vieille hôtellerie de l'Oiseau flesché, des soupiraux de laquelle montait une odeur de cuisine qui s'élève encore par moments en moi aussi intermittente et aussi chaude — serait une entrée en contact avec l'Au-delà plus merveilleusement surnaturelle que de faire la connaissance de Golo et de causer avec Geneviève de Brabant.
>
> Marcel Proust, *Du côté de chez Swann* (1913)

Le trait unique retenu au début l'est parce que l'église, monument le plus visible, symbolise aussi la ville tout entière. Cette sélection, apparemment si restrictive, est suivie d'une extension modérée de la nomenclature (les toits, les maisons, les rues) et surtout d'une vaste extension métaphorique des prédicats vers la vie rustique (la pastoure et ses brebis), la vie médiévale (un tableau de primitif), la chrétienté (les noms de saints), les illusions d'optique (la lanterne magique), la puissance de la mémoire affective et l'accès à un au-delà mythique.

Les écrivains, nous le voyons, ont fait de la description une forme très malléable et raffinée. Ils profitent de ce qu'elle est inévitable, puisque la littérature parle du monde, pour l'orienter et la charger de sens symboliques, lui faire exprimer des horizons d'attente ; ainsi le Combray de Proust, tel qu'il est décrit, annonce-t-il la leçon finale du roman : ne vaut en définitive que la réalité qui traverse le temps, est soumise à la mémoire et atteint par l'art à une existence surnaturelle. Nous sommes ici aux antipodes de l'encyclopédisme. D'ailleurs Proust récusait la vision « objective » et énumérative (il disait « cinématographique ») du monde que proclamait le naturalisme.

2.7. L'évaluation

Le caractère énumératif de la description ne doit pas nous cacher un autre de ses aspects, l'aspect **évaluatif**. Celui-ci est d'ailleurs entièrement solidaire de l'énumération quand il concerne les quantités matérielles, et nous en avons déjà rencontré maints exemples : les mineurs de Zola sont des milliers, les objets de Prévert sont tous dénombrés, les jonques de Loti sont « des peuplades », ses montagnes sont « très hautes ». La description fait un ample usage des éléments quantificateurs du langage ; un catalogue commercial est, nous le savons, truffé de chiffres : dimensions, poids, puissance, etc., et prix. Mais elle utilise également les adverbes, adjectifs ou pronoms quantificateurs (*plus*, *moins*, *autant*, *quelques*, *quelques-uns...*) ; les comparatifs et les superlatifs ; les constructions de comparaison ; les mots préfixés en *sur*-, *sous-*, *super-*, *sub-*, *supra-*, *infra-*, *hyper-*, *hypo-*, *iso-*, etc., qui indiquent des degrés d'évaluation ; les mots à suffixes diminutifs (*-et*, *-ette* ; voir leur grand nombre dans le texte 38, « Dimanche à la campagne ») ou augmentatifs (*-issime*), sans parler de tous les noms, verbes, adjectifs qui comportent dans leur signifié une valeur quantitative.

Il existe encore bien d'autres formes d'évaluation, comme :

— **l'évaluation technique ou scientifique** (voir par exemple le texte 15, sur le roman expérimental ; le texte 35, avec l'appréciation du matériel et de la technique de l'aérostier) ;

— **l'évaluation sociale** : voir le texte 13 où Bouvard et Pécuchet sont caractérisés comme employés ; le texte 20, avec le mépris de Julien pour les habitants de Verrières, son admiration pour Napoléon ; le texte 28 où sont évalués les efforts scolaires de Fabrice et leur récompense, la compétence du supérieur du collège ; le texte 31, avec la « carte de visite » du frère ; le texte 32, où l'on peut constater que les distinctions stylistiques illustrées par la roue de Virgile reposent sur des appréciations sociales ;

— **l'évaluation morale ou éthique** : voir le texte 23 où sont opposées les deux sœurs de ce point de vue ; le texte 42, qui présente le portrait psychologique et moral de Michu ;

— **l'évaluation esthétique** : voir le texte 14, avec l'opposition entre la précision initiale des gestes du patron et le dérèglement du jour dans le paragraphe suivant ; le texte 16, sur l'art et la photographie ; le texte 17 sur la recherche du beau romanesque ; le texte 25, sur la laideur et la tristesse du pays minier.

Aux évaluations que nous venons de passer en revue s'associent les modalités (différentes des modalités des verbes vues au chapitre 7) :

— **mélioratives** ou **péjoratives**, qui présentent les objets en termes favorables (le bien) ou défavorables (le mal) ; voir par exemple les personnages du texte 7, peu favorisés par la nature, et le texte 42 ;

— de **plaisir** ou de **déplaisir** (dites encore d'**euphorie** ou de **dysphorie**).

Ces modalités évaluatives peuvent être présentées comme attachées aux objets (comme dans le texte 25 sur la laideur du pays minier), comme éprouvées par un personnage (texte 40 : la haine du fils contre son père) ou par le descripteur lui-même.

L'évaluation intervient toujours dans l'ironie (que nous étudierons plus loin), car cette forme de discours présente toujours sous une apparence favorable un objet que le locuteur veut en réalité déprécier. Voir par exemple le texte 9 (*Candide*) : les objets y sont présentés avec des qualités (puissance du baron, beauté de son château, considération de la baronne, science de Pangloss, harmonie du monde) que l'ironie, précisément, dément.

3. Le portrait

Bien qu'il ait été souvent considéré comme un type de discours littéraire à part, le portrait est un cas particulier de la description, et les traits de cette dernière peuvent s'appliquer à lui, avec néanmoins un certain nombre de spécificités.

C'est la description d'un être humain, réel ou fictif, donc plus complexe que les choses, plus varié dans ses aspects, plus mobile dans le temps et dans l'espace (encore que le portrait tende parfois à l'immobiliser), plus engagé dans des actions et donc plus soumis au récit. L'insertion de l'homme dans une histoire entraîne souvent, pour les personnages principaux du moins, des portraits fragmentés, étalés dans le temps, et des portraits en action, mêlés de récit. D'un autre côté, le portrait est moins soumis au nombre (sauf dans des portraits collectifs) et tend vers l'unicité, et du même coup à échapper à l'encyclopédisme : il attire plus les traits pittoresques ou singuliers que les traits généraux, sans toutefois échapper, chez certains auteurs, au catalogage ; c'est aussi parce que l'humain fonctionne plus fréquemment dans les récits comme sujet que comme objet. Pour la même raison, le portrait n'est pas seulement physique, mais psychologique, social et moral. C'est ce vers quoi tend en particulier le genre classique des « caractères », comme ceux de La Bruyère.

Le portrait écrit conserve de nombreux traits communs avec le portrait dessiné ou peint. Il est souvent cadré, situé parmi des objets qui l'entourent et forment avec lui des plans successifs : ainsi Proust représente-t-il Mme Swann se promenant au Bois dans ses atours au milieu d'un cercle de messieurs admiratifs, la jeune Albertine sur fond de mer et de plage, M. de Charlus se pavanant au milieu d'une réception mondaine. Il est généralement construit et orienté, suggérant de grandes formes, des mouvements, des éclairages : dans le texte 42, Michu apparaît flanqué de deux paysans et bénéficiant d'une lumière particulière : « En ce moment le soleil, prenant ce groupe en écharpe, illuminait en plein ces trois têtes que le chien regardait par moments. » Il est souvent « découpé » selon les formes plastiques traditionnelles : visage, buste, « en pied », ou prête au personnage des attitudes conventionnelles comme dans une peinture de genre : Emma jeune fille cousant (*Madame Bovary*), Mme Swann chez elle entourée de chrysanthèmes, Albertine endormie, ou jouant du pianola. Il aime les oppositions de couleurs (le blanc et le jaunâtre s'opposant, dans le visage de Michu, au rouge, au violacé et au roux ; voir le texte 42) ou les harmonies (chez Proust, une dame en robe de soie rose mangeant une mandarine). Inévitablement plus « successif » que le portrait peint, il ordonne les détails en vue d'un parcours énumératif (comme dans le blason de la Renaissance), d'une surprise ou d'une mise en relief : le portrait de Michu s'achève sur son « cou court et gros ».

La signification du portrait est variable. Il peut être :

— ornemental ou pittoresque (voir le texte 39 sur les monocles) ;

— explicatif, quand le personnage est un moteur de l'action, ou prémonitoire : c'est le cas pour celui de Michu, ou pour celui de Julien Sorel sur son rocher (texte 20) ;

— évaluatif : le portrait écrit commente beaucoup plus que la peinture, et les marques d'appréciation sont multiples. Les portraits de La Bruyère soulignent les travers, les ridicules, les vices. Ce genre du « caractère » tend d'ailleurs vers la catégorisation psychologique ou morale. Dans un portrait qui, lui, n'est pas fictif (ou plutôt dont le modèle est réel, le résultat écrit prenant par l'outrance les dimensions de la fiction) Saint-Simon évalue à sa manière l'abbé Dubois, futur premier ministre du Régent :

TEXTE 55

Portrait de l'abbé Dubois

L'abbé Dubois étoit un petit homme maigre, effilé, chafouin, à perruque blonde, à mine de fouine, à physionomie d'esprit, qui étoit en plein ce qu'un mauvais françois appelle un sacre [1], mais qui ne se peut guères exprimer autrement. Tous les vices combattoient en lui à qui en demeureroit le maître. Ils y faisoient un bruit et un combat continuel entre eux. L'avarice, la débauche, l'ambition étoient ses dieux : la perfidie, la flatterie, les servages, ses moyens ; l'impiété parfaite son repos, et l'opinion que la probité et l'honnêteté sont des chimères dont on se pare, et qui n'ont de réalité dans personne, son principe, en conséquence duquel tous moyens lui étoient bons. Il excelloit en basses intrigues ; il en vivoit ; il ne pouvoit s'en passer, mais toujours avec un but où toutes ses démarches tendoient, avec une patience qui n'avoit de terme que le succès ou la démonstration réitérée de n'y pouvoir arriver, à moins que, cheminant ainsi dans la profondeur et les ténèbres, il ne vît jour à mieux en ouvrant un autre boyau. Il passoit ainsi sa vie dans les sapes. Le mensonge le plus hardi lui étoit tourné en nature, avec un air simple, droit, sincère, souvent honteux. Il auroit parlé avec grâce et facilité, si le dessein de pénétrer les autres en parlant, et la crainte de s'avancer plus qu'il ne vouloit, ne l'avoit accoutumé à un bégaiement factice qui le déparoit, et qui, redoublé quand il fut arrivé à se mêler de choses importantes, devint insupportable,

1. un rapace.

> et quelquefois inintelligible. Sans ses contours et le peu de naturel qui perçoit malgré ses soins, sa conversation auroit été aimable. Il avoit de l'esprit, assez de lettres, d'histoire et de lecture, beaucoup de monde, force envie de plaire et de s'insinuer, mais tout cela gâté par une fumée de fausseté qui sortoit malgré lui de tous ses pores, et jusque de sa gaieté, qui attristoit par là. Méchant d'ailleurs avec réflexion, et par nature et par raisonnement, traître et ingrat, maître expert aux compositions des plus grandes noirceurs, effronté à faire peur étant pris sur le fait, désirant tout, enviant tout, et voulant toutes les dépouilles.

Duc de Saint-Simon, *Mémoires* (vers 1745)

— symbolique : le portrait physique peut évoquer des caractéristiques psychologiques ou morales, il peut dessiner la forme d'un destin. C'est particulièrement net dans l'apparence extérieure de Michu, grâce à l'interprétation que Balzac en fait selon les lois de la « physionomie » ; derrière le visage de l'homme s'esquissent des images de Fatalité, de mort violente, d'échafaud. Du portrait, peu physique, de Swann dans le texte 44, le lecteur dégage d'abord un double symbole de vie simple à Combray et de vie brillante à Paris, puis celui de l'éclatement des individualités et des erreurs de jugement qu'il entraîne.

LECTURES COMPLÉMENTAIRES

ADAM Jean-Michel, *Le Texte descriptif*, Nathan, 1989.
GOLDENSTEIN Jean-Pierre, *Pour lire le roman*, cité au chap. 4.
HAMON Philippe, « Qu'est-ce qu'une description ? », *Poétique 12*, 1972.
HAMON Philippe, *Introduction à l'analyse du descriptif*, Hachette, 1981.
HAMON Philippe, *La Description littéraire*, Macula, 1991.

Chapitre 11

Le personnage

Nous avons déjà rencontré le personnage à propos des rôles et des acteurs du récit, et à propos du portrait. C'est **un être de fiction anthropomorphe**, auquel sont attribués des traits plus ou moins nombreux et précis appartenant d'ordinaire à la personne, c'est-à-dire à un être humain de la réalité. Mais personne réelle et personnage fictif ne coïncident pas, même lorsqu'il arrive que le personnage reçoive le nom d'un être réel (personnage historique, par exemple). Le premier est toujours **construit** dans le cadre de la fiction et comme un effet de lecture : c'est un « être de papier ». Mais, traditionnellement, cet être fictif est traité comme s'il s'agissait d'un humain réel : il est **représenté** parlant, pensant, agissant, et il suscite des réactions affectives (sympathie, répulsion) et même pratiques (imitation). Cette illusion de vie réelle du personnage fait partie du pacte de lecture.

L'étude du personnage se fait plutôt, d'ordinaire, sur des textes longs : contes, romans, épopées, etc., par analogie avec le récit d'une vie réelle ou du moins d'un épisode de cette vie : amour, aventure, exploration, guerre... Comme l'être humain, le personnage est révélé dans la durée, dans divers lieux et circonstances où il est placé, selon les rencontres qu'il fait. Son portrait est réparti entre différents points du texte correspondant à des moments divers, peut subir des corrections et des retournements, et n'est définitif qu'à la fin de l'action. Mais, et c'est ce que nous ferons ici parce que nous ne pouvons disposer que de fragments, l'analyse peut également porter sur des textes courts s'ils sont suffisamment révélateurs des formes de ce type de fiction.

La notion de personnage relève de deux traditions. La plus ancienne, née dans le cadre du théâtre et du conte, va dans le sens de la fiction et de la schématisation. L'autre, liée au développement de la notion d'individu, va dans le sens de la personnalisation.

1. L'héritage du théâtre et du conte

Le théâtre occidental, né dans la Grèce antique, est à ses commencements une célébration sociale et religieuse destinée à toute une population. Quoique joué par des acteurs de chair et d'os, il présente des personnages avant tout rituels : des dieux, des héros et des rois dont les comportements, surtout symboliques, et les aventures sont fixés par les légendes et les épopées. Le langage qui leur est prêté (forme des vers, construction des séquences verbales) est entièrement imposé et codé, les gestes sont réglés d'avance, la danse est associée à la parole, les acteurs portent des masques et des costumes conventionnels associés à leur rôle. Ces personnages représentent des grands types de comportements humains devant la divinité : Œdipe l'homme victime du destin, Prométhée l'homme révolté contre les dieux, Antigone l'homme obéissant aux lois divines non écrites, face aux lois humaines. Le personnage du théâtre antique est caractérisé par son schématisme et son exemplarité. Il en va de même s'il relève du genre comique, où les mêmes masques servent pour tous les pères, tous les jeunes gens, et où le langage, quoique différent de celui de la tragédie, est tout aussi conventionnel. Ce genre de personnage n'est donc pas perçu comme réel par le public, et n'est pas non plus identifié à la personne de l'acteur, puisque celui-ci peut interpréter différents rôles, n'est qu'un homme de métier prêtant son corps et sa voix à la fiction dramatique. Certes le théâtre a évolué, au cours des derniers siècles, vers une plus grande finesse psychologique, vers un plus grand réalisme des costumes, des décors, des situations. Mais il existe toujours à l'époque moderne un théâtre, et non des moindres, qui schématise entièrement les personnages et en fait des types ou, plus encore, des symboles : par exemple celui de Jarry (*Ubu roi* et toute la série des *Ubu*) ; de Claudel (*L'Annonce faite à Marie*) ; de Cocteau (*Orphée)* ; de Ionesco (tout son théâtre).

Le théâtre antique n'est pas seul à schématiser et à rendre exemplaire le personnage. L'épopée de son côté, récit chanté, puis déclamé, des hauts faits de héros (Agamemnon, Ulysse, Énée, Roland...), présente, non plus sur les tréteaux d'une scène et avec des acteurs, mais à l'intérieur d'un pur récit et par la voix d'un narrateur, les mêmes simplifications.

Le théâtre populaire médiéval et le conte connaissent eux aussi les personnages schématisés. Le *Roman de Renart* leur donne l'apparence d'animaux, comme le fait d'ailleurs la fable depuis l'Antiquité. Dans tous ces cas le personnage, anthropomorphe ou zoomorphe, n'est en rien considéré comme un être réel, mais comme un modèle, en bien ou en mal, comme le représentant d'une catégorie d'individus esquissée à grands traits.

Le personnage merveilleux, doté d'une apparence exceptionnelle (ogre, géant, fée, sorcier...) et de pouvoirs magiques, s'associe à cette tradition de non-réalisme, de symbolisme et d'exemplarité. Lorsque le conte cesse d'être merveilleux pour devenir philosophique, les personnages, entièrement anthropomorphes et experts en l'art de raisonner, n'en restent pas moins des figures schématiques, emblêmes de catégories sociales ou psychologiques, ou adeptes types d'une attitude philosophique ou religieuse. On peut situer entre ces deux classes les personnages de Rabelais, qui doivent beaucoup à la tradition populaire et à la caricature, et sont en outre des masques commodes recouvrant toute une théorie éducative et morale.

Dans un genre plus psychologique comme celui des « caractères », nous trouvons des portraits moraux, eux aussi simplifiés et exemplifiés : le riche, le pauvre, le distrait de La Bruyère, etc. Même si les contemporains de ces portraits cherchent à en retrouver les clefs, ce sont avant tout des modèles généraux tracés à des fins de typologie et d'édification.

Une riche tradition fait donc du personnage un être franchement imaginaire, destiné à illustrer des catégories d'humanité, des vices ou des vertus, des théories, et ne recherche en rien son assimilation avec un individu réellement vivant. L'étymologie nous rappelle d'ailleurs qu'en latin *persona* signifie « masque de théâtre », et non « personne ».

2. Personnalisation et psychologisation du personnage

L' autre tendance, plus récente, dans la constitution du personnage littéraire, va au contraire vers une identification à un individu réel. Elle semble due à l'influence, sans cesse grandissante, des récits biographiques et autobiographiques, qui se réclament d'une fidélité à la réalité vécue. Peut-être pourrait-on en voir le point de départ dans notre littérature avec les *Essais* de Montaigne.

TEXTE 56

Au lecteur

C'est icy un livre de bonne foy, lecteur. Il t'advertit des l'entrée, que je ne m'y suis proposé aucune fin, que domestique et privée. Je n'y ay eu nulle considération de ton service, ny de ma gloire. Mes forces ne sont pas capables d'un tel dessein. Je l'ay voué à la commodité particuliere de mes parens et amis : à ce que m'ayant perdu (ce qu'ils ont à faire bien tost) ils y puissent retrouver aucuns traits de mes conditions et humeurs, et que par ce moyen ils nourrissent plus entiere et plus vifve, la connoissance qu'ils ont eu de moy. Si c'eust esté pour rechercher la faveur du monde, je me fusse mieux paré et me presanterois en une marche estudiée. Je veus

> qu'on m'y voie en ma façon simple, naturelle et ordinaire, sans contention et artifice : car c'est moy que je peins. Mes defauts s'y liront au vif, et ma forme naïfve, autant que la reverence publique me l'a permis. Que si j'eusse esté entre ces nations qu'on dict vivre encore sous la douce liberté des premieres loix de la nature, je t'asseure que je m'y fusse tres-volontiers peint tout entier, et tout nud. Ainsi, lecteur, je suis moy-mesmes la matiere de mon livre : ce n'est pas raison que tu employes ton loisir en un subject si frivole et si vain. À Dieu donq, de Montaigne, ce premier de Mars mille cinq cens quatre vingts.

Montaigne, Préface aux *Essais* (1580)

Celui-ci, dans son avertissement au lecteur, ne veut laisser subsister aucun doute sur son intention d'exécuter un portrait cernant au plus près sa vérité personnelle, destiné, dit-il, à ses parents et amis pour les aider à se souvenir de lui après sa mort. Aussi n'y doit-on chercher que des éléments strictement individuels, comme nous invitent à le faire des expressions comme « fin domestique et privée », « y retrouver aucuns traits de mes conditions et humeurs », « je suis moi-mesmes la matiere de mon livre », « je veux qu'on m'y voie en ma façon simple, naturelle et sans artifice : car c'est moy que je peins », « mes défauts... au vif », « ma forme naïfve ». Que l'auteur soit, involontairement ou non, sorti de ce cadre, c'est ce dont on peut discuter et qui est même certain. Mais qu'il y ait erreur ou non ou tricherie de sa part, la description biographique s'affirme cependant comme le miroir d'une personnalité.

Cette orientation du personnage du côté de la personne réelle détermine un vaste secteur de la production littéraire. La biographie conduit à l'analyse psychologique, et celle-ci se développe dans des genres variés : le récit semi-autobiographique, dans lequel le héros fictif présente de nombreux traits de ressemblance avec l'auteur (du René de Chateaubriand au Marcel de Proust et aux divers avatars d'Hervé Bazin ou de Philippe Sollers), et tous les romans empruntant des traits à des personnes ou à des cas particuliers, et dont notre histoire littéraire est si riche qu'elle semble redoubler l'histoire des hommes et des sociétés. À quoi il faut ajouter la poésie lyrique, qui nous entraîne à reconnaître l'homme-Du Bellay dans les *Regrets*, l'homme-Lamartine dans « Le Lac » ou « La Vigne et la maison », l'homme-Hugo dans « Tristesse d'Olympio ». Au fur et à mesure que s'affirme dans la société la notion d'individu, la littérature présente des personnages plus élaborés, insérés dans un cadre de vie précis, entourés d'une famille, d'un groupe social, plongés dans la mentalité de leur temps. En même temps qu'il prétend, comme Balzac, faire concurrence à l'état-civil, l'écrivain, adoptant un point de vue omniscient, nous fait plonger dans les sentiments et les pensées de ses créatures. Tous ces éléments de connaissance individuelle sont généralement regroupés autour de noms propres et peuvent aller jusqu'à constituer de véritables dossiers signalétiques, accompagnés, comme chez Zola, d'arbres généalogiques et d'enquêtes sur l'hérédité.

Ainsi s'est développée la conception du personnage littéraire comme être fictif, certes, mais construit à partir d'éléments pris à la réalité, empruntés à des personnes, à l'histoire, aux activités pratiques d'une époque, aux arts ; le plus important dans cette construction semble résider dans l'imitation et les effets de réel.

Cette conception du personnage-personne s'accompagne de phénomènes d'identification, de l'auteur au personnage et du lecteur au personnage. De la part de l'auteur, les transferts affectifs sont évidents dans l'autobiographie et dans les textes semi-autobiographiques. Mais même dans les autres genres, l'attribution de traits personnels, physiques, sociaux, affectifs, idéologiques, de l'écrivain à ses personnages est courante, même s'ils ne sont pas toujours identifiables ; on connaît bien le fameux « Madame Bovary, c'est moi » de Flaubert. Le romancier va parfois jusqu'à percevoir en ses créatures une vie indépendante de ses propres intentions de départ, comme si elles lui échappaient et jouissaient d'une authentique liberté personnelle : François Mauriac l'a signalé dans son essai *Le Romancier et ses personnages*. Nous sommes souvent frappés, à la lecture, par le regard sympathique, défavorable ou indifférent que l'auteur porte à ses personnages. Et tout le fonctionnement de l'ironie est une trace indirecte de son agressivité à l'égard de certains d'entre eux.

De son côté, le lecteur ne manque pas de s'identifier, plus ou moins intensément, à ces mêmes figures de fiction, par les ressemblances qu'il se découvre avec elles, ou qu'il découvre entre elles et telles personnes qu'il connaît. D'où l'intérêt, l'affection ou l'hostilité qu'il leur porte.

Pourtant, l'évolution récente de la philosophie et des sciences humaines, en modifiant la vision de l'homme, a atteint cette conception du personnage, et a surtout fait éclater son unité. Alors que diverses théories nouvelles rejettent la cohérence de l'être humain et la notion de personne, il n'y a rien d'étonnant à ce qu'elles considèrent, à plus forte raison, ce produit qu'est le personnage comme encore plus fragmentaire. Il est, selon elles, un signe à l'intérieur d'un système de signes, un effet — ou un faisceau d'effets — de procédés techniques, un nœud de relations d'ordre linguistique, rhétorique, thématique, sémiotique. La relation de type personnel, qu'on établissait entre auteur, personnage et lecteur, fait place à une analyse de l'objet-texte en constituants dont le sens n'est pas absent, mais se décompose en petits éléments entre lesquels sont établies des relations abstraites. Le personnage devient une unité diffuse de signification, manifestée par un ensemble discontinu de signes, les mots et les phrases qu'on lui fait prononcer ou qu'un autre locuteur, personnage également ou narrateur, émet sur lui, et les informations qui se dégagent de ces phrases. Il est une « étiquette sémantique », vide au départ, et qui se construit progressivement par l'accumulation d'informations et surtout par leur mise en système (ensemble logique de relations) : la somme et le fonctionnement des éléments ne peuvent donc être connus qu'à la fin du texte et de son analyse. Ce qui importe, c'est la **fonction** de l'effet-personnage dans le sytème plus vaste du texte. On reconnaît dans cette position théorique celle du structuralisme, selon laquelle les objets n'existent que comme systèmes construits de relations. Elle a été appliquée avec des degrés divers d'abstraction et d'« impassibilité ». Nous pouvons illustrer l'intérêt de son apport méthodologique en récapitulant différents types d'effets-personnages que nous avons rencontrés précédemment dans les textes cités.

3. Les effets-personnages

Cette dénomination a, évidemment, pour commodité de distinguer l'instance (mot abstrait désignant une fonction dans un enchaînement logique) du personnage de toute personne réelle. Car, encore une fois, il ne peut y avoir coïncidence du personnage et de la personne, même, dès qu'on y prête suffisamment attention, dans l'autobiographie : le personnage-Montaigne des *Essais* n'est pas l'homme-Montaigne, pas plus que le personnage-Rousseau des *Confessions* n'est l'homme-Rousseau. Les divers effets présents dans les textes que nous avons déjà cités vont de la schématisation à l'élaboration de constructions complexes.

3.1. Les personnages par réunion de traits simplifiés

Si nous regardons les personnages du texte 3, *Cligès*, nous voyons qu'ils sont tout au plus désignés par leur nom, ou qualifiés de façon sommaire et conventionnelle : l'empereur est « puissant en richesses comme en honneur », l'impératrice « belle et noble », et mère de deux enfants. Dans un conte comme *Candide* (texte 9), chacun des personnages reçoit son nom et une qualification un peu plus développée, mais toujours conventionnelle : le baron est désigné par ses fiefs, son château et ses gens, la baronne par sa dignité et ses qualités de maîtresse de maison, leur fille par sa jeunesse, le précepteur par sa science, et le bâtard Candide par la seule qualité à laquelle sa naissance lui donne droit, la simplicité. Mais immédiatement l'ironie s'empare de ces traits et les transforme : les possessions du baron sont dérisoires, la considération de la baronne tient à son poids, le précepteur est un sot prétentieux et le jeune Candide un naïf. Il n'est pas même nécessaire à Voltaire d'ajouter de nouveaux qualificatifs pour compléter ses portraits, il lui suffit de gauchir chacun des traits conventionnels de façon à le rendre outrancier ou à l'inverser. Le paragraphe consacré au baron est un modèle du genre : la simple énumération sommaire de ses maigres biens le tire vers le ridicule. Les noms sont aussi un moyen très économique de qualification : « Candide » est un adjectif de qualité, « Thunder-ten-tronckh » évoque par sa forme et sa prononciation la rudesse germanique, et possède l'ampleur des noms nobiliaires ; « Pangloss », par sa composition grecque et le sens de ses éléments, évoque l'origine savante et le bavardage. La suite du conte aura beau multiplier les aventures des uns et des autres, tous seront fidèles à leur schéma de départ. L'effet-personnage tient à cette simplicité de la formule : chacun est une caricature qui peut être placée dans une multitude de situations narratives ; chaque fois sa réaction sera du même type.

Dans un genre comme la fable, l'invraisemblance est encore plus évidente. Des traits humains sont transférés à des animaux censés les typifier : le renard est rusé, le loup féroce et affamé, le lion majestueux, la mouche importune, etc. Ces quelques traits sont grossis, l'histoire prend valeur d'exemple moral, sans heurter directement les personnes raillées ou blâmées, qui ne sont pas nommées, et même en distrayant le lecteur par le pittoresque animalier (« le héron au long bec emmanché d'un long cou »). L'effet-personnage de la fable par masquage, simplification, exemplification morale, est facilement reconnaissable dans notre texte 26, « Le Coche et la Mouche » : il est même agrémenté par la cohabitation dans la même histoire des animaux (mouche, chevaux) et des humains (cocher, moine, femme, vieillard, sergent de bataille). La « moralité » finale constitue un retour au genre humain, dans sa généralité :

> Ainsi, certaines gens, faisant les empressés,
> S'introduisent dans les affaires :
> Ils font partout les nécessaires,
> Et, partout importuns, devraient être chassés.

La Fontaine, *Fables*

Certains personnages humains, inversement, empruntent des traits à l'univers animal, et sont soit figés dans une caricature instantanée, comme les mondains de Proust porteurs de monocles, rabaissés à l'apparence de poissons d'aquarium (texte 39), soit symbolisés en permanence par le comportement habituel de telle espèce ou même de tel genre, comme le Michu de Balzac (texte 42), comparé dans la même page à un singe, à un tigre, puis aux bêtes sauvages en général, parce qu'il semble en avoir l'agilité, la méfiance, le comportement instinctif. L'effet-personnage consiste ici, comme dans le cas de la fable, à combiner, par le moyen de comparaisons et de métaphores, un discours applicable aux humains et un discours applicable aux animaux. Le même type de procédé peut d'ailleurs être mis en œuvre en comparant l'humain à un objet.

Le texte 31, d'Yves Navarre, nous fait bien apparaître des personnages humains comme des constructions de langage, et d'un langage qui ne se présente pas comme celui d'un narrateur, mais comme celui des personnages eux-mêmes. Il ne s'agit pas de dialogues, qui nous rapprocheraient de la situation du théâtre (où le personnage est largement constitué par les répliques que lui prête le dramaturge), mais tantôt de bribes de conversation rituellement échangées (« Il y en a toujours un des deux pour le dire à l'autre », « ils se renvoient cette balle »), tantôt d'une sorte de « carte de visite », catalogue professionnel et honorifique (« Henri Prouillan, membre de l'Académie des sciences morales et politiques, ancien ministre, président honoraire du Conseil économique et social, trois Républiques, vingt-sept gouvernements, une fortune transmise, protégée, intacte »), tantôt d'un recueil des bons mots de Suzy, qui résume sa carrière de directeur d'un théâtre de boulevard. Ce sont des citations hors dialogue.

Dans *Jacques le Fataliste* (texte 10), œuvre tout à fait exemplaire pour l'étude des personnages comme faisceaux de discours, nous voyons se constituer le Maître et Jacques d'abord dans une relation de narrateur à lecteur, ce dernier attendant une histoire et des explications, l'autre affirmant sa souveraineté et son arbitraire ; puis par un discours étranger rapporté par Jacques (celui de son capitaine), puis par un récit du même Jacques, enfin par un dialogue entre les deux protagonistes, entrecoupé de récit du narrateur et de dialogue entre ce dernier et le lecteur. C'est l'ensemble de ces relations et leur combinaison qui constituent l'effet-personnage : il y entre la décision du narrateur, l'acquiescement, l'étonnement ou l'indignation du lecteur, et l'antagonisme social de Jacques et du Maître, doublé d'un antagonisme verbal fonctionnant de manière inverse, car dans la parole, c'est le valet qui mène le jeu et le maître qui suit. Aucun de ces éléments ne fonctionne indépendamment des autres.

Ce qui est ressenti à la lecture comme l'originalité d'un personnage est souvent le résultat d'utilisations particulières du langage par l'auteur. Ainsi avons-nous pu voir, dans le chapitre 4, Balzac en train de fabriquer littéralement le « caractère » de son personnage de *Z. Marcas* à partir des lettres et des syllabes de son nom (texte 21). Il n'en va pas très différemment, mais les proportions y sont plus modestes, dans le procédé de Henri Michaux (texte 38), qui fabrique pour ses personnages des noms de fantaisie, mais de telle façon qu'on puisse y reconnaître, par les suffixes employés, ou par des éléments du radical (Garinettes, Farfalouves), des couples jeunes et gais, ou au contraire un personnage féminin grotesque (la paricaridelle). Pour quitter le domaine des noms propres, nous savons bien que chez les écrivains comme chez les dramaturges, le langage prêté aux personnages est un des constituants de leur « caractère » : classe sociale, bien sûr, mais aussi âge, sexe, et orientation de comportement ; ainsi, le Dom Juan de Molière parle bien différemment de son père Dom Louis. Chez Proust, le jeune noble Robert de Saint-Loup s'exprime autrement que son oncle le duc de Guermantes, et ce dernier autrement que son frère le baron de Charlus. Dans le roman semi-autobiographique qu'est *Mort à crédit*, le narrateur de Céline atteint des sommets de violence et de grossièreté lorsqu'il décrit son agression contre son père (texte 40).

3.2. Les objets personnifiés

De façon assez symétrique à l'effet de schématisation obtenu en ramenant des personnages humains à des animaux ou à des objets, les écrivains obtiennent, par les comparaisons et les métaphores, la personnification d'objets, qu'ils transforment ainsi en effets-personnages, plus complexes, à qui peuvent être prêtés le mouvement, des gestes, la pensée et la parole : ainsi l'église de Combray (texte 54) « parle »-t-elle de la ville, est-elle une « pastoure » entourée de ses brebis.

Longtemps très employée comme figure de rhétorique, l'**allégorie** consiste à personnifier une abstraction, et peut participer à la présentation de personnages, pour manifester de façon animée tel ou tel de leurs aspects psychologiques ou moraux. Chez Saint-Simon, l'abbé Dubois, pourtant homme réel, se voit représenté — ce qui accentue son passage au rang de personnage — comme un champ de bataille où s'affrontent tous les vices (texte 55) : « Tous les vices combattaient en lui à qui en demeurerait le maître, etc. »

3.3. Les personnages « psychologisés »

Dans tous les cas précédents, les effets-personnages tendaient à la simplification. Mais que se passe-t-il lorsqu'au lieu de cette réduction, l'auteur cherche à enrichir sa créature, à la présenter dans toute sa complexité, à l'instar d'un homme véritable ?

Rousseau et ses *Confessions* semblent nous offrir un cas extrême, étant donné la dimension de l'œuvre, de présentation d'un individu particulier : des milliers de pages sont consacrées uniquement à lui. Mais est-ce bien le Jean-Jacques réel que nous y trouvons, ou un Jean-Jacques transformé par la vision de l'écrivain Rousseau et par les effets de son style ? Même s'il prétend tout dire, le pire comme le meilleur (texte 5), il laisse paraître dans son préambule l'intention de construire un type à valeur universelle, destiné à l'instruction de ses semblables : « un homme dans toute la vérité de la nature ». Il y ajoute une intention de justification devant Dieu et devant les hommes. Ces deux visées suffisent à détruire l'identité voulue entre l'homme et le personnage : ce dernier devient une construction intellectuelle. Mais même si Rousseau n'avait recherché que l'exactitude la plus scrupuleuse et l'absence d'omissions, il n'aurait pu les obtenir, à cause des oublis, du temps écoulé entre les faits et leur relation et qui change le point de vue, et principalement parce qu'il y a une différence de nature entre un homme vivant (ou mort, d'ailleurs) et un texte.

Toutes les formations de personnages, même de ceux qui sont le plus abondamment pourvus de traits psychologiques, réputés particulièrement humains, procèdent par sélection. Parfois, le personnage est esquissé en creux, simplement par la description de son entourage et de son éducation. C'est le cas dans le portrait indirect de Fabrice del Dongo, au début de *La Chartreuse de Parme* (texte 28) : l'enfant se forme dans les espaces qui lui sont laissés par sa famille, c'est-à-dire, successivement, le village, les livres de généalogie illustrés, le collège quelques jours par semaine, les récompenses imméritées, le salon de sa tante. Dans le roman proustien, le personnage de Swann jeune est présenté comme formé à partir de souvenirs de récits entendus, mais avec des différences d'ancienneté, des lacunes, de sorte que cette recomposition forme un objet à la fois unique et présentant des différences d'aspect dues à ces accidents de formation, à la manière des fissures et des veinures qui apparaissent sur les blocs de marbre (textes 30 et 44). Dans *Les lauriers sont coupés* (texte 45), le héros central n'est autre chose qu'un faisceau de sensations et de phénomènes de conscience, sans le soutien d'une apparence physique.

La plasticité du personnage est telle que rien n'empêche de le faire se mouvoir dans l'invraisemblance, dans le récit fantastique : ainsi de l'oncle Eric, qui vient s'intégrer le plus naturellement du monde dans le récit du *Grand Repas*, alors qu'il est mort depuis longtemps (texte 18). Et nombreux sont ceux qui sont construits autour d'une grande idée, dont ils deviennent les représentants : le Julien Sorel du *Rouge et le Noir*, image de l'ambition (texte 20), le Z. Marcas de Balzac, image de la fatalité subie (texte 21), Michu, autre image, mais active, celle-là, de la fatalité (texte 42).

Avec Zola se développe, toujours par sélection de traits, le personnage collectif, de l'ouvrier, du mineur, du paysan, des grévistes (texte 51). Et ce dernier exemple permet encore de signaler que le personnage peut être le support d'un effet idéologique : les mineurs qui manifestent sont porteurs des espoirs de leur classe en une vie meilleure, tandis que, pour les bourgeois qui les regardent, cette perspective révolutionnaire est associée à un déchaînement brutal ; Zola place ses personnages dans le cadre des aspirations et des luttes de leur époque. De même le Pangloss de *Candide* ne se comprend que dans le cadre d'une lutte contre la philosophie optimiste tirée de Leibniz, le Michu de Balzac dans celui du bouleversement social qui a suivi la Révolution française, le Julien de Stendhal dans celui de la Restauration et du souvenir proche de l'Empire. L'effet idéologique, comme composante du personnage, peut aussi avoir un caractère moins politique que religieux, comme chez la plupart des héros de Bernanos.

Ainsi rencontrons-nous dans le personnage, non un reflet plus ou moins fidèle de la réalité, mais un effet conjoint d'écriture et de lecture, à composantes diverses où dominent les éléments de discours, un système de relations. Cet ensemble conserve (même dans la fable ou le fantastique) un caractère anthropomorphe : ce dernier lui est indispensable comme moyen de représentation, et aussi comme moyen de projection, comme support d'investissements affectifs ou idéologiques de la part de l'auteur comme du lecteur. Débarrassée de son assimilation avec le réel, la notion de personnage reste une notion utile pour rendre compte du fonctionnement du texte et pour permettre la communication entre auteur et lecteur.

LECTURES COMPLÉMENTAIRES

BOURNEUF Roland, et OUELLET Réal, *L'Univers du roman*, PUF, 1972.
HAMON Philippe, *Le Personnel du roman. Le système des personnages dans les Rougon-Macquart d'Émile Zola*, Droz, 1983.
JOUVE Vincent, *L'Effet-personnage dans le roman*, PUF, 1992.
REY Pierre-Louis, *Le Roman*, PUF, 1992.
ZERAFFA Michel, *Personne et personnage. Le romanesque des années 1920 à 1950*, Klincksieck, 1969.

Chapitre 12

Le discours rapporté. Le langage des personnages

1. Le discours rapporté

Le récit n'est pas seulement une relation d'actions, il est aussi relation de paroles, et même de pensées ou de sentiments. Soumis aux mêmes contraintes de temps que le récit d'actions (chronologie relative de la narration et des paroles rapportées, succession nécessaire des cellules du récit excluant les paroles simultanées), le « discours rapporté » s'en distingue en ce qu'il transpose du langage (celui du premier émetteur) en un autre langage (celui du narrateur). Pour les pensées et les sentiments, la plupart des narrateurs les traitent sensiblement de la même manière que s'il s'agissait de paroles effectivement prononcées, ce qui est pour le moins discutable, mais nous verrons qu'il y a d'autres pratiques.

La langue représente le discours d'autrui différemment selon qu'elle le traite par la mimésis, en l'imitant avec exactitude (c'est le **discours direct**), ou en le rapprochant du discours du narrateur jusqu'à l'absorber en lui : il devient alors un **discours narrativisé**, qui peut aller du **discours indirect** à des formes de récit qui évoquent les paroles sans les reproduire aucunement (comme dans « Paul demande des nouvelles de Pierre »). Elle marque aussi l'identité ou la différence de locuteur dans les deux discours, le rapportant et le rapporté, et peut en outre obliger à des transformations lorsque le discours rapportant ne s'appuie pas sur un point de repère présent comme est censé le faire le discours originel, mais sur un point de repère passé. Examinons donc, à partir des données linguistiques, les différents moyens de rendre dans le récit les paroles (et, par analogie, les pensées) d'autrui ou de soi-même. Nous étudierons ensuite certains procédés qui dépassent ces données de base.

1.1. Le discours rapporté direct

Il a pour principe de reproduire sans changement le discours cité. Mais ce discours est un corps étranger dans le récit. Aussi est-il « introduit », le plus souvent par une proposition antécédente (Pierre a dit : « ... »), mais parfois par une proposition subséquente ou incise (« ... », dit Pierre), qui fait la transition. Quand il intervient dans un récit oral, il est marqué par une coupure sous la forme d'une pause avant et après, et d'un changement d'intonation. L'écrit transpose ces moyens oraux en signes graphiques : les guillemets ouverts et fermés, une majuscule initiale, un point final sauf si la déclarative est postposée.

Les embrayeurs d'énonciation sont choisis par rapport au sujet d'énonciation de la phrase dans laquelle ils se trouvent : « *Mon* voisin *m*'a dit *hier* : « *Je viens* de voir *votre* chien s'enfuir sur la route. »

Le discours cité peut se réduire à une phrase incomplète, à une exclamation. Il peut être en langue étrangère.

1.2. Le discours indirect

Il enlève toute autonomie au discours cité. Oralement, il n'est pas marqué par une pause initiale, et l'intonation est celle d'une phrase complète. À l'écrit, la proposition introductrice, toujours antéposée, est reliée à lui par la conjonction *que* non suivie de guillemets ni de ponctuation.

Son énonciation est subordonnée à celle de la proposition introductrice : ses temps verbaux s'ajustent à celui du verbe principal (c'est la concordance des temps), ses embrayeurs renvoient à l'énonciateur de cette proposition, qui devient l'unique sujet d'énonciation de l'ensemble de la phrase : « *Mon* voisin *m'*a dit *hier* qu'*il venait* de voir *mon* chien s'enfuir sur la route. » Les pronoms personnels et les possessifs qui ne renvoient pas à lui ni à son allocutaire passent à la 3e personne, d'où certaines ambiguïtés. Dans « Pierre dit qu'il aime sa mère » nous pouvons comprendre que *il* représente Pierre et que *sa* renvoie à la mère de Pierre, mais aussi que *il* représente une tierce personne, et dans ce cas *sa* peut renvoyer à la mère de l'un ou de l'autre.

Un tel discours indirect ne peut pas être émis en langue étrangère. Par ailleurs, sa dépendance par rapport à l'énonciation déclarative fait qu'il s'éloigne de l'imitation sur deux autres plans : il résume le discours cité, ou il l'interprète (souvent grâce au sens du verbe déclaratif : « il se plaignait que..., s'étonnait que..., se réjouissait que...). Nous avons lu dans le texte 20 :

> Julien sentait que la haine qui venait de l'agiter, malgré la violence de ses mouvements, n'avait rien de personnel

Stendhal passe sur les détails et les motifs de cette haine, et propose une interprétation psychologique. C'est le narrateur qui est le maître du discours rapporté, si l'on peut pertinemment parler de « discours » pour un sentiment qui n'était probablement pas clairement verbalisé chez Julien.

1.3. Le discours indirect libre

C'est un composé des deux précédents, qui se rencontre surtout dans la langue écrite et même plutôt littéraire. Il n'est pas introduit grammaticalement. Il adopte, comme le discours indirect, la concordance des temps par rapport à l'énonciation principale (laquelle n'est connue qu'indirectement, par le contexte), et la modification des embrayeurs de personne conformément à cette énonciation. En revanche, il conserve diverses marques de l'énonciation citée : certains embrayeurs de temps et de lieu, l'exclamation, l'interrogation. De sorte que, par exemple, les trois phrases de discours direct suivantes :

— il se disait : « Je suis en retard ! »

— il se disait : « J'ai été en retard ! »

— il se disait : « Je serai en retard ! »

deviennent au discours indirect :

— il se disait qu'il était en retard

— il se disait qu'il avait été en retard

— il se disait qu'il serait en retard

et en discours indirect libre :

— il était en retard !

— il avait été en retard !

— il serait en retard !

Seule l'exclamation, dans ce dernier cas, permet d'identifier le discours indirect libre, et, si la phrase n'était pas exclamative ou interrogative, seul le contexte permettrait de savoir (et ce n'est pas toujours discernable) si l'on a affaire à un récit de faits ou à un discours indirect libre.

Souvent, et c'est un moyen facile de l'identifier, le discours indirect libre continue un passage au discours indirect introduit par *que*, ou un psycho-récit. C'est le cas à propos de la mouche du coche chez La Fontaine (voir le texte 26) :

> La mouche, en ce commun besoin,
> Se plaint qu'elle agit seule et qu'elle a tout le soin ;
> Qu'aucun n'aide aux chevaux à se tirer d'affaire.
> Le moine lisait son bréviaire :

Il prenait bien son temps ! une femme chantait :
C'était bien de chansons qu'alors il s'agissait !

La Fontaine, *Fables*

Le contexte désignant les plaintes de la mouche, et les exclamations, nous permettent d'attribuer les deux exclamatives à l'indignation de la mouche, et non à La Fontaine qui conserve une distance ironique.

Dans le texte 20, après avoir décrit de l'extérieur la position de Julien Sorel sur sa montagne, Stendhal passe à la description intérieure (le « psycho-récit »), et termine le chapitre ainsi :

L'œil de Julien suivait machinalement l'oiseau de proie. Ses mouvements tranquilles et puissants le frappaient, il enviait cette force, il enviait cet isolement. C'était la destinée de Napoléon, serait-ce un jour la sienne ?

Stendhal, *Le Rouge et le Noir*

Question qui peut être attribuée soit au narrateur qui feint de se la poser pour éveiller la curiosité du lecteur, soit, plus vraisemblablement, au personnage, sous forme de discours indirect libre, car on connaît déjà le culte de Julien pour l'empereur, et l'apparition de l'oiseau de proie évoque l'aigle napoléonien.

Cette forme mixte est très prisée des écrivains, car elle permet d'alléger les discours direct et indirect, encombrés de leurs déclaratives, et elle réveille par des éléments proches de la spontanéité du premier la monotonie du second. Elle permet également des incursions rapides et sans transition dans le discours oral ou mental des personnages, et elle laisse planer des doutes ou des ambiguïtés, souvent voulus, sur l'énonciateur véritable de certaines réflexions. Nous la retrouverons à propos du discours intérieur.

1.4. La citation libre

Sous cette appellation nous pouvons regrouper diverses formes de discours rapportées directement, mais sans être introduites grammaticalement. L'usage des guillemets de citation est variable. Stendhal s'en passe complètement :

Julien sentait que la haine qui venait de l'agiter, malgré la violence de ses mouvements, n'avait rien de personnel. S'il eût cessé de voir M. de Rênal, en huit jours il l'eût oublié, lui, son château, ses chiens, ses enfants et toute sa famille. Je l'ai forcé, je ne sais comment, à faire le plus grand sacrifice. Quoi ! plus de cinquante écus par an ! un instant auparavant je m'étais tiré du plus grand danger. Voilà deux victoires en un jour ; la seconde est sans mérite, il faudrait en deviner le comment. Mais à demain les pénibles recherches.

Stendhal, *Le Rouge et le Noir*

De toute évidence, c'est Julien qui parle, ou pense, en termes directs, à partir de « Je l'ai forcé ». Le contexte antérieur ne permet pas de doute, d'autant plus que l'on peut déjà remarquer dans la phrase précédente un glissement vers le discours méprisant du précepteur dans l'énumération « descendante » des biens de M. de Rênal.

En revanche, le fragment du *Jardin d'acclimatation* reproduit dans le texte 31 conserve soigneusement les guillemets pour des citations non introduites des personnages, citations qui sont d'ailleurs moins données comme des discours actuels au moment du récit que comme des propos généraux, utilisables comme des étiquettes de caractérisation sociale et psychologique.

Ce qui est à remarquer, et à distinguer, dans le même texte, est l'usage d'autres citations libres, mais sans guillemets et comme intégrées au discours narratif :

> Henri et Suzy ont rendez-vous ce 9 juillet, à 13 heures, 2, place d'Antioche, premier étage, il n'y a qu'une porte...
> La sœur de Monsieur, comme d'habitude sitôt à table, réclamera une serviette non amidonnée... La sœur de Monsieur viendra à pied...
>
> Yves Navarre, *Le Jardin d'acclimatation*

« Premier étage, il n'y a qu'une porte », grammaticalement indépendant du contexte immédiat, fonctionne comme une citation libre d'une personne donnant le renseignement, la concierge, par exemple. « La sœur de Monsieur », deux fois employé, est une appellation respectueuse qui ne peut venir ni du discours du frère, ni du discours habituel du narrateur, mais seulement de celui de Bernadette, la bonne. Le récit d'Yves Navarre intègre donc au discours narratorial des segments ou des traces plus ou moins apparentes de discours direct, qui permettent ici de faire varier le point de vue sur les deux personnages principaux et de donner d'eux une description pointilliste et ironique.

2. Le discours intérieur

Les différentes formes linguistiques que nous venons d'examiner participent à la représentation du discours intérieur des personnages, discours qu'il est commode, mais simpliste, de formuler en termes de langage articulé et construit comme un discours de communication. Une large partie de la littérature moderne s'attache à la recherche de moyens plus appropriés de rendre ce discours intérieur.

2.1. Le psycho-récit

C'est le discours du narrateur **sur** la vie intérieure d'un personnage. Il fait un grand usage du vocabulaire de la vie psychologique. Étant fortement marqué par l'émetteur, il comporte souvent des commentaires et des généralisations de sa part, comme le montre ce fragment de Balzac :

Le lendemain Rastignac s'habilla fort élégamment, et alla, vers trois heures de l'après-midi, chez Madame de Restaud en se livrant pendant la route à ces espérances étourdiment folles, qui rendent la vie des jeunes gens si belle d'émotions : ils ne calculent alors ni les obstacles ni les dangers, ils voient en tout le succès, poétisent leur existence par le seul jeu de leur imagination, et se font malheureux ou tristes par le renversement de projets qui ne vivaient encore que dans leurs désirs effrénés ; s'ils n'étaient pas ignorants et timides, le monde social serait impossible...

Balzac, *Le Père Goriot*

On rencontre des formules plus habiles, comme dans ce fragment d'« Un amour de Swann » où Proust mêle les réflexions du personnage et celles du narrateur. Nous pouvons aussi y remarquer l'emploi du discours indirect, très fréquent dans ce type de récit (« Il se demanda si... et si... ») :

[Swann, qui envoie souvent de l'argent à sa maîtresse Odette, n'a jamais pensé qu'ainsi il l'entretenait.] Alors, tout d'un coup, il se demanda si cela, ce n'était pas précisément l'« entretenir » (comme si, en effet, cette notion d'entretenir pouvait être extraite d'éléments non pas mystérieux ni pervers, mais appartenant au fond quotidien et privé de sa vie, tels que ce billet de mille francs, domestique et familier, déchiré et recollé, que son valet de chambre, après lui avoir payé les comptes du mois et le terme, avait serré dans le tiroir du vieux bureau où Swann l'avait repris pour l'envoyer avec quatre autres à Odette) et si on ne pouvait pas appliquer à Odette, depuis qu'il la connaissait (car il ne soupçonnait pas un instant qu'elle eût jamais pu recevoir d'argent de personne avant lui), ce mot qu'il avait cru si inconciliable avec elle, de « femme entretenue ».

Marcel Proust, *Du côté de chez Swann*

2.2. Le monologue rapporté

Il est englobé, avec la catégorie suivante du monologue narrativisé, dans ce qu'on appelle depuis le début du XXe siècle le **monologue intérieur**, qui consiste à représenter, **directement**, généralement sans guillemets, les pensées d'un personnage à l'état naissant, sous forme d'un discours logiquement et linguistiquement très peu organisé, où les associations psychiques libres tiennent la plus grande place. Ce discours intérieur peut apparaître par bribes dans le récit d'actions ou le psycho-récit, comme nous venons de le voir par exemple chez Stendhal, mais aussi sous la forme de longs développements à l'époque moderne. Linguistiquement, il est marqué par l'abréviation et la juxtaposition syntaxique, par l'opacification lexicale due au détournement du sens des mots ou son enrichissement par des allusions propres au locuteur.

On parle de **monologue rapporté** quand il est cité par le narrateur comme distinct du discours narratorial. Un des premiers exemples, et le plus fameux, est donné par l'écrivain irlandais James Joyce à la fin de son roman *Ulysse* (1922). Il cite un long monologue purement mental (d'une trentaine de pages) d'un personnage féminin, Molly Bloom, évoquant ce qui se passe en elle au moment de s'endormir. Voici la traduction d'un court extrait :

TEXTE 57

Monologue intérieur

[...] Voyons si je vais pouvoir me rendormir 1 2 3 4 5 quelle espèce de fleurs celles-ci qu'ils ont inventées comme les étoiles le papier de tenture de Lombard Street était bien plus joli le tablier qu'il m'a donné ressemblait un peu à ça seulement je l'ai seulement porté deux fois il vaudrait mieux baisser cette lampe et essayer encore pour pouvoir me lever de bonne heure j'irai chez Lambe là-bas à côté de Findlaters et je leur dirai de nous envoyer quelques fleurs pour mettre un peu partout ici si par hasard il l'amène demain je veux dire aujourd'hui non non le vendredi est un mauvais jour il faut d'abord que j'arrange un peu la maison la poussière a l'air de pousser ici pendant que je dors et puis nous pourrons faire de la musique et fumer des cigarettes je peux l'accompagner d'abord il faut que je nettoie les touches du piano avec du lait qu'est-ce que je mettrai porterai-je une rose blanche ou ces madeleines de chez Lipton j'aime ce que ça sent dans une grande belle boutique à 15 sous la livre ou les autres avec les cerises et le sucre rose à 22 sous le kilo bien entendu une jolie plante pour le milieu de la table [...]

James Joyce, *Ulysse* (1922), trad. Morel revue par Valery Larbaud,

Un cas curieux est celui de l'autocitation, quand le personnage reproduit ses propres pensées d'une autre époque. D'évidence, il ne peut s'agir que d'une reproduction brève, allusive et approximative, sans quoi cela relèverait de la prouesse de mémoire. Contrairement à Proust qui s'y livre avec succès, un romancier comme Samuel Beckett (autre Irlandais, mais écrivant en français) se livre à une satire de ce procédé dans *Molloy*.

TEXTE 58

Mais je me disais aussi...

(Le personnage de Molloy est un estropié.)

Mais je me disais aussi. D'ici très peu de temps, du train où ça va, je ne pourrai plus me déplacer, mais où que je me trouve je serai obligé d'y rester, à moins d'être porté. Oh je ne me tenais pas ce limpide langage. Et quand je dis je me disais, etc., je veux dire seulement que je savais confusément qu'il en était ainsi, sans savoir exactement de quoi il retournait. Et chaque fois que je dis, Je me disais telle ou telle chose, ou que je parle d'une voix interne me disant, Molloy, et puis une belle phrase plus ou moins claire et simple, ou que je me trouve dans l'obligation de prêter aux tiers des paroles intelligibles, ou qu'à l'intention d'autrui il sort de ma propre bouche des sons articulés à peu près convenablement, je ne fais que me plier aux exigences d'une convention qui veut qu'on mente ou qu'on se taise. Car c'est tout autrement que les choses se passaient. Je ne me disais donc point, Du train où ça va, d'ici très peu de temps, etc., mais cela ressemblait peut-être à ce que je me serais dit, si j'en avais été capable. En fait je ne me disais rien du tout, mais j'entendais une rumeur, quelque chose de changé dans le silence [...]

Samuel Beckett, *Molloy* (1948), © Éd. de Minuit

2.3. Le monologue narrativisé

C'est le discours mental d'un personnage pris en charge par le discours du narrateur. Le cas le plus intéressant est celui du monologue auto-narrativisé, dans lequel le narrateur et le personnage discourant se confondent. Sous l'aspect d'un discours narratif ou descriptif, ce monologue nous installe dans la pensée du héros et c'est le déroulement de cette pensée qui nous apprend ce que fait le personnage et ce qui lui arrive. Nous en avons rencontré un des premiers témoins dans notre littérature dans le texte 45 (*Les lauriers sont coupés*) : Dujardin nous place d'emblée à l'intérieur de la conscience du narrateur, et nous fait même participer à l'éveil de cette conscience. Mais ses successeurs abandonneront le caractère trop construit de son discours au profit d'une parole plus spontanée et anarchique. Ainsi Valery Larbaud, dans ce fragment où le narrateur pense, dans le train qui l'emporte vers Brindisi, à la femme qu'il aime :

TEXTE 59

Rêverie en train

M'endormir dans la pensée d'Irène.
Irène, ti voglio
tanto
tanto bene
moglie mia !
Comme on est bien seul et bien soi au seuil du sommeil
comme
moi en ce moment, entrant
en moi-même, sous le
voile... Le petit ani-
mal inquiet rentrant sous,
non, dans son terrier. Ciao !
Cette espèce de
petit renoncement au monde : pratique, quotidien, de poche :
le sommeil. Irène ?
L'effort pour l'oublier ? pour renoncer aussi à
ça, à ces liens ?
À Paris, je verrai...
J'aurais dû
emporter le service à faire le thé, en voyage.
Cette petite flamme bleue dans
la boîte propre, luisante
(métal argenté, Drew and Sons,
Piccadilly Circus)
« So, when I am wearied... » you petite
flamme bleue dans le soir en voyage
quand la face de la Terre pâlit. Ah !...

Pouvoir renoncer à Irène serait bien... Quelle ruse employer envers moi-même ? La distance ? Ne pas même passer rue de Magdebourg voir sa maison. Entreprendre un long travail très absorbant. Renforcer l'égoïsme. Cultiver ma timidité... ah ah ! Oh, Dio ! dormire, dormire... Si, già...

Passer le mois de mai en Sicile ?...

Ou à Corfou ?...

Valery Larbaud, *Mon plus secret conseil* (1923), © Éd. Gallimard

3. Comment est représenté le langage des personnages

La langue n'est pas uniforme dans ses réalisations. Nous avons vu au chapitre 6, à propos des niveaux de langue, qu'elle peut être modelée selon le niveau social et intellectuel du locuteur, selon le destinataire, et selon les circonstances extérieures de l'énonciation. Cette souplesse permet aux écrivains de caractériser leurs personnages et de leur attribuer un **idiolecte**, c'est-à-dire un parler particulier.

La tradition remonte loin ; on la trouve dans les fabliaux et les farces du Moyen Âge, chez Rabelais, au théâtre, surtout comique et pour les rôles marginaux comme ceux des valets ou des paysans. Elle appartient également au domaine burlesque et à celui des pamphlets comme les Mazarinades au début du XVIIe siècle. Elle sert plutôt à caractériser des catégories que des individus, et est plus longue à pénétrer le récit soutenu en prose : les bergers de *L'Astrée* parlent bien noblement. C'est encore la catégorie plus que la personne qui est représentée par l'idiolecte chez Balzac : l'abondance d'anglicismes chez les snobs, le parler « alsacien » du baron de Nucingen et de Schmucke. Il faut peut-être attendre Proust pour trouver une imitation qui ne soit pas que caricaturale, et plie l'idiolecte des personnages à différents côtés de leur caractère : ainsi voit-on le baron de Charlus évoluer entre un parler habituel de mondain cultivé, celui d'un aristocrate arrogant, et l'injure grossière.

Le caractère de mimésis de l'idiolecte varie selon la forme de transmission adoptée. Il est le plus accusé dans l'expression isolée ou le texte bref. Ainsi Balzac nous fait-il entendre Nucingen, dans *La Maison Nucingen*, dans deux citations de quelques lignes, dont voici la première :

> Quand le service fut fini, Nucingen et du Tillet accompagnèrent le défunt au cimetière [...]. — *Hé pien, ma ponne ami*, dit Nucingen à du Tillet en tournant le boulevard, *location est pelle bire ébiser Malfina : fous serez le brodecdir teu zette baufre vamile han plires, visse aurez eine vamile, ine indérière ; fous drouferez eine mison doute mondée, et Malfina cerdes esd eine frai dressor.*

Après quoi, il limite le pastiche de l'accent germanique à quelques brèves interventions ponctuelles et n'utilise plus que le discours indirect pour ce personnage. Notre siècle est davantage porté au réalisme phonétique ou lexical dans ce domaine, mais le pratique par touches ou par saupoudrage. Raymond Queneau, qui prône l'usage d'un néo-français proche de la prononciation et une graphie plus ou moins calquée sur la phonétique et les groupes accentuels, en même temps qu'une plus grande utilisation du parler populaire, répartit ses effets entre le récit et les personnages, et ne place les expressions particulières qu'en certains points de leur discours, comme dans le texte suivant :

TEXTE 60

Zazie

Ltipstu et Zazie reprit son discours en ces termes :

— Papa, il était donc tout seul à la maison, tout seul qu'il attendait, il attendait rien de spécial, il attendait tout de même, et il était tout seul, ou plutôt il se croyait tout seul, attendez, vous allez comprendre. Je rentre donc, faut dire qu'il était noir comme une vache, papa, il commence donc à m'embrasser ce qu'était normal puisque c'était mon papa, mais voilà qu'il se met à me faire des papouilles zozées, alors je dis ah ! non parce que je comprenais où c'est qu'il voulait en arriver le salaud, mais quand je lui ai dit ah ! non ça jamais, lui il saute sur la porte et il la ferme à clef et il met la clef dans sa poche et il roule les yeux en faisant ah ah ah tout à fait comme au cinéma, c'était du tonnerre. Tu y passeras à la casserole qu'il déclamait, tu y passeras à la casserole, il bavait même un peu quand il proférait ces immondes menaces et finalement immbondit dessus. J'ai pas de mal à l'éviter. Comme il était rétamé, il se fout la gueule par terre. Isrelève. Ircommence à me courser, enfin bref, une vraie corrida. Et voilà qu'il finit par m'attraper. Et les papouilles zozées de recommencer. Mais, à ce moment, la porte s'ouvre tout doucement, parce qu'il faut vous dire que maman elle lui avait dit comme ça, je sors, je vais acheter des spaghetti et des côtes de porc, mais c'était pas vrai, c'était pour le feinter, elle s'était planquée dans la buanderie où c'est qu'elle avait garé la hache et elle s'était ramenée en douce et naturellement elle avait avec elle son trousseau de clefs. Pas bête, la guêpe, hein ?

— Eh oui, dit le type.

— Alors donc elle ouvre la porte en douce et elle entre tout tranquillement, papa lui il pensait à autre chose le pauvre mec, il faisait pas attention quoi, et c'est comme ça qu'il a eu le crâne fendu. Faut reconnaître, maman elle avait mis la bonne mesure. C'était pas beau à voir. Dégueulasse même. De quoi me donner des complexes. Et c'est comme ça qu'elle a été acquittée. J'ai eu beau dire que c'était Georges qui lui avait refilé la hache, ça n'a rien fait, ils ont dit que quand on a un mari qu'est un salaud de skalibre, y a qu'une chose à faire, qu'à lbousiller. Jvous ai dit, même qu'on l'a félicitée. Un comble, vous trouvez pas ?

— Les gens... dit le type... (geste).

Raymond Queneau, *Zazie dans le métro* (1959), © Éd. Gallimard

Ces exemples font apparaître que ce discours mimétique est généralement artificiel (une transcription exacte nécessiterait l'usage d'un alphabet phonétique, une notation des traits intonationnels, de toutes les scories du langage oral qui ont un rôle phatique mais sont inutiles à l'écrit) et intermittent.

La mimésis, en revanche, est très largement gommée dans le discours indirect. Dans le discours indirect libre, dans la citation libre, elle revient assez abondamment, mais plutôt par apparitions ponctuelles, et sous une forme souvent mêlée au discours narratif ou commentatif.

Le monologue narrativisé à la première personne tend, à l'époque moderne, à accentuer fortement la densité idiolectale, les écrivains, surtout ceux qui pratiquent la littérature semi-autobiographique, visant à se forger un style personnel (parfois plusieurs) proche de la parole spontanée (même si de nombreuses traces d'artifice y sont décelables). Un des grands initiateurs de ce type d'écriture a été Céline dans ses nombreux romans.

Plus d'un écrivain actuel lui emprunte cette formule, en l'assaisonnant de jeux de mots dans la tradition surréaliste, voire de procédés graphiques comme formes de renforcement. Voyons comment, dans le texte suivant, le narrateur-auteur se fabrique son idiolecte, à l'aide de lettres capitales, de phrases sans verbe, d'argot, de calembours. Chez lui, la densité idiolectale correspond à l'intensité émotionnelle.

TEXTE 61

Commémoration

(*L'auteur-narrateur, juif qui adolescent a dû vivre caché pendant la guerre, décide de célébrer le quarantième anniversaire de la Victoire de 1945.*)

Du coup, JE COMMÉMORE. C'est décidé. DEMAIN, J'Y VAIS. Il y aura Mitterrand, la Garde républicaine, les gerbes, les drapeaux, les fanfares, les bataillons, le pas cadencé. Parade sur les Champs-Élysées, un vrai défilé militaire, Je ne me défilerai pas. Général, me voilà. Place de Gaulle, j'y serai. La cérémonie, j'en serai. LA VICTOIRE, ça se célèbre. Le rendez-vous avec l'Histoire est à l'Étoile. J'habite près du Trocadéro. Pour le quarantième anniversaire, je suis à vingt minutes à pied. Pas tous les jours qu'on gagne une guerre. Et pas n'importe laquelle. LA GUERRE DES GUERRES. Deux mille sept jours, soixante millions de morts. La planète à feu et à sang sur dix fronts. Qui dit mieux. Dans mes fumées enthousiastes, en me levant de table, je m'ébroue du Dniepr à Tobrouk. Les épingles, avec les fils rouges qu'on déplace chaque jour, dansent sur les cartes murales. Les Américains avancent, les Russes foncent. Les

Boches sont partout enfoncés. Nous, on est juste au milieu. C'est là le drame. Plus on approche de la fin, moins on est sûr d'y assister. Tapi au fond de mon trou, avec défense absolue d'en sortir. Je suis devenu l'homme invisible. Seulement, il y a les voisins. Dans le grand immeuble d'à côté, beaucoup. L'œil fureteur, en surplomb. Monsieur le Commissaire, un mot, trois lignes, suffit. Pour les autres, le débarquement. Pour nous, l'embarquement. Gestapo ou flics français, du kif. Fausses cartes ou pas, du Doubrovskif. Notre destin est assuré. D'abord, direction Drancy. Ensuite, destination plus vague, mais sort précis. Il n'y a qu'à consulter la presse collaboche. *Mort aux juifs, exterminons la racaille juive,* c'est garanti. Camp de travail en Pologne ou ailleurs. Où qu'on aille, on ne fera pas long feu. Nous sommes cuits.

Serge Doubrovsky, *Le Livre brisé* (1989), © Éd. Grasset

LECTURE COMPLÉMENTAIRE

COHN Dorrit, *La Transparence intérieure. Modes de représentation de la vie psychique dans le roman*, Le Seuil, 1981.

Troisième partie

Les figures

Chapitre 13

Éléments d'analyse sémique. Les figures de base

La rhétorique classique appelait « figures » des manières de s'exprimer plus vives que la normale, et qui « animent et ornent le discours » (Dumarsais). Elle distinguait les figures de mots ou tropes (comparaison, métaphore, métonymie...), portant sur des mots isolés, les figures de pensée (apostrophe, exclamation, interrogation, ironie...), et les figures de construction portant sur l'agencement des mots (répétition, ellipse...). Nous nous intéresserons ici principalement aux figures de mots.

Pour les comprendre, il faut rappeler que le mot est un signe linguistique présentant indissolublement un signifiant et un signifié, et que ce dernier ne renvoie pas aux choses elles-mêmes, mais à leur représentation conceptuelle.

La linguistique moderne pose que le signifié est **analysable**, c'est-à-dire décomposable en éléments, aussi bien que le signifiant. Nous avons déjà vu que ce dernier est subdivisé en unités qui descendent jusqu'aux phonèmes, ceux-ci étant des faisceaux de traits distinctifs. Symétriquement, le signifié (pourtant perçu dans l'expérience courante comme global) est analysé en éléments de sens minimaux appellés **sèmes**. La **sémiotique** est la discipline qui étudie le fonctionnement des sèmes dans les signes isolés.

Pour elle, l'ensemble du signifié d'un mot, encore appelé **sémème**, est formé de l'assemblage de deux types d'unités : un (parfois davantage) **sème nucléaire**, noyau du sens, qui se retrouve dans tous les emplois du mot, et des **sèmes contextuels**, qui sont déterminés par le contexte. Si l'on compare les deux phrases : « le chien aboie » et « le commissaire-priseur aboie », dans les deux cas le signifié /aboie/ (les barres obliques encadrent des signifiés) comporte un sème /cri/ ; c'est un sème nucléaire. Dans la première phrase, /aboie/ comporte en plus un sème contextuel /animal/, tandis que dans la deuxième phrase /aboie/ a un sème contextuel /humain/.

(On désigne toujours les sèmes, qui sont des abstractions, par des termes les plus abstraits et les plus généraux possible. Par ailleurs, on représente entre traits obliques les sèmes, groupements de sèmes, signifiés des mots, isotopies, pour les distinguer des signifiants.)

Dans nos exemples ci-dessus, /chien/ et /aboie/ de la première phrase comportent tous deux le même sème /animal/. Dans la deuxième, /commissaire-priseur/ et /aboie/ comportent tous deux le sème /humain/. Ce retour d'un sème dans des mots d'un même discours est un facteur de cohérence sémantique ; c'est lui qui permet la compréhension du langage. Ce phénomène emprunte à la physique son nom d'**isotopie**. C'est un ensemble répétitif de sèmes contextuels qui permet l'homogénéité et la lecture uniforme du discours.

Certains mots figurent sur plusieurs isotopies dans un même discours. Cette **poly-isotopie** permet d'enrichir la signification des termes. Ainsi, dans « Les Chats », Baudelaire écrit-il à propos de ces animaux :

> Ils prennent en songeant les nobles attitudes
> Des grands sphinx allongés au fond des solitudes
> Qui semblent s'endormir dans un rêve sans fin.

/sphinx/ appartient à l'isotopie /félin/ puisqu'il est représenté comme un lion ; il appartient également à l'isotopie /royauté/ dans la civilisation égyptienne, et à l'isotopie /tombeau/ dans la même civilisation. Cette situation permet à Baudelaire de l'évoquer à propos des chats, et de susciter des représentations de noblesse et de sommeil éternel.

À partir de ces quelques notions élémentaires, nous pouvons aborder les figures de mots. Faisant appel à des mots nouveaux qui illustrent mieux le discours que les termes courants proposés par les dictionnaires, elles reçoivent l'appellation générique d'**images**. Il ne faut pas confondre ces images, qui relèvent de l'art d'écrire ou rhétorique, avec les images au sens de « représentations pittoresques », celles-ci pouvant être simplement de l'ordre de la description réaliste, ni avec les images au sens de « représentations mentales » (qui ne sont pas de l'ordre de l'écriture).

1. La comparaison

Elle consiste dans le rapprochement explicite d'un terme avec un autre terme, avec lequel elle possède au moins un élément commun de sens. Elle repose sur un rapport d'analogie explicité par une conjonction (« comme », « ainsi que », « de même que »), un système de comparaison quantitative (« plus que », « moins que », « autant que »), un adjectif à sens comparatif (« tel que », « semblable à », « pareil à », « identique à », « analogue à »), un verbe à sens comparatif (« sembler », « paraître », « ressembler à », « avoir l'air de »).

Exemples :

> Oui, dit le Saturnien, la nature est comme un parterre dont les fleurs [...]. Elle est [...] comme une assemblée de blondes et de brunes dont les parures [...]. Elle est donc comme une galerie de peintures dont les traits [...].
>
> Voltaire, *Micromégas*

> Celui-ci l'assura que le soleil, la lune et tous les feux du firmament n'étaient que des feux follets en comparaison de ses charmes.
>
> (*Zadig*)

On constate dans tous les cas la présence d'un sème commun entre les deux termes de la comparaison : /ensemble organisé/ dans la /nature/ et tous ses comparants ; /éclat/ dans les charmes de la femme et les astres. Par ailleurs, le terme comparant enrichit le comparé de sèmes nouveaux qui lui sont propres : les agréments divers des fleurs, des femmes et de la peinture pour la nature, l'immensité du firmament pour les charmes.

2. La métaphore

Elle procède elle aussi par rapprochement sémantique, mais va jusqu'à poser une identification et peut procéder à une substitution d'un terme à un autre.

2.1. Identification explicite

> [...] Je ne sais quel Pupilus, dont les paroles étaient pleines de pus, et un autre dont les paroles étaient du vinaigre.
>
> Voltaire, *Candide*

Le verbe *être* est la marque soit de l'identité (entre les paroles et le vinaigre), soit de l'affectation d'une qualité à une substance. Les sèmes communs sont celui de /malfaisance/ pour le pus, celui de /désagrément/ pour le vinaigre. Cette figure a une plus grande vigueur que la comparaison, dans la mesure où elle remplace l'analogie par l'identité. Comme dans la comparaison, on constate une tendance à prendre le domaine de la nouvelle référence dans le concret. Voir encore :

> La nature est un temple où de vivants piliers [...]
>
> Baudelaire

Il existe encore deux autres constructions possibles de la métaphore d'identification *in praesentia*, c'est-à-dire dans lesquelles les deux termes rapprochés subsistent :

a) L'apposition-métaphore :

Ces quelques exemples de Baudelaire sont suffisamment connus et évidents :

Ô mort, vieux capitaine, il est temps, levons l'ancre [...]
Voici le soir charmant, ami du criminel [...]
Horloge, dieu sinistre, effrayant, impassible [...]

b) La métaphore régissant le comparé au moyen d'un *de* :

Le gouffre de tes yeux, plein d'horribles pensées [...]

C'est le gouffre qui est métaphoriquement assimilé aux yeux.

2.2. La métaphore de substitution (ou *in absentia*) :

Le « comparant » prend directement la place du « comparé » :

Le dernier voyage que Micromégas fit sur notre petite fourmilière [...]
Voltaire, *Micromégas*

(fourmilière = terre)

Elle noyait sa nudité voluptueusement
Dans les baisers du satin et du linge.
Baudelaire

(noyait = enveloppait ; baisers = contacts ; « nudité » est un autre type de figure, la métonymie.)

Mille pensers dormaient, chrysalides funèbres [...]
id.

(dormaient = n'étaient pas sollicités par l'activité psychique ; chrysalides = pensers, métaphore *in praesentia*.)

Voilà le souvenir enivrant qui voltige [...]
id.

(enivrant = exaltant ; voltige = se manifeste par intermittences).

Nous constatons que ces métaphores substitutives portent sur les diverses catégories lexicales, noms, adjectifs, verbes... Les équivalents que l'on peut donner pour chacune d'elles sont assez approximatifs, et surtout « tuent » les effets sémantiques et poétiques, car la métaphore apporte non seulement un équivalent logique, mais des éléments de pittoresque ou de sensibilité qui lui sont particuliers.

Il arrive aussi qu'elle ne propose pas une équivalence immédiate et qu'il faille considérer un contexte élargi pour la saisir. Témoin le début du « Cimetière marin » de Valéry :

Ce toit tranquille, où marchent des colombes,
Entre les pins palpite, entre les tombes.

(pour évoquer la mer et ses voiles entrevues)

Très souvent une métaphore se poursuit par une comparaison, ou réciproquement, en exploitant le même domaine imaginaire, comme dans ces deux fragments de Baudelaire :

Mon esprit, tu te *meus* avec *agilité*,
Et, comme un bon *nageur* qui se pâme dans l'onde,
Tu *sillonnes* gaiement l'immensité profonde
Avec une indicible et mâle volupté.

(domaines du mouvement et de la personnification)

Heureux celui qui peut, d'une *aile* vigoureuse,
S'élancer vers les champs lumineux et sereins !
Celui dont les pensers, comme des *alouettes,*
Vers les cieux le matin prennent un libre *essor*,
Qui *plane* sur la vie et comprend sans effort
Le langage des fleurs et des choses muettes.

On parle dans ces cas d'image ou de métaphore **filée**.

Comme la comparaison, la métaphore repose sur la communauté d'un sème ou d'un groupe de sèmes entre deux mots. Faisons un relevé (ou **analyse sémique**) des sèmes de /gouffre/ et de /yeux/ de façon à voir apparaître le processus de métaphorisation dans « le gouffre de tes yeux » :

	/YEUX/		/GOUFFRE/
s1	/partie du corps/	s'1	/cavité/
s2	/vision/	s'2	/grandeur/
s3	/couleur/	s'3	/ombre/
s4	/grandeur/	s'4	/danger/
s5	/éclat/	s'5	/peur/
s6	/expression des sentiments/	s'6	/menace/
etc.		etc.	

Les sèmes communs à ces deux sémèmes sont, d'une part, s4 = s'2 et, d'autre part, s6 qui englobe s'5. Le résultat sémantique est une mise en relief des deux sèmes communs /grandeur/ et /peur/, et, en outre, la mise à la disposition de l'image nouvelle des autres sèmes de /gouffre/, de sorte qu'il y a enrichissement. Le fonctionnement est le même dans la métaphore *in absentia*, à ceci près que les sèmes du « comparé » sont oblitérés, parfois énigmatiques, ce qui crée une figure plus capable de surprise pour le lecteur, et donc d'originalité. Si l'on s'interroge sur la place de la métaphore dans le système général de la langue, on constate qu'elle a d'abord un aspect négatif, puisqu'elle fait exception à l'usage commun du vocabulaire. Mais c'est que la langue réduite à ses moyens lexicaux n'est pas à même d'exprimer toute la réalité, matérielle ou psychique. La métaphore crée alors par emprunt, et c'est un rôle indispensable et très positif, une nouvelle unité à un autre niveau, celui de l'organisation esthétique.

Un autre moyen de présenter la métaphore a été proposé par Jakobson, dans le cadre de sa théorie des axes du langage (voir chapitre 1). Nous l'exposerons en même temps que la métonymie.

La métaphore est à l'origine de nombreuses extensions de sens même dans le lexique commun. Lorsque survient un objet nouveau à désigner et qu'il n'existe aucun terme pour lui, la langue crée un nouveau terme par composition, dérivation, emprunt, ou encore utilise un terme existant avec une valeur métaphorique. C'est ainsi que la *feuille* d'arbre a été utilisée pour désigner la feuille de papier, que l'*aile* de l'oiseau a servi pour l'aile du moulin, puis l'aile d'une voiture, que les *pieds* de l'homme ou de l'animal ont servi pour ceux de la table, etc. On appelle **catachrèse** ce type de métaphore qui, au bout d'un certain temps, se fige (on dit encore se **lexicalise**) sans plus apporter aucune nouveauté et figure à son tour dans les dictionnaires.

3. La métonymie

C'est aussi une figure de substitution (entendons par là de substitution de signifiant), mais qui suit un processus différent sur le plan du signifié.

Comparons à la métaphore « les baisers du satin » la figure « un regard bleu ». « Regard » a été substitué a « yeux ». Mais le rapport sémantique entre les deux sémèmes est différent : « Yeux » et « regard » sont constamment associés dans la pratique linguistique dans des phrases où ils sont en relation de complémentarité logique :

> Les yeux sont l'organe du regard
> Ouvrez les yeux et regardez-moi

Ils sont dans le rapport de l'organe à l'acte, variante du rapport de cause à effet. Jakobson, passant de l'exploitation des deux axes (paradigmatique et syntagmatique) du langage du point de vue du signifiant à leur exploitation dans le domaine du signifié, montre que l'on peut passer du signifié d'un mot au signifié d'un autre :

— soit par **similarité** ou **substitution**, si le nouveau mot est donné comme substitut sémantique du premier, en étant nettement différent : « baisers » pour « contact ». La figure fonctionne sur l'*axe paradigmatique.*

— soit par **contiguïté**, si les deux mots se complètent l'un l'autre, comme dans : « les yeux lancent des regards ». Cette contiguïté est celle de rapports logiques simples, autres que l'égalité ou l'analogie : la cause pour l'effet ou l'effet pour la cause, le contenant pour le contenu ou inversement, le signe pour la chose signifiée ou inversement, l'objet concret pour la qualité abstraite ou inversement. La figure a lieu sur l'*axe syntagmatique.*

La métaphore implique un choix parmi des objets différents : parmi les substituts possibles de « yeux » nous pouvons imaginer « foyers », « soleils », « astres », « étoiles », « revolvers », « fenêtres », « phares », « puits », « miroirs », « gouffres », etc.

La métonymie implique de rester parmi des termes dépendant habituellement l'un de l'autre. C'est une figure beaucoup moins créative, restant dans un champ sémantique limité.

Certaines métonymies sont entièrement lexicalisées : « boire un verre » (contenant pour contenu), « boire du cognac » (l'objet pour le lieu de production), « c'est un homme de tête » (l'organe pour le résultat de sa fonction).

La littérature en utilise un grand nombre, à l'époque classique et post-classique :

> Rodrigue, as-tu du cœur ?

(organe pour le sentiment dont il est supposé le siège)

> Fiez-vous à mon bras

(= ma vaillance, même processus)

Le texte 62 nous en offrira encore une densité particulière dans un poème de Vigny.

4. La synecdoque

C'est une figure proche de la métonymie, avec substitution de signifiant, et glissement de signifié par contiguïté, le rapport entre les deux termes étant cette fois un rapport d'**inclusion** :

— le tout pour la partie : « avoir une bonne cave » (= du bon vin) ;

— la partie pour le tout : « avoir un toit » ;

— la matière pour l'objet : « faire périr par le fer » ;

— le pluriel pour le singulier : « envoyer ses amitiés » ;

— le singulier pour le pluriel : « avoir l'œil attentif ».

— un nom propre pour une catégorie commune (on appelle plus particulièrement ce cas une *antonomase*) : « un Judas », « un Harpagon ».

Les exemples donnés montrent que la synecdoque, figure aussi peu originale que la métonymie, peut fournir bon nombre d'expressions lexicalisées, couramment utilisées dans la communication. C'est une sorte de moyen d'enjolivement, ou de renforcement obtenu à peu de frais. Les écrivains qui l'utilisent s'en servent aussi comme d'un moyen d'ennoblissement d'un thème traité. Voyons par exemple Vigny, dans « La Maison du berger », évoquer la nouvelle invention du chemin de fer et les catastrophes qu'elle peut provoquer :

TEXTE 62

Le chemin de fer

Que Dieu guide à son but la vapeur foudroyante
Sur le fer des chemins qui traversent les monts,
Qu'un Ange soit debout sur sa forge bruyante,

Quand elle va sous terre ou fait trembler les ponts
Et, de ses dents de feu dévorant ses chaudières,
Transperce les cités et saute les rivières,
Plus vite que le cerf dans l'ardeur de ses bonds !

Oui, si l'Ange aux yeux bleus ne veille sur sa route,
Et le glaive à la main ne plane et la défend,
S'il n'a compté les coups du levier, s'il n'écoute
Chaque tour de la roue en son cours triomphant,
S'il n'a l'œil sur les eaux et la main sur la braise,
Pour jeter en éclats la magique fournaise,
Il suffira toujours du caillou d'un enfant.

Vigny, *Les Destinées* (1864)

Dans ces deux seules strophes nous trouvons :

— une série de métaphores et comparaisons : « l'Ange » pour le mécanicien (et son glaive), « la forge » pour la machine, « les dents de feu » pour les flammes ; et « foudroyante » pour brûlante, « saute » pour traverse, « magique » pour étonnante ;

— une métonymie : la « vapeur » pour la machine à vapeur (l'effet pour la cause) ;

— et une série de synecdoques, de la matière pour l'objet (le « fer des chemins » pour les rails ou le chemin de fer), du pluriel pour le singulier ou l'inverse (« ses chaudières », « chaque tour de la roue », « l'œil sur les eaux et la main sur la braise »), de la partie pour le tout (« fournaise » pour locomotive).

Par ces moyens, le poète tente à la fois de faire passer dans la poésie noble cette invention qui ne s'exprime jusque-là que dans un vocabulaire technique (c'est surtout l'effet des synecdoques et de la métonymie), et de l'égaler à l'Apocalypse par le moyen des métaphores.

5. Les figures de groupes

Il est bon de parcourir brièvement la série des figures de groupes de mots, parce qu'elles sont fréquemment utilisées et nommées dans les ouvrages de critique, et sont parfois proches des figures précédentes.

5.1. La périphrase

Elle remplace un mot par tout un groupe qui en précise ou en développe le sens. Il existe :

a) des périphrases métaphoriques :

(Almona s'adressant au chef des prêtres)
Fils aîné de la Grande Ourse, frère du Taureau, cousin du Grand Chien [...]
Voltaire

(la chevelure)
Ô toison moutonnant jusque sur l'encolure !
Baudelaire

(le papillon)
Un lendemain de chenille en tenue de bal
Saint-Pol Roux

b) des périphrases métonymiques ou synecdochiques :

(le porc)
L'animal qui s'engraisse de glands
Abbé Delille

(Elle ne fait qu'expliciter une partie des sèmes du sémème /porc/.)

5.2. Le pléonasme

Il consiste à employer deux mots véhiculant la même information, dont l'un est superflu. Il est considéré le plus souvent comme une faute (« monter en haut »), mais peut permettre des effets de renforcement :

> Mais que me fait à moi cette Troie où je suis
>
> Racine

5.3. L'alliance de mots* ou oxymore

C'est l'association de mots de signifiés opposés :

> Cette obscure clarté qui tombe des étoiles [...]
>
> Corneille

5.4. L'attelage

Cette figure coordonne deux termes dont l'un est concret et l'autre abstrait :

> Les Bénédictins avaient défriché la terre et l'esprit des Barbares.
>
> Michelet
>
> Vêtu de probité candide et de lin blanc
>
> Victor Hugo

5.5. La syllepse oratoire

Un mot unique est pris dans deux sens distincts dans la même phrase :

> Brûlé de plus de feux que je n'en allumai
>
> Racine

(Pour Pyrrhus, il s'agit des feux de l'amour dont il brûle pour Andromaque, et des incendies qu'il a naguère allumés à Troie.)

5.6. L'allégorie

Cette figure peut se rattacher à la métaphore, mais est plus développée. C'est un discours présenté sous un sens propre, mais qui est là pour faire comprendre un autre sens qui ne s'exprime pas directement. On la rencontre dans les fables, les apologues, les paraboles, les proverbes (« Tant va la cruche à l'eau qu'à la fin elle se casse »), dans la personnification des abstractions (« Mais la Nature est là qui t'attend et qui t'aime », Vigny).

---

* Expression ancienne.

6. Quelques figures de pensée

Il suffit de mentionner les plus simples et les plus fréquemment rencontrées.

6.1. L'hyperbole

C'est l'exagération dans les termes qu'on emploie, ou, formulée autrement, cette figure consiste à renforcer les sèmes d'intensité d'un sémème et de passer à un autre sémème plus expressif (de « grand » à « immense », par exemple.)

Elle peut être exprimée par une métaphore :

> Le gouffre de tes yeux

ou une métonymie :

> Le soleil rayonnait sur cette pourriture
>
> Baudelaire, « Une Charogne »

6.2. La litote

C'est la figure inverse, par diminution des sèmes d'intensité. C'est un procédé soit de politesse, soit d'art classique :

> Va, je ne te hais point
>
> Corneille

6.3. L'euphémisme

Il consiste en l'atténuation d'un sème /mal/, qui est remplacé par un sème /moins mal/ ou par un sème /bien/dans l'expression. Exemple : « il est très gai » pour « il est un peu ivre ».

6.4. L'antiphrase

Elle consiste à exprimer le contraire de ce que l'on veut exprimer, généralement par ironie : « Votre explication est lumineuse, mais je n'y ai rien compris. »

7. Critères d'appréciation des images

7.1. Clichés et images originales

Les clichés sont des images expressives, mais rendues banales par un grand usage. Les écrivains les évitent autant que possible, à moins qu'ils ne les utilisent dans des portraits satiriques, comme Proust faisant parler ainsi un vieux diplomate :

> *Dieu sait* si les hommes d'âge sont éloignés de se mettre, à la suite de je sais quelles *manœuvres tortueuses*, aux lieu et place de plus ou moins incapables *recrues* ! J'en ai beaucoup connu de tous ces diplomates de la méthode empirique qui mettaient tout leur espoir dans un *ballon d'essai* que je ne tardais pas à *dégonfler*. Il est hors de doute, si le gouvernement a le manque de sagesse de remettre *les rênes de l'État en des mains turbulentes*, qu'*à l'appel du devoir, un conscrit répondra toujours présent*.
>
> *Albertine disparue.*

La rencontre de clichés dans un texte littéraire doit amener à s'interroger sur leur fonction : peuvent-ils être attribués à un manque d'originalité de celui-ci, ou relèvent-ils de l'imitation, de l'ironie, du renouvellement (modifier une formule usée de façon à lui redonner de l'efficacité), du désir d'ennoblir l'écriture ?

7.2. Classements des images

Surtout dans un texte long, il peut être intéressant de classer les images pour faire apparaître des catégories dans l'imaginaire de l'auteur. Différents classements sont possibles :

— selon les sens physiques mis en jeu : vue, ouïe, etc. ;

— selon les domaines de référence des images : images marines, militaires, picturales, bucoliques, religieuses, mythologiques, etc. ;

— selon les éléments de la nature : l'air, l'eau, la terre, le feu ;

— par thèmes obsessionnels, comme le gouffre chez Baudelaire, l'azur chez Mallarmé, etc.

Ces typlogies peuvent être utiles, mais restent réduites à elles-mêmes, éloignées de la valeur littéraire.

7.3. Les critères esthétiques

Les deux principaux sont l'originalité et l'adéquation à un ensemble. Le lecteur est toujours sensible à l'aspect de trouvaille d'une expression qui lui paraît exceptionnellement juste, ou qui le surprend et l'entraîne à une découverte, comme « Il pleut minutieusement » de Henri de Régnier, ou « Soleil cou coupé » de Guillaume Apollinaire.

La recherche de l'originalité a été poussée à l'extrême par les surréalistes, et André Breton proclame que pour lui, l'image « la plus forte est celle qui présente le degré d'arbitraire le plus élevé ». En voici quelques exemples :

Dans le sommeil de Rrose Sélavy il y a un nain sorti d'un puits qui vient manger son pain la nuit.

Robert Desnos

Sur le pont la rosée à tête de chatte se berçait.

André Breton

Dans la forêt incendiée
Les lions étaient frais.

Mais ce qui donne sa plénitude à l'image littéraire, c'est de s'intégrer dans un ensemble de notations et d'autres images auquel elle contribue et qui lui procure son accomplissement.

On a souvent remarqué comment l'image finale du « Booz endormi » de Victor Hugo couronnait en fait ce long poème biblique et rural, riche en évocations de récoltes associées à un destin divin :

[...] et Ruth se demandait

Immobile, ouvrant l'œil à moitié sous ses voiles,
Quel dieu, quel moissonneur de l'éternel été,
Avait, en s'en allant, négligemment jeté
Cette faucille d'or dans le champ des étoiles.

Dans cet autre court fragment de Proust décrivant le clocher de Combray, on suit à travers les images la transformation de l'impression de vide et d'oisiveté en une impression de maturation, de plénitude et de richesse, qui fait sans le dire de ce clocher personnifié un alchimiste, symbole de l'écrivain confectionnant un bien précieux à partir de la réalité concrète :

Et j'aurais voulu pouvoir m'asseoir là et rester toute la journée à lire en écoutant les cloches ; car il faisait si beau et si tranquille que, quand sonnait l'heure, on aurait dit non qu'elle rompait le calme du jour, mais qu'elle le débarrassait de ce qu'il contenait et que le clocher, avec l'exactitude indolente et soigneuse d'une personne qui n'a rien d'autre à faire, venait seulement — pour exprimer et laisser tomber les quelques gouttes d'or que la chaleur y avait lentement et naturellement amassées — de presser, au moment voulu, la plénitude du silence.

Du côté de chez Swann

LECTURES COMPLÉMENTAIRES

COURTES Joseph, *Introduction à la sémiotique narrative et discursive*, cité au chap. 7.

DUPRIEZ Bernard, *Gradus. Les procédés littéraires*, UGE, coll. « 10/18 », 1984.

FONTANIER Pierre, *Les Figures du discours*, 1re éd. 1830, nouvelle édition Flammarion, 1968.
FROMILHAGUE Catherine, *Les Figures de style*, Nathan-Université, coll. « 128 », 1995.
Groupe Mu, *Rhétorique générale*, Larousse, 1970.
HENRY Albert, *Métonymie et métaphore*, Klincksieck, 1971.
LE GUERN Michel, *Sémantique de la métaphore et de la métonymie*, Larousse, 1973.
MORIER Henri, *Dictionnaire de poétique et de rhétorique*, 2e éd., PUF, 1978.
RICŒUR Paul, *La Métaphore vive*, Le Seuil, 1975.

Chapitre 14

Les jeux sur le langage

De tout temps le langage s'est pris lui-même comme objet, pour se comprendre et se décrire lui-même, mais aussi pour s'étonner de ses propres possibilités, les explorer encore plus loin, les faire jouer gratuitement et avec virtuosité, pour le seul plaisir. La métaphore, nous venons de le voir, participe à ce jeu créatif en modifiant les équivalences sémantiques habituelles. Mais tous les aspects du langage peuvent être soumis à des transformations ludiques.

Le signifiant voit ses éléments répétés dans les récurrences phoniques (**assonances** ou répétitions de voyelles ; **allitérations** ou répétitions de consonnes ; rimes), modifiés par des additions, suppressions, interversions, dispersions, disparité entre la prononciation et la graphie (comme dans la série saint, sein, seing, ceint, cinq...).

C'est le signifié qui change quand un sémème est modifié dans sa définition, c'est-à-dire la liste des sèmes qui le composent. Quand Prévert écrit, par exemple :

> Rien n'est moins vierge qu'une forêt
>
> *Choses et autres*

il joue sur la **polysémie** d'un mot : dans le groupe figé « forêt vierge », le sémème /vierge/ est équivalent de /non défriché/. Mais dans la majorité des emplois libres, /vierge/ renvoie à l'état de la femme qui n'a pas « connu » l'homme, et c'est à ce sens que renvoie le vers malgré la proximité de « forêt ».

Un autre type de relation peut être affecté par le jeu linguistique : celui qui unit le signifiant au signifié. Ce lien est **arbitraire** : c'est sans cause logique que la langue les unit. Mais un jeu, volontaire le plus souvent, consiste à *motiver* le lien, à expliquer par exemple la syllabe unique de « bref » par le contenu sémantique du mot, la voyelle finale dite « claire » de « soleil » par la clarté de l'astre, et la voyelle sombre de l'adjectif « sombre » par la qualité désignée. Proust s'y livre ainsi sur le nom de la ville de Parme :

> Le nom de Parme, une des villes où je désirais le plus aller depuis que j'avais lu *La Chartreuse*, m'apparaissant compact, lisse, mauve et doux, si on me parlait d'une maison quelconque de Parme dans laquelle je serais reçu, on me causait le plaisir de penser que j'habiterais une demeure lisse, compacte, mauve et douce, qui n'avait de rapport avec les demeures d'aucune ville d'Italie, puisque je l'imaginais seulement à l'aide de cette syllabe lourde du nom de Parme, où ne circule aucun air, et de tout ce que je lui avais fait absorber de douceur stendhalienne et du reflet des violettes.

L'écrivain (ou du moins son personnage) fait passer dans le signifié des éléments pris au signifiant (la syllabe « lourde » de quatre phonèmes articulés) et à un contexte élargi (les « violettes de Parme », la « douceur stendhalienne », le « mauve » des violettes). Cette remotivation du rapport entre signifiant et signifié est appelé **cratylisme**, du nom du sophiste Cratyle qui la défendait déjà contre Socrate dans le dialogue platonicien qui porte son nom.

Enfin le jeu peut se produire dans la relation du signe linguistique à son référent, comme dans l'ironie, où le mot ne s'applique pas, ou le fait de façon détournée, à l'objet désigné (voir chapitre 15).

Considérons maintenant de manière plus systématique, pour bien faire ressortir tous ces procédés, deux textes reposant uniquement sur le jeu.

TEXTE 63

Dictionnaire des idées reçues

ALCOOLISME : Cause de toutes les maladies modernes (v. *absinthe* et *tabac*).
ANTIQUITÉ *et tout ce qui s'y rapporte* : Poncif, embêtant.
ARMÉE : Le rempart de la Société.
ASSASSIN : Toujours lâche, même quand il a été intrépide et audacieux. Moins coupable qu'un incendiaire.
ATHÉE : Un peuple d'athées ne saurait subsister.

BATAILLE : Toujours sanglante. Il y a toujours deux vainqueurs, le battant et le battu.
BOURREAU : Toujours de père en fils.

CAMPAGNE : Les gens de la campagne meilleurs que ceux des villes : envier leur sort, à la campagne tout est permis ; habits bas, farces, etc.

CAUCHEMAR : Vient de l'estomac.
COURTISANE : Est un mal nécessaire. Sauvegarde de nos filles et de nos sœurs. [...] Devraient être chassés impitoyablement [...] Sont toujours des filles du peuple débauchées par des bourgeois riches.

DIAMANT : On finira par en faire ! Et dire que ce n'est que du charbon [...].
DIEU : Voltaire lui-même l'a dit : « Si Dieu n'existait pas, il faudrait l'inventer. »
DOULEUR : A toujours un résultat favorable. La véritable est toujours contenue.

ÉLÉPHANTS : Se distinguent par leur mémoire, et adorent le soleil.

FEMME : Personne du sexe. Une des côtes d'Adam [...].
FOULE : A toujours de bons instincts. *Turba ruit* ou *ruunt*. Vile multitude (Thiers).

GÉNIE : Inutile de l'admirer, c'est une « névrose ».

HIÉROGLYPHES : Ancienne langue des Égyptiens inventée par les prêtres pour cacher leurs secrets criminels. Et dire qu'il y a des gens qui les comprennent ! Après tout, c'est peut-être une blague ?

IMAGES : Il y en a toujours trop dans la poésie.
IMAGINATION : Toujours vive. S'en défier. Quand on n'en a pas, la dénigrer chez les autres.

MÉTAPHORES : Il y en a toujours trop dans le style.

NERVEUX : Se dit chaque fois qu'on ne comprend rien à une maladie ; cette explicatioin satisfait l'auditeur.

ROBE : Inspire le respect.

SABRE : Les Français veulent être gouvernés par un sabre.

Gustave Flaubert, *Dictionnaire des idées reçues* (1881)

Dans ce texte, le jeu sur le langage affecte le dictionnaire, instrument par excellence de description exacte de la langue. Flaubert semble se conformer à ce genre, avec des **entrées** classées par ordre alphabétique et des **gloses** pour expliquer les mots. Mais le discours habituel du dictionnaire est en réalité perverti. D'abord par la sélection de certains mots seulement, qui appartiennent à un vocabulaire idéologique (alcoolique, armée, assassin, athée...), ou culturel (antiquité, génie, hiéroglyphes, image, imagination...), ou relevant de la psychologie sociale (bourreau, courtisane...).

Ensuite, au lieu de donner comme gloses des définitions linguistiques (c'est-à-dire des équivalents conceptuels développés) et des exemples tirés de l'emploi le plus commun et le plus neutre, Flaubert présente, sans définitions préalables, des pseudo-citations empruntées à un groupe social qu'il juge stupide, la bourgeoisie. À la place d'une information sur les mots eux-mêmes, les gloses nous donnent une information (d'ailleurs manipulée) sur leur emploi par une catégorie particulière d'usagers, c'est-à-dire en fait sur la mentalité de cette catégorie.

Nous ne trouvons pas ici, comme ce sera le cas dans le texte suivant, de jeu sur le signifiant. Quant au signifié des mots-entrées, il n'est nullement analysé (c'est-à-dire découpé), mais on le trouve associé dans le discours de la glose à des catégories de sèmes extrêmement récurrentes :

— *des sèmes de généralisation* qui accompagnent les nombreux emplois de « tout », « toujours », « chaque », les pluriels collectifs comme « les gens », « les Français », et le temps des verbes qui est le présent de généralité ;

— *des sèmes évaluatifs* qui marquent de nombreux termes en mal (« embêtant », « lâche », « coupable », « mal », « impitoyablement », « une blague », « trop »...) ou en bien (« rempart », « meilleurs », « favorable », « respecte »...) ;

— *des sèmes non pertinents à ceux de l'entrée* et qui leur sont attribués arbitrairement, comme « moderne » à propos d'« alcoolisme », « estomac » à propos de « cauchemar », des exemples de grammaire latine (« *turba ruit* ou *ruunt* ») à propos de foule.

L'apparition dominante de ces catégories nous représente ainsi une mentalité simpliste, obsédée de morale et au raisonnement faux, dont le discours tourne autour de quelques personnages ou institutions symboliques : l'armée, le sabre, la robe (des juges ou des prêtres) d'un côté, les assassins, les athées, les courtisanes, la foule, le génie et la poésie de l'autre.

La satire du discours « bourgeois » recherchée par Flaubert réside dans le côté mécanique des commentaires, dans leurs erreurs grossières, dans les goûts, les peurs, la faiblesse du jugement (le bourgeois croit l'incroyable — voir « diamants » — et doute de l'avéré — voir le déchiffrement des hiéroglyphes).

Le jeu linguistique du *Dictionnaire des idées reçues* n'a donc rien d'innocent. Le second texte se présente lui aussi comme un dictionnaire, et l'annonce dès son titre :

TEXTE 64

Glossaire

ALCOOL : les deux O haussent le col ; ils s'allègent. L'eau claque.
ALPHABET : l'étal des lettres, pas affublé de falbalas.
ANAGRAMME : arène, gamma, rame ; mare de marges et ramages.
ANTIQUITÉ : temps inquiétant quitté que hantaient les Titans.
ARMÉE : merde amère.
ATHÉISME : état de l'athlète sans étais. — Théâtre de séismes.
BALANCE : (la mienne recense la substance verbale)
BATAILLE : abattage d'humain bétail.
BOURGEOISIE : gouge moisie.
BOURREAU : beau rouge.
CALLIGRAMME : cage et grill des mots en flamme.
CAMPAGNE : cocagne, cagneuse, amputée.
CAUCHEMAR : encoche marquée par la mort, qui cache encore sa colichemarde.
CLEF : l'F se dresse comme le château Fort qui garde le Fief. (Nous sommes les serfs d'une bouCLE).
COURTISANE : ourlet nu, elle satine les courtines. [...]
DIEU : (il dit ; ses paroles sont des œufs).
DOULEUR : deuil lourd des couleurs.
ÉLÉPHANT : elfe enflé.
FEMME : flamme sans ailes ? [...]
FOULE : loupe floue où grouillent des fous ; felouque saoule.
GÉNIE : naît de la neige, son nid.
HIÉROGLYPHES : pierres aux griffes filigranées (écrites hier).
IMAGES : hommes liges de la magie.
IMAGINAIRE : lime, à jamais innervée, immergée d'énergie.
LANGAGE : bagage lent, langes de l'esprit. [...]
MÉTAPHORE : phare de phosphore ? forêt matée ? ou épitaphe du fort en thème ? [...]
ROBE : rôder autour de son orbe.
SABRE : scie à bras de fier-à-bras.

Michel Leiris, *Glossaire j'y serre mes gloses* (1939), © Éd. Gallimard

Un **glossaire** est, précisément, un petit dictionnaire spécialisé de mots peu connus. Le titre présente d'emblée un jeu sur le signifiant, celui de « glossaire » étant repris dans l'ordre inverse par « serre » et « glose » ; il est doublé d'un jeu étymologique, « glose » et « glossaire » ayant un même radical originel, celui du grec *glossa*, « langue ».

Cette annonce en forme de calembour (le *calembour* est une équivoque phonétique) est représentative du procédé général de Leiris dans son *Glossaire* : il joue sur le signifiant du mot-entrée et sur son signifié, de telle sorte que la glose soit pourvue d'un sens relativement compatible avec celui de l'entrée. Par ailleurs, Leiris connaissait le *Dictionnaire* de Flaubert et en a repris un grand nombre de termes, ce qui nous facilite la comparaison des deux textes. Sous une forme plus concise et plus « linguistique », il donne comme gloses non des citations, mais des définitions, généralement sous la forme d'équivalents grammaticaux (un nom pour un nom, avec des exceptions comme pour « alcool » ou « robe »), qu'il prend en charge, parfois très explicitement au moyen du « je » (voir le titre, ou « balance »).

Le jeu phonétique consiste :

— à décomposer le signifiant en ses syllabes, à la manière d'une charade inversée (« Dieu » = « dit-œufs ») et à reprendre ces syllabes dans d'autres mots, dans le même ordre ou dans un ordre différent : « bataille » se retrouve dans « a-bat-age » et « bé-tail » ; « campagne » dans « coc-agne », « c-agn-euse », « amp-utée » ; « langage » dans « ba-gage », « lent », « lan-ges » ;

— à le décomposer en ses phonèmes, repris eux aussi dans un ordre identique ou différent : « robe » et « orbe ».

— parfois, c'est, au lieu des phonèmes, la forme graphique qui est détachée et reprise : les deux O de « alcool », le F de « clef » (de plus, ici, la majuscule d'imprimerie dessine la forme de l'objet lui-même) ;

— à reprendre le maximum de phonèmes ou de graphèmes d'un mot long dans la glose : voir « alphabet », « anagramme » (une **anagramme** est justement le jeu d'écriture qui consiste à reprendre les syllabes, phonèmes ou graphèmes d'un mot dans un ou plusieurs autres), « antiquité », « cauchemar », « hiéroglyphes », « métaphore » ;

— à procéder par addition de phonèmes (tous les exemples en comportent) ou par suppression : « femme » = « flamme sans ailes » (sans L), ou par combinaison des deux : « athéisme » perd le « l » d'« athlète », mais gagne d'autres phonèmes ;

— voire à se contenter d'approximations phonétiques comme pour « bourgeoisie ».

Le jeu sur les signifiés prend appui sur les jeux phoniques, de façon qu'à la suite de ces transformations la glose ait un sens en rapport avec celui de l'entrée. C'est ce qui donne à ces « définitions » leur caractère inattendu et humoristique. L'entrée et la glose peuvent être en rapport sémantique de :

— *complémentarité* : l'alcool et l'eau ; la courtisane, ses vêtements (ou sa nudité) et les courtines ; la robe (purement féminine cette fois) et l'attirance qu'elle exerce ;

— *identité ou analogie* : « alphabet » (« étal », « sans falbalas »), « balance », « hiéroglyphes » (écriture sur la pierre ; et une fausse étymologie rapprochant le radical « hiéro- », « sacré » en grec, de l'adverbe « hier »), « sabre » ;

— *opposition* : « bourreau » (« beau rouge »), « éléphant » (léger comme l'elfe, mais enflé tout de même) ;

— *valorisation* : « courtisane », « femme », « image », « robe » ;

— *dévalorisation* : « armée », « bataille », « bourgeoisie », « campagne », « foule », « sabre » ;

— *affaiblissement de tout sens* : « Dieu », « langage », « métaphore » ;

— *fantaisie pure* : « génie » (pure anagramme de « neige »).

L'auteur ne cherche pas à dissimuler sa propre idéologie, et ses sympathies (« femme », « courtisane », « robe »), comme ses antipathies (« armée », « bourgeoisie ») se manifestent ouvertement dans les gloses, à la différence de l'affectation flaubertienne d'objectivité.

Au-delà, ce texte démontre la richesse du langage et sa créativité : les mots entretiennent tous entre eux de multiples relations phoniques, et jongler avec elles permet toutes sortes de rapprochements de sens, voulus ou fortuits, non collationnés dans les dictionnaires usuels.

Nous retrouverons dans les chapitres consacrés à la poésie tous ces jeux, systématiquement exploités.

LECTURES COMPLÉMENTAIRES

RIFFATERRE Michaël, *Essais de stylistique structurale*, Flammarion, 1971.

Chapitre 15

L'ironie

1. Définition, champs d'application

Si multiforme qu'on en parle souvent sans vraiment dire ce qu'on entend par elle, l'ironie dans le langage pourrait être définie généralement comme une attitude d'énonciation modifiant le discours de telle sorte qu'à des fins de raillerie le locuteur suggère une différence dévalorisante entre ce qu'il dit et ce qu'il veut faire entendre.

Elle peut porter sur toutes les réalisations du langage, orales et écrites. Le plus ancien exemple qu'on en donne est celui de Socrate affectant une modeste ignorance devant les sophistes avec lesquels il conversait et leur posant des questions avec une naïveté feinte (en grec ancien, *eironeia* est l'action d'interroger). Nous l'avons rencontrée déjà dans de nombreux textes cités comme exemples, de Voltaire, A. Dumas, Diderot, Nimier, Flaubert, La Fontaine, Stendhal, Y. Navarre, Scarron, Proust, Céline, Prévert, Queneau, Doubrovsky, Leiris. Elle se retrouve dans tous les genres littéraires, avec certains qui la privilégient, comme la comédie, la satire, la parodie, le pastiche, et toutes les formes localisées que peut prendre le discours : portrait, récit, poème, avec une prédilection pour les formes polémiques et le burlesque.

2. Analyse du discours ironique

2.1. Le double discours

La communication ironique est à la fois une communication et une action. Elle repose sur un **message à double signifié**, l'un littéral, bien apparent et conforme au code de la langue et à des codes socio-culturels admis, l'autre dissimulé et déviant par rapport au précédent. Ainsi, quand Voltaire esquisse, au début de *Candide*, un portrait du baron et de la baronne de Thunder-ten-tronckh (texte 9), il le fait sur le mode apparent de l'éloge (« l'un des plus puissants seigneurs de la Vestphalie, etc. »), mais ce signifié, sapé par d'autres éléments inscrits dans le contexte, est à interpréter par le lecteur comme une raillerie sur sa prétentieuse pauvreté. L'ironie inverse ici le signifié apparent, et exerce une double action : sur la cible, ici le baron et la baronne, qu'elle déprécie, et sur le lecteur, dont elle réoriente le jugement. Les moyens textuels, ou **signaux**, de cette ironie sont les contradictions entre les effets indiqués par Voltaire et leurs causes : « *car* son château avait une porte et des fenêtres. Sa grande salle même était ornée d'une tapisserie », « Madame la baronne, qui pesait environ trois cent cinquante livres, s'attirait *par là* une très grande considération... ».

Dans le texte suivant, le héros de Proust raille la politesse de sa « vieille servante » Françoise :

TEXTE 65

La politesse de Françoise

Au moment de monter dans le tram, elle s'était aperçue qu'elle avait oublié de dire adieu à la « gouvernante » de l'Hôtel, personne moustachue qui surveillait les étages, connaissait à peine Françoise mais avait été relativement polie pour elle. Françoise voulait absolument faire retour en arrière, descendre du tram, revenir à l'hôtel, faire ses adieux à la gouvernante et ne partir que le lendemain. La sagesse et surtout mon horreur subite de Balbec m'empêchèrent de lui accorder cette grâce, mais elle en avait contracté une mauvaise humeur maladive et fiévreuse que le changement d'air n'avait pas suffi à faire disparaître et qui se prolongeait à Paris. Car selon le code de Françoise tel qu'il est illustré dans les bas-reliefs de Saint-André-des-Champs, souhaiter la mort d'un ennemi, la lui donner même n'est pas défendu, mais il est horrible de ne pas faire ce qui se doit, de ne pas rendre une politesse, de ne pas faire des adieux avant de partir, comme une vraie malotrue, à une gouvernante d'étage. Pendant tout le voyage, le souvenir à chaque moment renouvelé qu'elle n'avait pas pris congé de cette femme avait fait monter aux joues de Françoise un vermillon qui pouvait effrayer. Et si elle refusa de boire ou de manger jusqu'à Paris, c'est peut-être parce que ce souvenir lui mettait un « poids » réel « sur l'estomac » (chaque classe sociale a sa pathologie) plus encore que pour nous punir.

Marcel Proust, *La Prisonnière* (1923)

L'ironie consiste à mentionner la stricte politesse de Françoise, mais à multiplier en même temps les signaux allant non en sens inverse, mais **en un sens différent et défavorable** : Françoise suit un véritable « code » primitif, rigide et intraitable ; le titre de la « gouvernante » objet de ses civilités est placé entre guillemets, donc non pris en charge par le narrateur : c'est un titre abusif décerné par Françoise qui établit sa propre hiérarchie imaginaire parmi le personnel de l'hôtel, et il n'y a pas lieu pour elle de lui témoigner des égards spéciaux (de plus cette personne, commente le narrateur, est laide et tout juste « relativement » polie) ; la façon qu'a Françoise d'exprimer ses regrets est incommode à ses maîtres (vouloir absolument ne partir que le lendemain, refuser de boire ou de manger) et surtout distincte de leur code à eux (elle se laisse aller à avoir de la fièvre, un « poids réel » sur l'estomac, c'est-à-dire à ne pas dominer ses sentiments), car « chaque classe sociale a sa pathologie ». Proust nous montre que les signaux de l'ironie sont surtout des **réserves** faites sur le signifié apparent (la politesse scrupuleuse), réserves qui sont d'ordre linguistique (les citations du parler de Françoise), mais aussi d'ordre socioculturel (la politesse est une notion de classe).

Parmi les signaux variés de l'ironie dans un texte, on trouve, outre l'antiphrase caractérisée, différents degrés d'atténuation (litotes) ou d'exagération (hyperboles), des modalisateurs (« assez », « peut-être », « sans doute »), des métaphores ou comparaisons qui dévient le sens premier, des énumérations ou amplifications disproportionnées, des changements de ton ou de niveau de langue, des ellipses là où l'on attendrait quelque chose, des liaisons logiques contradictoires, faibles ou arbitraires (comme dans l'illustration de la puissance du baron de *Candide*), bref tout ce qui atteint la force ou la cohérence du discours apparent, ou aboutit à le caricaturer.

Ces réserves peuvent apparaître uniquement dans des faits d'agencement du discours. Dans le texte 13, une bonne partie de l'ironie de Flaubert réside dans la symétrie des arrivées de Bouvard et Pécuchet au même endroit, dans celle de leur geste de se découvrir, dans la découverte de leurs noms dans leur chapeau et de la profession identique qu'ils exercent. Ce « mécanique plaqué sur du vivant », qui est, selon Bergson, à l'origine de tout rire, transforme le discours simplement descriptif en une scène de comédie ou de farce : le lecteur qui perçoit ce scénario classe tout de suite les deux héros dans la catégorie des ridicules ; et le sérieux « alors, ils se considérèrent », suivi d'une pause forte, hausse plaisamment à la taille d'un événement ce face-à-face des deux pantins.

Le double langage de l'ironie nous apparaît comme faisant une large place à la **valeur** : le discours apparent repose sur des valeurs positives, les réserves sur des valeurs négatives ou inférieures (pas nécessairement inverses : Françoise n'est pas impolie, mais polie sans raison et de façon désagréable à ses maîtres). On n'a pas d'exemple où l'ironie ne soit pas dévalorisante.

L'usage des citations est fréquent dans le discours ironique. Nous venons de le remarquer chez Proust ; on peut considérer que la puissance du baron dans *Candide* n'existe que dans sa propre pensée et dans l'idéologie de la noblesse allemande à laquelle il appartient, et que Voltaire se réfère à ce discours tenu ou pensé. Puisque le locuteur ironiste fait des réserves sur son discours apparent, on peut estimer que d'une manière générale, c'est un discours qu'il n'assume pas lui-même, donc **un discours cité ou mentionné**.

Un cas fort intéressant concerne le discours rapporté. L'ironie peut se situer dans le discours relatant ou le discours relaté, voire dans les deux. Voyons comment, dans *Belle du seigneur* d'Albert Cohen, Adrien Deume, fonctionnaire belge de rang B au siège de la Société des Nations à Genève, commente sa découverte de la pauvreté de Mozart à la fin de sa vie :

TEXTE 66

Pauvre Mozart !

Après une enquête auprès de la section économique sur le pouvoir d'achat de diverses monnaies européennes entre 1756 et 1791, il en était venu à la conclusion que lui, Adrien Deume, gagnait dix fois plus d'argent que l'auteur des *Noces de Figaro* et de *Don Juan*.

« Pas débrouillard, en somme, le sieur Wolfgang Amadeus ! ricana-t-il de nouveau. C'est pas lui qui aurait pu se payer une montre de neuf cents balles suisses ! »

Lancé, il fit de nouveaux calculs. Un membre A à son plafond gagnait seize fois plus que Mozart, un premier secrétaire d'ambassade idem, un directeur de section vingt fois plus que Mozart, un ministre plénipo idem, enfin à peu près, et un ambassadeur quarante fois plus que Mozart ! Quant à sir John, nom d'un chien, cinquante fois plus que Mozart, si on tenait compte des frais de représentation ! En somme, le secrétaire général de la Société des Nations gagnait plus que Beethoven, Haydn, Schubert et Mozart réunis ! Quelle institution tout de même, la Société des Nations ! Ça vous avait une allure !

Albert Cohen, *Belle du seigneur* (1968), © Éd. Gallimard

Deume se livre à un discours intérieur ironique sur Mozart, génie reconnu, mentionné par lui comme auteur des *Noces de Figaro* et de *Don Juan*, mis sur le même plan que d'autres grands musiciens, mais aussitôt déprécié par la comparaison de ses gains avec ceux des fonctionnaires internationaux. Ironie peu discrète, appuyée sur des calculs arithmétiques fabuleux, sur des exclamations et l'emploi de l'argot : le destinataire est le locuteur lui-même, petit fonctionnaire qui se revalorise d'autant plus qu'il situe les artistes au plus bas de l'échelle des revenus. Il glisse de l'ironie à l'auto-glorification. Mais à cette ironie se superpose celle du narrateur, dont la victime est cette fois Adrien en personne : en attribuant cette gloriole au personnage, il mine ses avantages, et ceux de sa profession, par leur excès même : l'excès est en effet un des moyens les plus efficaces de l'ironie ; réduire la comparaison entre les artistes et les fonctionnaires à une différence de revenus aboutit à souligner ce que les deux activités ont d'incommensurable ; la mention d'une enquête officielle, la multiplication des calculs selon les degrés hiérarchiques, l'hymne à la gloire de la SDN sont particulièrement non pertinents à l'évaluation de l'art. Ils font apparaître Deume comme un personnage mesquin et borné. À ce niveau, la dupe est le personnage lui-même, et le narrateur fait appel au jugement du lecteur, présumé plus respectueux des artistes que des avantages consentis aux fonctionnaires internationaux. Toute l'ironie du passage repose sur le jeu des valeurs : valeur esthétique niée par Adrien au profit de la valeur monétaire, valeur intellectuelle d'Adrien niée par le narrateur, qui rétablit ainsi celle de l'art.

2.2. Les actants et leurs rapports

Nous retrouvons dans l'ironie les pôles de la communication et les actants du récit. À l'origine, un sujet-émetteur (l'« ironisant », selon Philippe Hamon) tient le discours. La cible de l'ironie (l'« ironisé ») est soit le destinataire, soit un tiers (qui appartient donc au référent), soit l'émetteur lui-même (auto-ironie). Le destinataire est, théoriquement, à dédoubler en raison du double signifié du message : le signifié apparent s'adresse à un destinataire « naïf », le signifié réel s'adresse à un « complice », les deux pouvant être réunis en un même acteur : ainsi, le lecteur de *Candide* ne peut guère être dupe de la puissance du baron, mais le récit, pour la forme, mentionne l'idée reçue officiellement que la noblesse est riche et puissante. C'est une satisfaction psychologique pour le destinataire, lorsqu'il est unique, que de pouvoir être interpellé, simultanément ou successivement, comme naïf et comme complice : il perçoit naturellement la différence à son avantage. Dans le texte 65 de Proust, le double destinataire est, chez un même lecteur, l'homme poli et le bourgeois policé, et il doit comprendre que si exigeante que soit la politesse envers tout être humain, elle ne doit pas perturber l'ordre social qui veut que chacun se tienne à son rang. Le texte proustien, ici, postule donc un lecteur de la même classe que le narrateur.

Un autre actant de l'ironie, plutôt présent comme force agissante que comme acteur humain, est un **opposant au discours transparent**, qui oblige, ou entraîne l'émetteur à user du langage à double sens. L'ironie, comme acte, est une agression verbale. Or la politesse, l'amitié, la loi, la décence, des contraintes diverses empêchent l'agression directe comme on la voit dans l'accusation ou l'invective. Le discours à double signifié est le moyen de contourner l'obstacle. Le signifié apparent respecte, ou loue, l'actant-cible, tandis que le signifié réel permet de l'atteindre. Dans le début de *Candide*, l'actant opposant est le pouvoir de la noblesse en France ; plus loin dans le même récit, c'est l'autorité intellectuelle de la philosophie leibnizienne ; ailleurs, le pouvoir de l'Eglise : toutes les fois que Voltaire aborde la mention de ces pouvoirs, dangereux pour lui, il les contourne par l'ironie. C'est pourquoi, à certaines époques, la littérature contestataire déplace prudemment ses thèmes narratifs dans le temps et dans l'espace : c'est le cas chez Voltaire, dans ses contes, chez Montesquieu dans les *Lettres persanes*, dans les *Voyages de Gulliver*, dans *Robinson Crusoé*, chez Stendhal avec sa prédilection pour l'Italie. Dans le texte de Proust, il n'existe pas de tel danger à éviter, mais l'écrivain veut railler son personnage en respectant le code social de la politesse : c'est ce code qui est l'opposant. Dans la rencontre de Bouvard et de Pécuchet, le code respecté par Flaubert est celui, esthétique, de la description objective. Dans le texte de Cohen, l'obstacle contourné par Adrien est la célébrité de Mozart, et celui que contourne le narrateur est la valeur suprême accordée à l'argent. En règle générale, cet actant opposant est une **norme** sociale, morale ou culturelle.

Mais l'ironie présuppose aussi l'existence d'une nouvelle norme, établie ou à établir entre l'ironisant et le récepteur complice, un autre système de valeurs que celui qui est transgressé : il peut être purement négatif (« détruisons le code que nous sommes obligés de respecter ») ou reposer sur des valeurs propres (une politesse tenant compte des situations chez Proust, la valeur intrinsèque de l'art chez Albert Cohen). Cette norme est un actant **adjuvant** à la communication entre émetteur et récepteur complice.

3. Thèmes et pragmatique de l'ironie

En raison de sa structure de discours, l'ironie peut porter sur tout ce qui est envisageable sous l'angle de la valeur, c'est-à-dire les objets, les humains, les institutions, les pouvoirs ou autorités, les savoirs, les mœurs, l'opinion, etc. ; autrement dit, tout ce qui incarne une norme plus ou moins consciemment acceptée : royauté, état, gouvernement, parti, église, école, Université, Académie, idéologie... Elle est un facteur de déstabilisation des normes (y compris des désordres institués), sans toutefois s'attaquer directement à elles. Elle reste en tout cas un moyen d'agression **détourné**. Elle marque une prise de distance non seulement par rapport aux normes, mais par rapport à leur langage et à leur discours, qu'elle feint d'adopter pour le subvertir. Elle repose sur une dialectique de l'adhésion et de la disjonction. Mais n'oublions pas que, dans sa recherche d'une complicité, elle s'achève par la tentative d'établissement d'une autre norme, commune au moins à l'ironisant et au récepteur-complice.

Dans le domaine littéraire, outre les faits d'ironie localisée, nombreux mais limités (à un mot ou une expression, un paragraphe, une page), il existe des textes où elle est généralisée, comme les contes de Voltaire, *Bouvard et Pécuchet, Glossaire j'y serre mes gloses*. Elle est dominante, ou fortement représentée, nous l'avons signalé, dans certains genres, ceux qui ont un caractère polémique (pamphlet, satire), ou moraliste (au sens de représentant des types humains ou sociaux : comédie, « caractères », fable), ou imitatif (pastiche).

Le cas du pastiche est remarquable. L'ironie consiste à imiter les thèmes d'inspiration et les procédés d'écriture d'une œuvre littéraire, ce qui est lui rendre une sorte d'hommage en la distinguant, mais aussi à détourner les thèmes et à exagérer les procédés jusqu'à la caricature : il y a à la fois respect et subversion de la norme interne de l'œuvre pastichée. Proust nous en fournit encore d'excellents exemples dans ses pastiches d'écrivains. Voici le début de celui de Balzac :

TEXTE 67

L'Affaire Lemoine dans un roman de Balzac

Dans un des derniers mois de l'année 1907, à un de ces « routs » de la marquise d'Espard où se pressait alors l'élite de l'aristocratie parisienne (la plus élégante de l'Europe, au dire de M. de Talleyrand, ce Roger Bacon de la vie sociale, qui fut évêque et prince de Bénévent), de Marsay et Rastignac, le comte Félix de Vandenesse, les ducs de Rhétoré et de Grandlieu, le comte Adam Laginski, Mme Octave de Camps, lord Dudley, faisaient cercle autour de Mme la princesse de Cadignan, sans exciter pourtant la jalousie de la marquise. N'est-ce pas en effet une des grandeurs de la maîtresse de maison — cette carmélite de la réussite mondaine — qu'elle doit immoler sa coquetterie, son orgueil, son amour même, à la nécessité de se faire un salon dont ses rivales seront parfois le plus piquant ornement ? N'est-elle pas en cela l'égale de la sainte ? Ne mérite-t-elle pas sa part, si chèrement acquise, du paradis social ? La marquise — une demoiselle de Blamont-Chauvry, alliée des Navarreins, des Lenoncourt, des Chaulieu — tendait à chaque nouvel arrivant cette main que Desplein, le plus grand savant de notre époque, sans en excepter Claude Bernard, et qui avait été élève de Lavater, déclarait la plus profondément calculée qu'il lui eût été donné d'examiner. Tout à coup la porte s'ouvrit devant l'illustre romancier Daniel d'Arthez. Un physicien du monde moral qui aurait à la fois le génie

> de Lavoisier et de Bichat – le créateur de la chimie organique – serait seul capable d'isoler les éléments qui composent la sonorité spéciale du pas des hommes supérieurs. En entendant résonner celui de d'Arthez vous eussiez frémi. Seul pouvait ainsi marcher un sublime génie ou un grand criminel. Le génie n'est-il pas d'ailleurs une sorte de crime contre la routine du passé que notre temps punit plus sévèrement que le crime même, puisque les savants meurent à l'hôpital qui est plus triste que le bagne. [...]
>
> Marcel Proust, *Pastiches et Mélanges* (1919)

La présence de la « norme » balzacienne dans ce texte est évidente et massive : noms propres de la *Comédie humaine,* description d'une vaste réunion mondaine, allusions à des romans précis (*Les Secrets de la princesse de Cadignan, Illusions perdues*), goût de Balzac pour le commentaire descriptif, pour les métaphores. L'ironie, ici, est incontestablement à base de citation, ou d'allusion forte. Dans le même temps, cette norme est sapée de l'intérieur, par l'exagération et la multiplication des traits balzaciens : abus des explications, dont la lourdeur est accentuée (parenthèses, périphrases, références historiques et scientifiques multiples), métaphores détonnantes (« cette carmélite de la réussite mondaine »), lourds paradoxes (le génie sorte de crime). Tous ces procédés sont ceux que nous avons pu voir à l'œuvre dans l'ironie. Un autre, déjà rencontré, apparaît dans la suite du texte cité : c'est celui de la discordance entre la forme et le contenu. La description typique d'un salon de la Restauration est gauchie pour s'adapter à une situation du XXe siècle, celle de l'Affaire Lemoine, une affaire d'escroquerie à la fabrication de diamant artificiel, qui fournit le thème commun à l'ensemble des pastiches proustiens.

Le destinataire du pastiche est donc à la fois sollicité comme connaisseur (en quoi il se rapproche du « naïf ») et comme complice qui rira des exagérations et déformations. Sans doute faut-il corriger à cette occasion la conception du naïf de l'ironie : il n'est stupide que dans certains cas, où il n'est qu'un censeur peu clairvoyant qu'il s'agit de berner. Plus généralement, sa fonction est de **reconnaître** dans le texte la norme qui est par ailleurs subvertie, norme qui se manifeste sous forme de citation, mention ou allusion. L'ironie est, bien évidemment, un fait d'intertextualité.

Proust, écrivain lucide sur sa pratique s'il en fut, appelait le pastiche : de la « critique en acte ». C'était mettre l'accent sur l'aspect **pragmatique** de ce genre, et, à travers lui, de l'ironie en général. C'est en effet un langage d'action : action de « citer » un modèle, action de le transformer, et action d'en faire rire le lecteur et de se faire de lui un complice.

À un autre point de vue, il commentait de façon intéressante son rapport à la norme dans le pastiche, en relation avec son activité d'écrivain créateur et non plus imitateur :

> [...] Je ne saurais trop recommander aux écrivains la vertu purgative, exorcisante, du pastiche. Quand on vient de finir un livre, non seulement on voudrait continuer à vivre avec ses personnages, avec Mme de Beauséant, avec Frédéric Moreau, mais encore notre voix intérieure qui a été disciplinée pendant toute la durée de la lecture à suivre le rythme d'un Balzac, d'un Flaubert, voudrait continuer à parler comme eux. Il faut la laisser faire un moment, laisser la pédale prolonger le son, c'est-à-dire faire un pastiche volontaire, pour pouvoir après cela, redevenir original, ne pas faire toute sa vie du pastiche involontaire.
>
> (Article « À propos du "style" de Flaubert »).

Proust veut ici par le pastiche, c'est-à-dire par l'ironie, contourner une **norme tout intérieure**, celle de l'esprit d'imitation. Il nous décrit l'expérience d'une prise de distance ironique par rapport à soi-même. Il nous met aussi sur la voie d'une attitude d'énonciation voisine qu'il est juste d'aborder maintenant : il s'agit de l'humour.

4. Ironie et humour

Discours de dérision lui aussi (nous ne considérerons dans ces pages que l'humour verbal), peut-être plus difficile à cerner dans la mesure où il a davantage d'implications socio-culturelles, l'humour peut être caractérisé par l'implication du sujet-émetteur dans la cible. Ce peut-être de l'auto-ironie caractérisée, comme dans la fameuse tirade de Cyrano sur son nez : l'agressivité en est beaucoup plus supportable que lorsqu'il s'agit de l'ironie d'autrui. Comme le dit Cyrano à propos de ses moqueries :

> Je me les sers moi-même avec assez de verve,
> Mais je ne permets pas qu'un autre me les serve.

Mais c'est très souvent une ironie catégorielle, visant un groupe auquel appartient l'émetteur : ainsi de l'humour britannique, de l'humour juif, ou un groupe typisé contre lequel l'agression se dilue : l'humour écossais, belge, marseillais, tous les humours nationaux ou locaux. Ce caractère catégoriel prend son maximum de généralité quand soit la cible, soit la norme à laquelle on peut la rattacher s'étend à l'humanité entière. Il en va ainsi de l'humour sur le langage (celui des sketches de Raymond Devos, et, en littérature, celui de Queneau, de Henri Michaux, de Ionesco, de Beckett), de l'humour social, portant sur les travers et les inconvénients de la vie collective, de l'humour sexuel, dont Loti nous offre un délicat spécimen dans ce portrait d'un couple japonais au siècle dernier :

TEXTE 68

Monsieur Sucre

M. Sucre, avec mille grâces, du bout de son fin pinceau trempé dans l'encre de Chine, a tracé sur une jolie feuille de papier de riz deux cigognes charmantes et me les a offertes de la manière la plus aimable, comme un souvenir de lui. Elles sont là, dans ma chambre de bord, et, dès que je les regarde, je crois revoir M. Sucre, les traçant à main levée avec une si élégante aisance.

Le godet dans lequel M. Sucre délaie son encre est en lui-même un vrai bijou. Taillé dans un bloc de jade, il représente un petit lac avec un rebord fouillé en manière de rocailles. Et sur ce rebord, il y a une petite maman crapaud, également, en jade, qui s'avance comme pour se baigner dans le petit lac où M. Sucre entretient quelques gouttelettes d'un liquide bien noir. Et cette maman crapaud a quatre petits enfants crapauds également en jade, l'un perché sur sa tête, les trois autres folâtrant sous son ventre.

M. Sucre a peint beaucoup de cigognes dans le courant de sa vie, et il excelle vraiment à représenter des groupes, des duos, si l'on peut s'exprimer ainsi, de ce genre d'oiseau. Peu de Japonais ont le don d'interpréter ce sujet d'une manière aussi rapide et aussi galante : d'abord les deux becs, puis les quatre pattes ; ensuite les dos, les plumes, crac, crac, crac, — une douzaine de coups de son habile pinceau, tenu d'une main très joliment posée, — et ça y est, et d'un réussi toujours !

M. Kangourou raconte, sans y trouver à redire d'ailleurs, qu'autrefois ce talent a rendu de grands services à M. Sucre. C'est que madame Prune, paraît-il... mon Dieu, comment dire cela... et qui s'en douterait à présent, en voyant une vieille dame si dévote, si bien posée, ayant des sourcils rasés si correctement.. — enfin madame Prune, paraît-il, recevait autrefois beaucoup de messieurs, — des messieurs qui venaient toujours isolément, — et cela donnait à penser... Or, quand madame Prune était occupée avec une visite, si un nouvel arrivant se présentait, son ingénieux mari, pour le faire attendre, le captiver dans l'antichambre, le retenir, s'offrait aussitôt à lui peindre quelques cigognes, dans des attitudes variées...

Voilà comment, à Nagasaki, tous les messieurs japonais d'un certain âge possèdent dans leurs collections deux ou trois de ces petits tableaux de genre, qu'ils doivent au talent si fin et si personnel de M. Sucre.

Pierre Loti, *Madame Chrysanthème* (1888)

Nous y retrouvons de nombreux traits de l'ironie : les actants (mais la cible est moins M. Sucre, ou le couple, que les mœurs locales), les procédés (le talent tant vanté du personnage a une contrepartie ; la délicatesse du discours narratif désigne en fait une activité moins noble ; le commerce du sexe a pour effet un progrès esthétique) ; quant à la norme mise en question, la décence ou, si l'on préfère, l'hypocrisie sexuelle, elle est moins subvertie qu'adoucie par une complicité généralisée. Ce sont ces généralisations et atténuations qui distinguent le plus l'humour de l'ironie en général.

L'humour n'est cependant pas toujours souriant. Il peut être noir ou tragique, quand la norme à laquelle il s'en prend est la souffrance ou la mort. Lisons ce poème de vieillesse du « gai » Prévert :

TEXTE 69

Intemperféerie

Sanglants, les acteurs étaient projetés
contre les murs écroulés.

Dans la boîte à mémoire soufflait
le vent, le rideau de fer tombait,
rouillant lentement.

Et tous les spectateurs, le grand
souffleur leur hurlait de rire
au nez.

Il n'était plus question pour eux d'applaudir,
de siffler ou de s'en aller.

Avec un touchant et émouvant
ensemble tous leurs derniers
soupirs se mêlaient.

Seul, pas tout à fait complètement
mort un critique distingué
protestait :
« Souffler n'est pas jouer ! »

Jacques Prévert, *Soleil de nuit* (posthume, 1980), © Éd. Gallimard

L'humour, c'est ici la tentative de voiler la mort derrière un rideau de théâtre, de la tempérer en féerie, comme nous le dit le mot-valise du titre (un « mot-valise » est un mot artificiellement formé par la contraction de deux ou plusieurs autres, ici : intempérie, tempérer, féerie). Mais le rideau ne cache rien, la mise en parallèle de la mort et d'un dernier spectacle n'est qu'une **dérision dérisoire**, et rejoint toutes les tentatives du même genre, danses macabres, affirmations que la comédie est finie ou que l'on meurt en grand artiste. On touche là à une valeur sociale importante de l'humour : **la pudeur**, l'atténuation par les procédés du rire ou du sourire, de l'agressivité, ou de la souffrance.

LECTURES COMPLÉMENTAIRES

BOUILLAGUET Annick, *L'Écriture imitative. Pastiche, parodie, collage*, Nathan-Université, coll. « Fac », 1996.
HAMON Philippe, « L'ironie », in *Le Grand Atlas des littératures*, Encyclopædia Universalis, 1990.
HAMON Philippe, *L'Ironie littéraire*, Hachette, 1996.
JANKELEVITCH Vladimir, *L'ironie*, Flammarion, 1979.
KERBRAT-ORECCHIONI Catherine, « L'ironie comme trope », *Poétique 41*, 1980.
PROUST Marcel, *L'Affaire Lemoine, pastiches*, édition génétique et critique par Jean Milly, Genève, Slatkine Reprints, 1994.
Poétique 36, « L'ironie », 1978.

Quatrième partie

La poésie

Chapitre 16

Qu'est-ce que la poésie ?

1. La poésie comme l'une des fonctions du langage

Toute une partie de la littérature se réclame de la poésie. Cette appellation, dans l'usage courant, s'applique à une forme particulière, la littérature versifiée, qui s'oppose à la littérature en prose. Cette dernière est un discours continu, qui avance, graphiquement, en remplissant les lignes du texte : *prosa*, en latin, dérive de *pro vorsa oratio*, « discours qui va tout droit ». Les vers, au contraire, découpent le discours en segments courts de même dimension, et à la fin de chacun, un autre reprend, comme le nouveau sillon d'un champ labouré : le latin *versus*, vers, vient du participe passé de *vertere*, retourner. La poésie se caractérise, de l'extérieur, par cette disposition fondée sur le retour de segments symétriques. Il suffit donc, d'après ce schéma élémentaire, de distinguer la poésie écrite par sa disposition sur la page, et la poésie parlée par les retours de repères audibles, comme les accents toniques, les rimes, le nombre des syllabes. Et de dire, comme M. Jourdain, que « tout ce qui n'est point prose est vers, et tout ce qui n'est point vers est prose ».

Mais les acceptions de « poésie » se sont, surtout à l'époque moderne, modifiées et étendues. Les vers ont le plus souvent perdu leur **isométrie** (c'est-à-dire le nombre égal de leurs syllabes ou de leurs accents toniques), leurs rimes, leur dimension inférieure à la ligne d'écriture, en conservant cependant une disposition plus aérée par les blancs que la prose. Le genre du poème en prose est venu produire une contamination des deux formes du discours littéraire, empruntant le déroulement rectiligne du discours prosaïque, mais respectant la brève dimension du poème. Inversement, on connaissait déjà à l'époque de Molière la **prose cadencée**, discours prosaïque émaillé de segments présentant les mêmes mesures que les vers traditionnels. On parle aujourd'hui de « roman poétique » pour certaines œuvres narratives comme *Le Grand Meaulnes* d'Alain-Fournier.

La poésie ne consiste donc pas en une disposition particulière, en un découpage isométrique du discours. Elle soumet ce dernier à des traitements formels beaucoup plus variés, en même temps que les notions de thématique poétique, d'activité poétique, mettent l'accent sur les contenus et sur le travail particulier du poète. La poésie développe des thèmes de pensée et de sensibilité privilégiés, tels que les lieux communs (l'amour, la fuite du temps, la nature, etc.), les variations du désir, du regret, la nostalgie, ou les impressions nées du contact d'un corps, d'une pensée et du monde. Ce développement se produit à travers le langage, que le poète reçoit de sa communauté et transforme, de moyen pratique de communication, en objet de contemplation et de jouissance. La poésie réside dans ce riche et parfois instable composé où se meuvent la pensée poétique, la sensibilité poétique, l'activité poétique (d'écriture), l'objet poétique (le poème), et la jouissance poétique (du poète comme du lecteur). « Ces trouvailles, écrit Jean-Pierre Richard des poèmes, sont des rencontres : une même chose réussit à s'y annoncer de la même manière dans une imagination, une sensibilité, une intelligence, un langage. Les structures verbales, qui informent l'ordre de l'horizontalité signifiante — la linguistique dirait de la "contiguïté" — y entrent en rapport d'homologie avec les structures de perception ou de rêverie, telles qu'elles se disposent, en grappes, dans la latence du poème — dans l'ordre de la verticalité métaphorique, de la "sélection" » (*Onze Études sur la poésie moderne*).

C'est ce que disait déjà Valéry, sous une forme proche, dans *Variété* : « Vous savez qu'on comprend sous le nom de poésie deux choses très différentes qui, cependant, se lient en un certain point. Poésie, c'est le premier sens du mot, c'est un art particulier fondé sur le langage. Poésie porte aussi un sens plus général, plus répandu, difficile à retenir parce qu'il est plus vague ; il désigne un certain état, état qui est à la fois réceptif et productif... »

Tout en estimant que l'aspect idéologique, affectif, voire sensuel de la poésie est moins « vague » que le pense Valéry, nous nous tournerons plus particulièrement, dans ce livre d'initiation, vers ses aspects de propriété du langage et d'activité sur le langage.

Nous avons vu, au chapitre premier, que Jakobson reconnaissait parmi les fonctions du langage, une **fonction poétique**, centrée sur le message et tournée vers sa forme particulière. C'est une fonction de mise en valeur. Elle repose, selon lui, sur un principe général qu'il formule ainsi : « **La fonction poétique projette le principe d'équivalence de l'axe de la sélection sur l'axe de la combinaison.** » Qu'est-ce à dire ? Nous avons déjà vu que dans le fonctionnement général de la langue les paradigmes sont constitués d'unités interchangeables, donc **équivalentes**, tandis que sur l'axe syntagmatique les unités ne sont pas interchangeables, mais complémentaires. La fonction poétique attire l'attention sur la forme du message en produisant aussi des équivalences sur l'axe syntagmatique, c'est-à-dire sur la chaîne parlée ou écrite. Ce sont, en prose comme en poésie versifiée :

— les répétitions pures et simples :

Je te nomme Soir ô Soir ambigu, feuille mobile je te nomme

Senghor

— les paronomases (rapprochements de mots partiellement homophones) :

I like Ike (slogan électoral américain)
Sans rien en lui qui pèse ou qui pose

Verlaine

— les retours de phonèmes identiques ou voisins :

Pour qui sont ces serpents qui sifflent sur vos têtes ?

Racine

Tout l'adorable déshabillé de l'eau

A. Breton

(séries de *a*, *o*, *l*, *d*)

— les régularités de la versification, comme les rimes, l'égalité des vers, les mesures rythmiques internes, les strophes ;

— les énumérations ;

— les parallélismes grammaticaux ou de sens :

Elle dit que c'est peut-être la mer qui ne les quitte pas, qui est toujours là avec son bruit, si près quelquefois que c'est à fuir, que c'est cette lumière décolorée, funeste, cette lenteur du jour à gagner le ciel, ce retard qu'ils prennent sur le reste du monde avec cet amour-là.

Marguerite Duras

— les comparaisons, les métaphores à deux termes présents (« le gouffre de tes yeux ») ;

— les antithèses, car les termes opposés font partie d'un même paradigme : « grand » et « petit » appartiennent au paradigme de la taille, « noir » et « blanc » à celui de la clarté.

Les équivalences de signifiant, dit encore Jakobson, suggèrent des équivalences sur le plan du signifié ; les termes rapprochés par leurs sonorités, ou leur arrangement syntaxique, sont interprétés comme faisant partie d'une même série pour le sens : les trois mots de « I like Ike » créent par leurs récurrences phoniques un ensemble sémantique où sont associés le sujet, la sympathie, exprimée par le verbe, et l'objet (le candidat).

Forment également des chaînes d'équivalences syntagmatiques les termes présentant des signifiés communs ou apparentés : les synonymes, les métaphores et comparaisons, les mots appartenant à une même famille étymologique ou à un même domaine lexical.

Le champ couvert par la production d'équivalences dans le discours est immense, et Jakobson souligne bien que la fonction poétique s'exerce à tous les niveaux de langue et dans tous les types de discours, dès lors que le locuteur vise à les valoriser pour eux-mêmes. Ces équivalences vont de l'expressivité argotique aux jeux de mots, des annonces publicitaires à l'art oratoire et au style des écrivains. Cette activité est seulement plus soumise à des contraintes formelles (vers, rimes...) et plus complexe dans la poésie versifiée.

2. Les contenus de la poésie

Ces contenus peuvent varier considérablement, et déterminent des genres poétiques nombreux. On parle, entre autres, de poésie **lyrique** (exprimant des sentiments personnels), **épique** (relatant des hauts faits, l'histoire et les légendes de l'humanité), **dramatique** (utilisée au théâtre), **didactique** (proposant des enseignements, comme la fable), **gnomique** (prononçant des sentences), **satirique, légère, érotique, descriptive, pastorale** (mettant en scène des bergers), **élégiaque** (exhalant de douces plaintes), **philosophique, sacrée, profane, burlesque, familière, de circonstance**. Ces étiquettes renvoient en général au référent, et dans certains cas à la manière de le considérer (satirique, descriptive, burlesque). Peu de domaines de l'expérience humaine leur échappent, même la scatologie que Rimbaud n'a pas dédaigné de chanter.

Mais ce qui distingue les textes poétiques de textes parallèles sur des sujets identiques, c'est leur **gratuité** et leur **réflexivité** (encore appelée **autotélisme** : qualité de ce qui se prend soi-même comme fin). Ainsi les *Châtiments* de Hugo sont des poèmes satiriques et politiques, mais ce ne sont ni de simples pamphlets, ni de simples harangues ; ils participent à une action contre le Second Empire, mais en poèmes, en œuvres d'art. De même le célèbre « Liberté » d'Éluard s'est voulu un appel politique, mais en conservant un niveau littéraire. Le poème se donne toujours à admirer, à contempler pour lui-même. Cela peut aller jusqu'au dédain du monde actuel, comme dans les poèmes stoïciens de Vigny, ou la tendance à l'Art pour l'Art illustrée par Gautier, puis les Parnassiens et les Symbolistes. On peut méditer sur cette remarque de Mallarmé sur l'absence référentielle de la fleur que nomme le poète :

> Je dis : une fleur ! et hors de l'oubli où ma voix relègue aucun contour, en tant que quelque chose d'autre que les calices sus, musicalement se lève, idée même et suave, l'absente de tous bouquets.
>
> « Divagation première. Relativement au vers »

Si, inversement, le poète se considère comme engagé aux côtés des autres hommes, il a toujours tendance à s'attribuer un rôle à part, de conducteur d'âmes, de voyant, de censeur. Écoutons Victor Hugo prophète :

O genre humain ! lumière et nuit ! chaos des âmes !

L'Année terrible

Claudel célébrant l'ivresse poétique alliée aux éléments :

Encore ! encore la mer qui revient me rechercher comme une barque.
La mer encore qui retourne vers moi à la marée de syzygie et qui me lève et remue de mon ber comme une galère allégée,
Comme une barque qui ne tient plus qu'à sa corde, et qui danse furieusement, et qui tape, et qui saque, et qui fonce, et qui encense, et qui culbute, le nez à son piquet,
Comme le grand pur sang que l'on tient aux naseaux et qui tangue sous le poids de l'amazone qui bondit sur lui de côté et qui saisit brutalement les rênes avec un rire éclatant !

Cinq Grandes Odes

Rimbaud fustigeant les bourgeois ses contemporains :

Le Poète prendra le sanglot des Infâmes,
La haine des forçats, la clameur des Maudits ;
Et ses rayons d'amour flagelleront les Femmes.
Ses strophes bondiront : Voilà ! voilà ! bandits !

— Société, tout est rétabli : — les orgies
Pleurent leur ancien râle aux anciens lupanars :
Et les gaz en délire, aux murailles rougies,
Flambent sinistrement vers les azurs blafards !

« L'orgie parisienne »

Ou, inversement, le Verlaine de *Sagesse* se réclamant de la plus extrême humilité chrétienne :

Écoutez la chanson bien douce
Qui ne pleure que pour vous plaire.
Elle est discrète, elle est légère :
Un frisson d'eau sur la mousse !

La charge émotionnelle est une des caractéristiques sémantiques de la poésie. C'est elle qui fait le **lyrisme**, autrement dit la présentation par le poète de sa propre image, l'épanchement de ce qu'il y a en lui de plus subjectif. Cette quête des profondeurs entraîne le poète vers l'indicible, aucun langage n'est adapté à ce qu'il éprouve de plus subtil et de plus violent. C'est alors qu'il est tenté de rejoindre la musique, cet art sans paroles qui permet de passer d'une sensibilité profonde à une autre par des rythmes et des vibrations sonores : la poésie lyrique est celle qui, à l'origine, est accompagnée de la lyre. Mais le poète est un homme de langage et doit livrer combat à sa langue natale pour la plier à ses sentiments intimes, ou du moins aboutir à un accord difficile entre ceux-ci et les « mots de la tribu ».

Ainsi voit-on Claudel, dans les versets qui viennent d'être cités, exploiter des régions peu connues de notre langue et recourir à des termes techniques, notamment maritimes : *ber* : « charpente qui supporte un bateau à terre » ; *syzygie* : « position de la lune en conjonction avec le soleil, qui entraîne les grandes marées » ; *encenser*, qui « se dit d'un cheval qui fait avec la tête des mouvements de bas en haut ». Ou un mot ancien comme *saquer* : « saccager ». On le voit encore associer les mots par affinités phoniques, comme dans les séries *barque, ber, mer, galère*, et « et qui *tape*, et qui *saque* ».

Le poète est aussi un être d'imagination : il se présente comme un interprète des signes de la nature :

> La Nature est un temple où de vivants piliers
> Laissent parfois sortir de vivantes paroles ;
> L'homme y passe à travers des forêts de symboles
> Qui l'observent avec des regards familiers.
>
> Baudelaire, *Les Fleurs du mal*

ou comme un voyant :

> Je veux être poète, et je travaille à me rendre *voyant* : vous ne comprendrez pas du tout, et je ne saurais presque vous expliquer. Il s'agit d'arriver à l'inconnu par le dérèglement de *tous les sens*.
>
> Rimbaud, « Lettre »

ou comme une barque emportée par la pleine mer, ou comme un pur-sang impétueux (Claudel). Toujours il se meut parmi les images qu'il crée et qui l'investissent de toutes parts. À cette imagination de la représentation du monde s'ajoute l'imagination verbale, qui perçoit les richesses sémantiques des mots et en fait jaillir de nouvelles, qui joue sur les associations inédites, se livre à des déformations et à des créations nouvelles.

La poésie tend donc à se constituer une langue à part, distincte de la langue courante, et à revendiquer pour elle-même un idéal de pureté, par exclusion des sens trop usuels. Ce n'est pas sans un effort spécial de lecture qu'on reconnaîtra, dans le sonnet suivant de Mallarmé, malgré l'évidente beauté de l'image du cygne retenu par la glace dans un paysage de givre, les vaines tentatives du poète pour échapper à la stérilité, à l'ennui, au mépris dont il est l'objet :

TEXTE 70

Le vierge, le vivace...

Le vierge, le vivace et le bel aujourd'hui
Va-t-il nous déchirer avec un coup d'aile ivre
Ce lac dur oublié que hante sous le givre
Le transparent glacier des vols qui n'ont pas fui !

Un cygne d'autrefois se souvient que c'est lui
Magnifique mais qui sans espoir se délivre
Pour n'avoir pas chanté la région où vivre
Quand du stérile hiver a resplendi l'ennui.

Tout son col secouera cette blanche agonie
Par l'espace infligée à l'oiseau qui le nie,
Mais non l'horreur du sol où le plumage est pris.

Fantôme qu'à ce lieu son pur éclat assigne,
Il s'immobilise au songe froid de mépris
Que vêt parmi l'exil inutile le Cygne.

Mallarmé, *Poésies* (1887)

3. Poésie et oralité

Dans ses débuts, la poésie n'était pas écrite, mais récitée ou chantée par des aèdes, comme elle l'est encore aujourd'hui par les griots de l'Afrique noire. Elle devait comporter le plus grand nombre de repères possible pour favoriser la mémorisation. L'existence des vers fut en partie déterminée par ce besoin, l'autre partie répondant à la recherche de rythmes pour accompagner le chant, voire la danse, et à la recherche d'une forme linguistique distincte de l'usage prosaïque. La poésie connut d'abord la régularité des longueurs, du nombre des mesures, la variation des types de vers employés en fonction du genre poétique pratiqué. Au cours de notre Moyen Âge apparaissent la régularité du nombre de syllabes (les vers grecs et latins ne connaissaient que la récurrence réglée de **pieds** composés de plusieurs syllabes d'après la répartition des syllabes longues et des syllabes brèves), le retour d'assonances (entre voyelles identiques) en fin de vers, puis, plus tardivement, la rime. D'autres procédés sont à mettre également au compte de la mnémotechnie comme les refrains et les systèmes de strophes. L'adoption du langage versifié par le théâtre antique, fréquemment reprise par nos dramaturges classiques, est à mettre en relation avec le soutien qu'il offre aux acteurs pour apprendre leur rôle.

La poésie moderne, en abandonnant généralement les vers traditionnels, n'a pas pour autant renoncé aux appuis mémoriels que constituent les répétitions, surtout aux endroits les plus remarquables des phrases, comme le montrent les exemples suivants :

TEXTE 71

Pourtant, j'étais fort mauvais poète

Pourtant, j'étais fort mauvais poète,
Je ne savais pas aller jusqu'au bout.
J'avais faim
Et tous les jours et toutes les femmes dans les cafés et tous les verres,
J'aurais voulu les boire et les casser
Et toutes les vitrines et toutes les rues
Et toutes les maisons et toutes les vies
Et toutes les roues des fiacres qui tournaient en tourbillon sur les mauvais pavés
J'aurais voulu les plonger dans une fournaise de glaives
Et j'aurais voulu broyer tous les os
Et arracher toutes les langues
Et liquéfier tous ces grands corps étranges et nus sous les vêtements qui m'affolent...
Je pressentais la venue du grand Christ rouge de la révolution russe...
Et le soleil était une mauvaise plaie
Qui s'ouvrait comme un brasier.

Blaise Cendrars, *La Prose du Transsibérien et de la petite Jehanne de France* (1913), © Denoël.

TEXTE 72

Tu te lèves...

Tu te lèves l'eau se déplie
Tu te couches l'eau s'épanouit

Tu es l'eau détournée de ses abîmes
Tu es la terre qui prend racine
Et sur laquelle tout s'établit

Tu fais des bulles de silence dans le désert des bruits
Tu chantes des hymnes nocturnes sur les cordes de l'arc-en-ciel
Tu es partout tu abolis toutes les routes

Tu sacrifies le temps
À l'éternelle jeunesse de la flamme exacte
Qui voile la nature en la reproduisant

Femme tu mets au monde un corps toujours pareil
Le tien

Tu es la ressemblance.

Paul Éluard, *Facile* (1935), © Éd. Gallimard

C'est ce besoin de retours sonores et sémantiques lié à la mémorisation (chez l'auditeur aussi bien que chez le récitant) qui explique les formes fixes que s'est données très tôt la poésie versifiée. Le vers, déjà réglé intérieurement, est regroupé avec ses voisins pour former des unités de dimension supérieure, voire pour construire un plan d'ensemble contraignant pour toute une catégorie de poèmes. Ces regroupements sont :

— le *distique*, réunissant deux vers consécutifs de même rime qui forment une seule unité syntaxique et sémantique. Le distique convient bien à l'énoncé de maximes ; il a été adopté comme cellule de base de nos tragédies classiques :

Je suis jeune, il est vrai, mais aux âmes bien nées
La valeur n'attend pas le nombre des années.

Corneille, *Le Cid*

— la *laisse* de nos anciennes épopées, unité de récit formée d'un nombre variable de vers tous terminés sur une même assonance ;

— les *strophes* des chansons et des poèmes, qui prennent la succession des laisses, mais selon une plus grande régularité puisque le nombre et la disposition de leurs vers sont invariables ;

— les *refrains* des chansons ou de certains poèmes, retour à place fixe de vers ou groupes brefs de vers ;

— les *poèmes alternés*, comme les chants amébées grecs et latins où deux locuteurs rivalisent alternativement d'art oratoire et poétique dans des couplets de même dimension. (Le genre populaire traditionnel malgache du hain-teny leur correspond : c'est une joute poétique orale entre deux adversaires) ;

— les *poèmes à forme fixe*, dont le schéma de construction est donné d'avance, s'est développé au Moyen Âge en de multiples catégories. Nous connaissons encore bien aujourd'hui la ballade et surtout le sonnet (voir le chapitre suivant pour le sonnet).

La poésie moderne a souvent conservé certains aspects de ces régularités, pour insister sur un contenu qui implique répétition, ou par souvenir de la tradition. Péguy, par exemple, utilise une sorte de refrain dans une longue litanie sur Paris : après un quatrain initial, il reprend la rime et le schéma syntaxico-sémantique du dernier vers à la fin de chacune des quinze strophes suivantes. Je reproduis ce quatrain et les cinq « refrains » suivants :

TEXTE 73

Sainte Geneviève patronne de Paris

Bergère qui gardiez les moutons à Nanterre
Et guettiez au printemps la première hirondelle,
Vous seule vous savez combien elle est fidèle,
La ville vagabonde et pourtant sédentaire.
...
La ville indépendante et pourtant tributaire.
...
La ville intolérante et pourtant libertaire.
...
La ville incohérente et pourtant statutaire.
...
La ville exubérante et pourtant censitaire.
...
La ville assourdissante et pourtant solitaire.

Charles Péguy, *La Tapisserie de sainte Geneviève et de Jeanne d'Arc* (1912)

Apollinaire revient, lui, au refrain traditionnel dans « Le pont Mirabeau » :

Sous le pont Mirabeau coule la Seine
Et nos amours
Faut-il qu'il m'en souvienne
La joie venait toujours après la peine

Vienne la nuit sonne l'heure
Les jours s'en vont je demeure

Les mains dans les mains restons face à face
Tandis que sous
Le pont de nos bras passe
Des éternels regards l'onde si lasse

Vienne la nuit sonne l'heure
Les jours s'en vont je demeure
[...]

Léopold Sédar Senghor, poète sénégalais, construit et rythme le poème de « Joal » sur le retour d'une même impulsion initiale, qui évoque le défilé et l'obsession des souvenirs :

TEXTE 74

Joal

Joal !
Je me rappelle.

Je me rappelle les signares à l'ombre verte des vérandas
Les signares aux yeux surréels comme un clair de lune sur la grève.

Je me rappelle les fastes du Couchant
Où Koumba N'Dofène voulait faire tailler son manteau royal.

Je me rappelle les festins funèbres fumant du sang des troupeaux égorgés
Du bruit des querelles, des rhapsodies des griots.
[....]

Léopold Sédar Senghor, *Chants d'ombre* (1945), © Éd. du Seuil

La parenté de la poésie avec l'oralité se manifeste également dans son traitement des sonorités verbales. C'est autant et souvent plus pour leur consonance (ou leur dissonance) que pour des raisons de sens que les poètes rapprochent les mots, comme dans le vers célèbre de Mallarmé :

> Aboli bibelot d'inanité sonore.

Nous avons déjà constaté de tels rapprochements dans les jeux de mots pratiqués par Michel Leiris (texte 64), avec une finalité plus critique que constructive. En fait, les poètes traitent la matière verbale comme les peintres les pâtes qui leur servent à fabriquer leurs couleurs, en mélangeant, rapprochant, assortissant : les uns et les autres produisent ainsi des effets d'enrichissement, de relief, d'harmonie ou de choc. On a longtemps considéré comme l'un des plus beaux vers de la langue française celui-ci de Racine *(Phèdre)* :

> La fille de Minos et de Pasiphaé.

Sur le seul plan des sonorités, il est remarquable par son harmonie vocalique (absence de voyelles « sombres », modulation entre les « ouvertes » et les « fermées », hiatus du nom final), par la prédominance des consonnes d'articulation douce, par la progression de sa cadence (2-4-6 syllabes). Toute cette élaboration technique, cachée au lecteur, sur les timbres, les accords, les rythmes, font de la poésie une sœur de la musique.

4. Images, symboles, mythes

4.1 L'image comme représentation

La poésie est inséparable d'une abondance d'images. Mais il est nécessaire d'opérer des distinctions parmi celles-ci. On pense d'abord à celles qui représentent avec force ou subtilité la réalité sensible : ce sont les images qui dépeignent des formes du monde, des sons, des sensations diverses, et peuvent conférer au poème la richesse de l'expérience vécue, une complicité avec la nature, la coloration originale de lieux et de moments particuliers. Ces qualités de sensibilité frappent fortement, par exemple, dans ce début de « Pour fêter une enfance », de Saint-John Perse *(Elégies)* :

> Palmes... !
> Alors on te baignait dans l'eau-de-feuilles-vertes ; Et l'eau encore était du soleil vert ; et les servantes de ta mère, grandes filles luisantes, remuaient leurs jambes chaudes près de toi qui tremblais...
> (Je parle d'une haute condition, alors, entre les robes, au règne de tournantes clartés.)

On qualifiera ces images de pittoresques ou sensuelles.

D'autres prennent une distance plus grande par rapport à la réalité référentielle (en fait, aucune ne peut passer pour une exacte reproduction, puisqu'il y a toujours transposition à travers le langage), et procèdent soit par sélection de traits isolés, soit par idéalisation. Un cas typique est celui du haiku japonais, forme poétique encore très prisée aujourd'hui dans son pays d'origine, composé de trois vers très courts et dont l'intention est de fixer un aspect fugitif de la nature, de l'isoler et de le proposer à la méditation :

sans réalité
en un pincement
le papillon.

le cerf-volant
au même endroit
que dans le ciel d'hier.

assoupie
le flux du printemps
et sa chevelure défaite.

(traduction de trois haiku de Buson, poète japonais du XVIIIe siècle)

Certains poèmes de René Char ont presque les mêmes caractéristiques :

Dans l'espace

Le soleil volait bas, aussi bas que l'oiseau. La nuit les éteignit tous deux. Je les aimais.

À un certain degré, l'image devient si épurée qu'elle perd ses qualités sensibles. C'est à ce point que chez Mallarmé la fleur devient, comme nous l'avons lu, « l'absente de tout bouquet ».

4.2. L'image rhétorique

Dans une autre acception, l'image est l'emploi d'un mot ou d'une expression en un sens figuré, qui n'est pas le sien à l'origine. Nous avons étudié le fonctionnement de ces images au chapitre 13. Notons seulement que la poésie en fait un beaucoup plus grand usage que la prose, qu'elles sont un de ses composants essentiels. Nous y reviendrons au chapitre 19.

4.3. Le symbole. L'allégorie

La force évocatrice de la poésie s'étend plus loin que les images individuelles, ou même les réseaux d'images. Elle se prolonge dans les symboles, lorsque ses représentations renvoient, par des analogies aisément perceptibles (le glaive et la balance pour la justice, la flamme pour l'amour), ou de manière plus médiatisée, à des référents plus larges et plus abstraits. Considérons cet autre poème de Senghor :

TEXTE 75

Masque nègre

À Pablo Picasso

Elle dort et repose sur la candeur du sable.
Koumba Tam dort. Une palme verte voile la fièvre des cheveux, cuivre le front courbe
Les paupières closes, coupe double et sources scellées.
Ce fin croissant, cette lèvre plus noire et lourde à peine — où le sourire de la femme complice ?
Les patènes des joues, le dessin du menton chantent l'accord muet.
Visage de masque fermé à l'éphémère, sans yeux sans matière
Tête de bronze parfaite et sa patine de temps
Que ne souillent fards ni rougeur ni rides, ni traces de larmes ni de baisers
Ô visage tel que Dieu t'a créé avant la mémoire même des âges
Visage de l'aube du monde, ne t'ouvre pas comme un col tendre pour émouvoir ma chair.
Je t'adore, ô Beauté, de mon œil monocorde !

Léopold Sédar Senghor, *Chants d'ombre* (1945), © Éd. du Seuil

Par-delà le portrait de femme, Senghor recherche une géométrisation des formes (« coupes doubles », « la patène des joues »), la fermeture et la concentration du visage et de toute l'attitude (« ne t'ouvre pas comme un col tendre »), l'austérité (« où le sourire de la femme complice ? »), la permanence dans le temps (« fermé à l'éphémère », « la patine du temps », « avant la mémoire même des âges », « l'aube du monde »), la perfection dans la simplicité (« tête de bronze parfaite », « mon œil monocorde »). Chacun de ces intermédiaires nous fait progresser dans le sens du symbole général : la négritude considérée dans son antiquité, la beauté hiératique et géométrique de sa statuaire, la noblesse et la dignité de la femme. La dédicace à Picasso est un hommage qui rappelle que le peintre a su saisir ce symbolisme et le faire passer dans son œuvre.

Au symbole, nous pouvons associer encore **l'allégorie**, abstraction prenant figure animée ou humaine et dotée d'attributs symboliques :

Ô mort, vieux capitaine, il est temps, levons l'ancre !

Baudelaire

4.4. Le mythe

Plus riche que le symbole est le mythe, récit fabuleux ou d'origine historique qui incarne des forces naturelles (la création du monde, la foudre, la tempête, les astres, le Déluge...), la condition humaine (la Fatalité, la Mort, la lutte du Bien et du Mal...), ou de grands types de comportements (L'Amour, la Révolte, la Guerre, la Pureté..., incarnés par des divinités ou des héros légendaires). Il relève de l'imagination collective des sociétés, et se trouve lié à leur religion et à leur organisation sociale. Il est rejoint dans l'imaginaire collectif par les légendes et les contes populaires.

D'abord élément authentiquement religieux, le mythe se laïcise peu à peu et devient un élément esthétique de la poésie, lui fournissant de beaux récits qui illustrent l'expérience ou les rêves de l'humanité, mais aussi un moyen d'approcher de vérités mystérieuses devant lesquelles le discours logique se trouve démuni. Après avoir été un composant obligatoire de la poésie occidentale de la Renaissance à la fin du XIXe siècle (rappelons la place énorme qu'il tient chez Hugo, notamment dans la *Légende des siècles*, chez Vigny dans *Les Destinées*, à un moindre titre chez Mallarmé, avec par exemple l'« Après-midi d'un faune »), son rôle décroît au début du XXe siècle. Mais il est encore présent chez Valéry (« La Jeune Parque »...) et Apollinaire (les poèmes rhénans d'*Alcools* évoquant la Lorelei germanique).

À l'époque contemporaine, on le trouve chez des poètes qui se rattachent à une tradition porteuse de mythes anciens, comme André Spire, inspiré par la tradition juive :

Exode

Israël, Israël, peuple entêté de vivre,
Il faut fuir, Israël, toutes ces fausses patries.
Tu aimes ces pays où tu es entassé,
L'air, le soleil, les vents, les neiges et les plaines ;
Les fleuves où tes filles prirent leur premier bain,
Les bois où tu erras traqué comme une louve,
Les maisons d'où tes fils furent défenestrés.
Arrache de ton cœur ces sols de servitude ;
Prends le pain sans levain et les herbes amères ;
Ceins tes reins, prends ton bâton, chausse tes pieds.
Marche vers Odessa, vers Hambourg ou vers Brême,
L'océan se fendra de nouveau devant toi.
Les chefs de tes tribus ont parcouru le monde,
Ont reconnu pour toi de nouveaux Canaans.
[...]

Poèmes juifs, Albin Michel

Mais notre époque a créé de nouveaux « mythes », qui ne sont plus des récits fabuleux anciens, mais plutôt des lieux communs de pensée et de sentiment appartenant à toute une société : certaines images de villes et de pays, ou encore d'époques (les Années Folles, la Belle Époque), certains idéaux (le Progrès, la Science, l'Europe...). Ainsi voyons-nous Senghor reprendre le mythe de New York pour l'opposer à celui de l'africanité :

À New York

New York ! D'abord j'ai été confondu par ta beauté, ces grandes filles d'or aux jambes longues.
Si timide d'abord devant tes yeux de métal bleu, ton sourire de givre
Si timide. Et l'angoisse au fond des rues à gratte-ciel
Levant des yeux de chouette parmi l'éclipse du soleil.
Sulfureuse ta lumière et les fûts livides, dont les têtes foudroient le ciel
Les gratte-ciel qui défient les cyclones sur leurs muscles d'acier et leur peau patinée de pierres.
Mais quinze jours sur les trottoirs chauves de Manhattan
— C'est au bout de la troisième semaine que vous saisit la fièvre en un bond de jaguar
Quinze jours sans un puits ni pâturage, tous les oiseaux de l'air
Tombant soudain et morts sous les hautes cendres des terrasses.
[...]

Chants d'ombre

LECTURES COMPLÉMENTAIRES

COMBE Dominique, *Poésie et récit, rhétorique des genres*, José Corti, 1989.
DELAS Daniel, *Guide méthodologique de la poésie*, Nathan, 1980.
JAFFRE Jean, *Le Vers et le poème*, Nathan, 1984.
JAKOBSON Roman, *Essais de linguistique générale*, Minuit, 1963.
JAKOBSON Roman, *Questions de poétique*, Le Seuil, 1963.
JOUBERT Jean-Louis, *La Poésie*, A. Colin, 1970 (excellent ouvrage d'initiation).
LEUWERS Daniel, *Introduction à la poésie moderne et contemporaine*, Bordas, 1990.

Chapitre 17

La versification

Nous entendons par là l'ensemble des questions relatives au vers régulier, et par extension au vers moderne dans la mesure où il conserve une partie de cette régularité.

1. Rythme. Prosodie

La notion de rythme est beaucoup plus vaste que celle de poésie ou de littérature. Elle est généralement associée à celle de recommencement de gestes, de mouvements, de signaux, de sons : rythme de la marche, de l'effort des rameurs, des vagues de la mer, de la musique, de la danse, des saisons, des jours et des nuits. On pense alors surtout à la régularité de ces retours, à la **cadence** (voir le pas cadencé). Mais il existe aussi d'autres rythmes, moins réguliers : croissants, décroissants, syncopés, inégaux, variables, qui évoquent plus l'écoulement d'un fleuve qu'une troupe en marche. Ils ne reposent pas sur la répétition du semblable, mais épousent un développement individuel. Nous dirons donc, en nous plaçant au niveau le plus général, que **le rythme est la forme d'un mouvement**.

Le rythme du langage oral, qui a déterminé celui de la poésie, repose sur des repères qui sont les accents, l'intonation et les pauses. L'**accent tonique** du français est un accent d'intensité modérée et de durée à la fois, qui porte sur la dernière syllabe d'un groupe syntaxique :

« N'oubliez pas de me rapporter ce livre quand vous reviendrez ».

En fin de mot le **-e caduc** ou **muet**, rarement prononcé, n'cst jamais accentué (voir livre), qu'il prenne la forme graphique de *-e*, de *-es*, de *-ent*. Il exite une exception : le pronom de troisième personne *le* après un impératif : « dis-le ».

Il y a aussi un **accent d'expressivité**, facultatif, qui peut frapper la syllabe initiale des mots, et même des mots **proclitiques** (c'est-à-dire qui sont atones et s'appuient sur le mot suivant) :

« C'est <u>in</u>croyable ! »

« Ce n'est pas <u>u</u>ne maison, c'est <u>ma</u> maison. »

« Il y a fagots <u>et</u> fagots. »

La **pause** est un silence plus ou moins étendu, qui suit une syllabe accentuée, et sépare des groupes syntaxiques, ou détache des mots ou groupes que le locuteur veut mettre en relief. À l'écrit, la pause est souvent (mais pas toujours) marquée par un signe de ponctuation : point final en fin de phrase (pause dite forte), virgule pour des pauses intérieures faibles, point-virgule pouvant séparer, à l'intérieur de la phrase, de grands ensembles syntaxiques, ou des groupes nécessitant une pause semi-forte (par exemple des sous-ensembles dans une longue énumération). Les points d'exclamation, d'interrogation et de suspension interviennent le plus souvent en fin de phrase, mais peuvent être placés dans le cours d'une phrase qu'ils n'achèvent pas. Il faut noter que l'usage des virgules est fluctuant dans l'histoire du français écrit et dans l'usage des écrivains, ce qui ne veut pas dire indifférent. Jusqu'au début du XXe siècle, plus rares qu'aujourd'hui, elles marquaient souvent, en prose, la fin d'un long développement syntaxique à l'intérieur de la phrase et correspondaient à une reprise de la respiration dans le débit oral (ponctuation oratoire), ou encore signalaient le sommet mélodique de la phrase. Actuellement, elles ont une fonction principalement syntaxique, comme d'encadrer les incises, les appositions, les circonstanciels détachés, les relatives explicatives.

L'**intonation** est faite des élévations, abaissements et tenues de la voix dans la phrase. Certaines de ses variations sont obligatoires : élévation sur certaines syllabes dans l'interrogation, abaissement en fin de phrase assertive. Beaucoup sont libres et expressives.

De ces trois éléments qui constituent la **prosodie** (c'est-à-dire, étymologiquement, ce qui, dans le langage, se rapproche du chant), seule la ponctuation, reflet fragmentaire de la pause, apparaît à l'écrit. Encore les écrivains contemporains la suppriment-ils parfois, ou en font-ils un usage extrêmement personnel. Par suite de ces conditions le rythme prosodique d'un texte écrit doit toujours être reconstitué, à partir des pauses, des groupes syntaxiques, des intentions expressives prêtées à l'écrivain ou propres à l'interprète.

Précisons que bien d'autres éléments que prosodiques peuvent être constitutifs du rythme : répétitions, parallélismes, similitudes de construction syntaxique, retour de sonorités identiques ou voisines, variation des volumes syntaxiques, disposition des arguments du discours, etc.

En poésie versifiée, le rythme le plus apparent est fourni par le retour d'un même nombre de syllabes de vers en vers, par le retour des rimes, et par les strophes. Ces formes, qui relèvent de la régularité pure, du nombre et de la mesure, appartiennent à la **métrique**, qui est la forme arithmétique du rythme. Elles entrent en compétition avec les autres éléments déjà signalés, et c'est de la tension entre la régularité métrique et les rythmes spécifiques de la parole que naît le rythme individuel d'un poème.

2. Métrique du vers français

2.1. Découpage syllabique

Le latin, langue à accent de mot mobile, et dont les syllabes se répartissaient en longues et en brèves, avait un vers formé d'un nombre fixe de mesures, ou pieds, caractérisés par une association déterminée de syllabes. Ainsi le plus connu, l'hexamètre dactylique, était-il formé de six pieds comportant chacun soit deux syllabes longues (on appelait ce type de pied un spondée), soit une longue suivie de deux brèves (ou dactyle), les deux derniers pieds étant un dactyle suivi d'un spondée.

Dans le lent passage du latin au français, l'opposition entre syllabes brèves et syllabes longues s'est perdue. La fixité de l'accent tonique sur la dernière syllabe et son assez faible intensité ont achevé de faire considérer les syllabes comme égales entre elles. Aussi le vers français s'est-il constitué sur une base syllabique et selon les principes mnémoniques du retour de séquences d'un même nombre de syllabes et du retour à place fixe (la fin du vers) de sonorités semblables.

Le décompte des syllabes est donc à la base de la métrique, depuis les origines de la poésie française. Ses règles ont varié avec l'évolution phonétique de la langue, mais ont été fixées de manière rigoureuse au début du XVIIe siècle par Malherbe, puis par Boileau.

Le **-e** sourd atone à la fin de nombreux mots était audible en ancien français, comme il l'est encore aujourd'hui dans les accents méridionaux. Il a disparu de la prononciation moderne, sauf dans certaines séquences que sa disparition complète rendrait difficilement prononçables (du type de : « Vous ne me le direz pas deux fois » ou « Rien ne me consterne plus ») et dans la prononciation du niveau de langue soutenu qui est plus ralentie, articule davantage et multiplie les liaisons entre mots. C'est cette chute généralisée qui fait appeler cette voyelle **-e muet** ou **-e caduc**.

Le vers français classique perpétue en partie la prononciation ancienne, et fait du **-e caduc** le centre d'une syllabe décomptée, sauf en fin de vers, ou en fin de mot devant une voyelle ou un **-h-** non aspiré (phénomène appelé *élision*), et même si une ponctuation sépare cet **-e** de la voyelle initiale qui suit. Voyons-le sur des vers de douze syllabes ou *alexandrins* :

Il suffit que ma main l'ait une fois touché(e),
Je l'ai rendu(e) horribl(e) à ses yeux inhumains.

Racine

Et sur quoi jugez-vous que j'en perds la mémoir(e),
Princ(e) ? Aurais-je perdu tout le soin de ma gloir(e) ?

Id.

Remarquons qu'en fin de vers, quand un **-e muet** suit une voyelle accentuée, comme ci-dessus dans « touchée », la prononciation théâtrale allonge cette voyelle (sans modifier cependant le décompte des vers) pour distinguer le féminin du masculin.

Il a été possible jusqu'à la fin du XVIe siècle, en raison de la prononciation ancienne, de compter à l'intérieur du vers des -e caducs du type suivant :

En pluie d'or goutt(e) à goutte descendre. (10 syllabes)

Ronsard

La métrique classique exclut cette possibilité, à l'intérieur du vers, d'un **-e** caduc après voyelle et devant consonne. Des fins de mots comme « oublies », « aimées », « venues », « avouent », sont impossibles car devant voyelle le **-s** ou le **-t** final fait liaison et compte comme consonne. Quelques rares exceptions sont admises, comme le « -aient » d'imparfait ou de conditionnel, « soient » et « aient » :

Ses malheurs n'avai(ent) point abattu sa fierté.

Racine

Certaines orthographes anciennes ou déviantes sont admises en poésie pour permettre de compter une syllabe en plus ou en moins : « encor », « jusques », « guères », etc.

Aux règles concernant le **-e** muet s'ajoutent celles de **l'hiatus**, de la **diérèse** et de la **synérèse**. L'hiatus est la rencontre phonétique de deux voyelles. La versification classique le proscrit entre deux mots voisins, sauf si un **-e** caduc se trouve entre les deux voyelles : nous avons rencontré plus haut chez Racine la séquence autorisée « rendue horrible ». Il est permis à l'intérieur d'un mot, comme dans le verbe « haïr », ou comme dans le célèbre vers racinien :

La fille de Minos et de Pasiphaé.

À l'intérieur d'un mot, la diérèse (du grec *diairésis*, séparation) est la prononciation en deux syllabes de deux voyelles en contact, la première étant généralement **-i-** ou **-u-** (rarement **-o-**, comme dans « poète »), et la synérèse leur prononciation en une seule syllabe. L'usage en langue courante est déterminé par l'étymologie des mots, avec toutefois une évolution vers la synérèse. La langue poétique, avec sa tendance générale, déjà observée, à ralentir sa prononciation, conserve de multiples diérèses. La règle générale est la suivante :

— il y a **diérèse** si les deux voyelles remontent à deux voyelles distinctes du latin : pli-er de « plicare », li-er de « ligare », ru-ine de « ruinam » ;

— et **synérèse** si elles remontent à une seule voyelle latine qui s'est diphtonguée au cours de l'évolution : fier de « ferum », pied de « pedem », pluie de « pluviam ».

Exemple :

Que son farouche orgueil le rendait odieux (diérèse)
Que Phèdre en ce moment n'avait-elle mes yeux ! (synérèse)

Racine

« Odieux » vient de « odiosum », tandis que « yeux » vient de « oculos » avec un **-o-** qui s'est diphtongué (c'est le même cas que « lieu » venant de « locum »).

Ainsi des catégories entières de mots suivent-elles la diérèse en poésie : les noms féminins en **-tion**, **-ssion** (lat. *-tionem*, *-ssionem*), les adjectifs en **-ieux** (lat. *-iosum*), **-ient** (lat. *-ientem*) :

Depuis le premier jour de la création,
Les pieds lourds et puissants de chaque Destinée
Pesaient sur chaque tête et sur toute action.

Vigny

(« premier », de « primarium », et « puissants », de « potentes », ont normalement la synérèse).

Font exception des mots comme : « oui », de « hoc illum » ; « diable », de « diabolum » et les terminaisons en **-ions** et **-iez** des verbes à la première et à la deuxième personne du pluriel des imparfaits, conditionnels et subjonctifs (venant de *-eamus*, *-eatis*).

Sont flottants à l'époque classique un mot comme « poète » (de « poetam ») et les adjectifs en **-ien** comme « chrétien », « Parisien ».

L'ensemble de ces règles du **-e** caduc, et de la diérèse, comme celle de la prononciation allongée en fin de vers d'une voyelle suivie d'un -e, donnent à la diction poétique un caractère très à part, très formel, attentif à chaque mot, qui la distingue nettement de la diction prosaïque, **et qu'il faut respecter à la lecture orale**.

2.2. Coupes et enjambements

Dans les vers relativement longs comme l'alexandrin et le décasyllabe (le cas est discuté pour l'octosyllabe), la métrique place un appui intermédiaire, la **césure** (étymologiquement « coupe »), sorte de point fixe, de **coupe principale**, qui sépare le vers en deux **hémistiches** (demi-vers) et favorise sa saisie et sa mémorisation. Dans les vers classiques, la césure se place :

— pour l'alexandrin, après la sixième syllabe :

Je connais Bérénice, et ne sais que trop bien (6-6)
Que son cœur n'a jamais demandé que le mien. (6-6)

Racine

— pour le décasyllabe, après la quatrième ou la sixième, parfois après la cinquième syllabe :

Ce toit tranquille, où marchent des colombes (4-6)
Entre les pins palpite, entre les tombes. (6-4)

Valéry

— pour l'octosyllabe, certains théoriciens modernes estiment que ce vers court se passe de césure. D'autres en voient une, après la troisième, la quatrième ou la cinquième syllabe :

Dures grenades entr'ouvertes (4-4)
Cédant à l'excès de vos grains (5-3)
Je crois voir des fronts souverains (3-5)
Eclatés de leurs découvertes. (3-5)

Valéry

Elle se place toujours **après une syllabe accentuée**, et peut couper une fin de mot atone ou élidée. Dans ce dernier cas, la césure est dite **césure enjambante**, et la fin du mot coupé appartient au second hémistiche :

Je connais Béréni//ce, et ne sais que trop bien

Ce toit tranquil//le, où marchent des colombes

Dures grena//des entr'ouvertes

La figuration de la césure par deux traits obliques ne signifie évidemment pas qu'il y a une pause de la prononciation à l'intérieur du mot coupé, mais simplement passage d'un hémistiche à l'autre, après un accent tonique. On peut aussi, par convention, placer le double trait après le mot graphique :

Je connais Bérénice,// et ne sais que trop bien

mais avec l'inconvénient, dans un cas comme celui de « grenades //entr'ouvertes », d'englober à tort le *-des* de « grenades » dans le premier hémistiche. On préférera donc la première figuration.

La césure classique correspond le plus souvent à une fin de groupe syntaxique, et peut être soulignée par une ponctuation, comme dans les deux premiers vers cités de Valéry (début du « Cimetière marin »), ou une simple pause de prononciation.

Outre la césure, les vers longs comportent des **coupes secondaires**, suivant des accents de mots ou de groupes. Césure et coupes secondaires découpent le vers en **mesures**. Ainsi l'alexandrin classique est-il un vers **tétramètre** ou à quatre mesures :

Loin de ces lieux / cruels // précipitez / ses pas (4-2//4-2)
Mes gar/des vous suivront, // commandés / par Calchas. (2-4//3-3)

Racine

Comme on le voit par le deuxième de ces vers, la coupe, dite alors **enjambante**, peut couper également la fin atone d'un mot, qui peut soit être élidée devant voyelle, soit former, comme ici, la première syllabe de la mesure suivante.

Ces mesures peuvent être **isométriques**, et souligner par leur parfaite régularité un effet de sens :

Elle était / à l'autel ; // et peut-ê/tre en son cœur (3-3//3-3)
Du fatal / sacrifi //ce accusait / la lenteur. (3-3//3-3)

Racine

(La régularité coïncide ici avec la majesté de la cérémonie.)

Ou, par sa moindre régularité, notamment par l'existence de mesures monosyllabiques, la succession des mesures peut se prêter à des mises en relief, à des effets de rupture :

Quoi !/ pour noyer les Grecs // et leur mil/le vaisseaux
Mer,/ tu n'ouvriras pas // des abî/mes nouveaux !

Racine

Il existe encore une coupe dite **lyrique**, lorsque une syllabe atone finale de mot se trouve placée devant une ponctuation forte ou semi-forte qui oblige à un arrêt de la diction. On compte alors, exceptionnellement, la syllabe atone dans la première des deux mesures :

Adieu, princ<u>e</u> ; / vivez, // digne ra/ce des dieux

Racine

Nous le voyons, la métrique classique impose à la diction un cadre strict et répétitif, non dépourvu de raideur. Il est de plus vivement recommandé de faire coïncider les unités syntaxiques et sémantiques avec les cadres rythmiques, les fins de phrases avec les fins de vers, les fins de groupes avec la césure, etc. En fait, cette rigueur est assouplie par la reconnaissance de l'**enjambement**, qui est précisément une non-coïncidence de la syntaxe avec la métrique.

Il offre entre les deux types de démarcation des possibilités de jeu qui profitent aux effets poétiques. Quand la limite du vers n'est pas respectée par la syntaxe et qu'une phrase déborde largement d'un vers sur l'autre sans qu'il puisse y avoir de pause, on parle d'**enjambement proprement dit :**

Il nous a déployé l'ordre dont Amurat
Autorise ce monstre à un double attentat

Racine

(Effet d'amplification accompagnant l'indignation.)

Quand le dépassement au-delà de la limite du vers ne concerne qu'un mot ou un groupe court (article-nom, pronom sujet-verbe, par exemple), il s'agit d'un **rejet**. Celui-ci produit la mise en relief du terme rejeté, ou un effet d'amplification, ou de boitement, selon le contexte :

Est-il vrai que parfois le triste cœur d'Agathe
Dise : Loin des remords, des crimes, des douleurs...
Emporte-moi, wagon, enlève-moi, frégate ?

Baudelaire

Inversement, le **contre-rejet** isole à la fin d'un vers un terme que la syntaxe unit au vers suivant :

Moi l'aimer ? Une ingrate
Qui me hait d'autant plus que mon amour la flatte ?

Racine

Le rejet et le contre-rejet peuvent encore se produire **de part et d'autre de la césure**, avec des effets semblables, essentiellement de relief et d'amplification :

Ta Robe,/ ce sera // mon Désir,/ frémissant,

Baudelaire

(rejet ou contre-rejet à la césure ; on dit parfois : à l'hémistiche)

Cependant / des démons // malsains / dans l'atmosphère
S'éveillent lourdement ...

Id.

(rejet à la césure, puis enjambement)

Fiers mignons,/ malgré l'art // des pou/dres et des masques

Id.

(contre-rejet à la césure)

L'effet commun est de supprimer la pause à la césure dans la prononciation, d'assouplir l'alexandrin, et par là de multiplier ses possibilités. Les rejets et contre-rejets, peu fréquents dans la poésie classique, se multiplient à partir de l'époque romantique, plus soucieuse d'animer la métrique.

Un type particulier d'alexandrin, connu, mais rare au XVIIe siècle, se développe aussi à partir du romantisme, et prend d'ailleurs le nom de **trimètre romantique** :

> Toujours aimer, toujours souffrir, toujours mourir
>
> Corneille, *Suréna*

La césure centrale y est remplacée par deux coupes principales situées en général après la quatrième et la huitième syllabes, et l'organisation syntaxique est, elle aussi, ternaire. Mais on a pu soutenir qu'il s'agissait plutôt de vers césurés avec rejet ou contre-rejet à la césure. En voici quelques exemples :

> Et maintenant,//donnez votre argent // — donnez tout
>
> Hugo

> En haut, en bas, // et c'est l'espace, // et j'en suis dieu
>
> *Id.*

> Nous sommes tout. // Nos coups de fou//dre sont fumants
>
> *Id.*

La régularité des vers classiques est donc susceptible d'aménagements, d'ailleurs commencés dès le XVIIe siècle dans des genres considérés comme mineurs comme la fable, où s'accumulent enjambements, rejets, et usage de mètres différents :

> Ne nous flattons donc point ; voyons sans indulgence
> L'état de notre conscience.
> Pour moi, satisfaisant mes appétits gloutons,
> J'ai dévoré force moutons.
> Que m'avaient-ils fait ? Nulle offense ;
> Même il m'est arrivé quelquefois de manger
> Le berger.
>
> La Fontaine

3. Rimes et strophes. Le sonnet

3.1. La rime

Élément caractéristique de la poésie versifiée, la rime consiste dans **l'homophonie, à la fin de deux ou plusieurs vers, de la dernière voyelle accentuée**

et de tout ce qui la suit. Certaines rimes se réduisent à une pure assonance (c'est-à-dire à l'homophonie de la dernière voyelle accentuée, sans rien de plus), et sont nommées *rimes pauvres* : ainsi « rues » rimant avec « issues ».

D'autres associent deux éléments communs, la voyelle accentuée et l'élément qui la précède ou la suit. On les appelle *rimes suffisantes* : ainsi « statue » rimant avec « qui tue » ou « gloire » avec « dérisoire » (dans ce dernier cas, la tradition considère à tort que la graphie **-oi-** correspond à une seule voyelle, alors qu'elle figure le groupe de deux phonèmes [wa].)

À partir de trois éléments communs, on parle de *rimes riches*, comme dans « incivil » rimant avec « lâche et vil » (3 éléments), ou « surveille » rimant avec « merveille » (4 éléments). L'abondance de rimes riches témoigne évidemment d'une plus grande recherche lexicale, d'une tendance à la virtuosité de la part du poète.

Les règles classiques éliminent, ou du moins déconseillent certaines rimes, pour des raisons graphiques ou grammaticales : les terminaisons de mots qui, cependant homophones, s'écrivent différemment. Il faut aussi observer la « rime pour l'œil ». On ne peut donc pas, en principe, associer :

— deux mots dont l'un a une consonne finale et l'autre non : « coup » et « cou » ;

— deux finales homophones se terminant par des consonnes différentes, si ces consonnes sont susceptibles de produire en liaison des sonorités différentes : « grand » (qui se lie avec une prononciation *-t-*, comme dans « grand homme ») et « sang » (qui se lie avec une prononciation *-k-*, comme dans « sang impur ») ;

— un singulier et un pluriel, même dans les mots toujours terminés par *-s* ou par *-x* ;

— un masculin et un féminin ;

— un pluriel de la troisième personne en *-ent* avec une finale en *-e* ou en *-es* ;

— des homophones des types : « innocence » et « puissance » ; « accès » et « parfait », « héros », « travaux » et « nouveaux », « vœux » et « cheveux », « eu » (de « avoir ») et « venu » ;

— les rimes sur le même mot, ou sur des mots apparentés étymologiquement (« jours » et « toujours ») ou comportant un même suffixe (« présence » et « absence », « chanta » et « compta ») ;

— des mots trop fréquemment associés dans l'usage, comme « ombre » et « sombre », « époux » et « jaloux ».

Ces règles imposaient un compromis entre les rimes trop banales (du type des désinences identiques) et les rimes jugées trop excentriques (d'où la rime pour l'œil). D'ailleurs, certaines n'étaient pas toujours respectées. Les poètes s'accordaient en outre diverses « licences » en utilisant au besoin des graphies tombées en désuétude : « encor », « encores », « jusques », « guères », « je doi », « je voi », « remord », etc.

Une autre contrainte était de faire alterner une **rime masculine** (c'est-à-dire dépourvue de **-e** final) avec une **rime féminine** (le comportant). Ainsi, toutes les pièces classiques sont composées de distiques formés selon cette alternance :

Et depuis quand, seigneur, tenez-vous ce langage ? (fém.)
Comblé de tant d'honneurs, par quel secret outrage
Les dieux, à vos désirs toujours si complaisants (masc.)
Vous font-ils méconnaître et haïr leurs présents ?

Racine

Une fois établies les rimes, il s'agit de les agencer. Les assemblages de base, sur quatre vers, sont les **rimes plates**, selon un schéma **a-a-b-b**, celles du théâtre classique en particulier ; les **rimes alternées** ou **croisées**, du type **a-b-a-b** ; et les **rimes embrassées** en **a-b-b-a**.

Au XIXe siècle, l'opposition rimes féminines-rimes masculines a été peu à peu supplantée par une opposition entre **rimes vocaliques**, se terminant sur un phonème voyelle, et **rimes consonantiques**, se terminant par un phonème consonne, sans tenir compte de la présence ou de l'absence des **-e** caducs :

Chanson de la plus haute tour

Oisive jeunesse
A tout asservie
Par délicatesse
J'ai perdu ma vie.
Ah ! que le temps vienne
Où les cœurs s'éprennent.

Je me suis dit : laisse,
Et qu'on ne te voie :
Et sans la promesse
De plus hautes joies.
Que rien ne t'arrête,
Auguste retraite.
[...]

Rimbaud

Toutes ces rimes sont féminines, mais font alterner les rimes consonantiques en **-esse**, **-enne**, **-ête**, avec les rimes vocaliques en **-ie** et **-oie**.

Baudelaire avait déjà tiré parti de cette réalité phonétique, tout en respectant l'alternance entre rimes masculines et féminines. Son poème « Harmonie du soir » est entièrement construit sur des rimes en *-oir* et en *-ige*, toutes deux consonantiques, et qui achèvent tous les vers sur des consonnes vibrantes ou chuintantes, à la douceur articulatoire accordée à l'atmosphère du texte :

> Voici venir les temps où vibrant sur sa tige
> Chaque fleur s'évapore ainsi qu'un encensoir ;
> Les sons et les parfums tournent dans l'air du soir ;
> Valse mélancolique et langoureux vertige !
>
> Chaque fleur s'évapore ainsi qu'un encensoir ;
> Le violon frémit comme un cœur qu'on afflige ;
> Valse mélancolique et langoureux vertige !
> Le ciel est triste et beau comme un grand reposoir.
> [...]

Baudelaire

3.2. La strophe

Au-delà du distique, les vers peuvent s'assembler en groupements récurrents reposant sur une structure déterminée des rimes et des longueurs de vers : les **strophes** (« strophe » vient du grec *strepho*, « retourner »). Par exemple, « Le lac » de Lamartine est composé de seize strophes identiques de trois alexandrins suivis d'un hexasyllabe, avec rimes alternées. Le poète y ajoute dans la plupart des strophes la contrainte d'un enjambement entre les troisième et quatrième vers :

> Ainsi, toujours poussés vers de nouveaux rivages,
> Dans la nuit éternelle emportés sans retour,
> Ne pourrons-nous jamais dans l'océan des âges
> Jeter l'ancre un seul jour ?

Lamartine

La strophe forme en général une seule unité syntaxique et sémantique. Mais des enjambements strophiques ne sont pas rares. En voici un cas associé par ailleurs à de multiples enjambements internes à la strophe :

> Mémoire II
>
> Madame se tient trop debout dans la prairie
> prochaine où neigent les fils du travail ; l'ombrelle
> aux doigts ; foulant l'ombelle ; trop fière pour elle ;
> des enfants lisant dans la verdure fleurie
>
> leur livre de maroquin rouge ! Hélas, Lui, comme
> mille anges blancs qui se séparent sur la route,
> s'éloigne par-delà la montagne ! Elle, toute
> froide, et noire, court ! après le départ de l'homme !

Rimbaud

On cesse de parler de strophe quand les vers ne sont pas regroupés en structures identifiables, mais selon des séries variables.

Au-delà de la strophe, on rencontre des combinaisons plus complexes, qui produisent les **poèmes à forme fixe**. Une construction d'ensemble, parfois susceptible de variations de détail, est donnée d'avance, et fournit le schéma général de tous les représentants d'un type de poèmes. La poésie française a connu, surtout au Moyen Âge et à la Renaissance, de multiples formes fixes, parfois très complexes et incitant les poètes à de véritables exercices de virtuosité.

3.3. Le sonnet

Nous ne retiendrons que le type le plus connu encore aujourd'hui, le sonnet. Introduit d'Italie en France au début du XVIe siècle, c'est un poème de quatorze vers répartis en deux strophes de quatre vers ou **quatrains** et deux de trois vers, ou **tercets** (dont l'ensemble est parfois considéré, en raison du système des rimes, comme une seule strophe de six vers ou **sizain**).

La disposition des rimes est généralement :

a	rimes embrassées
b	
b	
a	
a	reprise des mêmes rimes
b	
b	
a	
c	2 rimes plates
c	
d	
e	4 rimes alternées
d	
e	

Mais la disposition des rimes dans les tercets peut connaître deux variantes :

c c	2 rimes plates	ou	c d c d	4 rimes alternées
d e e d	4 rimes embrassées		e e	2 rimes plates

Syntaxiquement, les quatrains correspondent généralement à une phrase chacun, et les tercets ensemble à une seule. Mais ce n'est pas une règle stricte.

Au niveau plus large du discours s'instaure le plus souvent un système binaire, entre les quatrains et le sizain, de question-réponse, description-commentaire, énumération-conclusion, etc. Des systèmes binaires secondaires apparaissent souvent entre le premier et le second quatrain, et parfois entre le premier et le second tercet. La brièveté du sonnet favorise sa mémorisation et la densité des effets ; jointe à sa structure assez simple, elle explique le grand succès de cette forme, jusqu'à l'époque contemporaine. Voici un bel exemple de sonnet de la Renaissance :

TEXTE 76

Je vis, je meurs

Je vis, je meurs : je me brûle et me noie.
J'ai chaud extrême en endurant froidure :
La vie m'est et trop molle et trop dure. (*diérèse*)
J'ai grands ennuis entremêlés de joie :

Tout à un coup je ris et je larmoie,
Et en plaisir maint grief tourment j'endure : (*synérèse*)
Mon bien s'en va, et à jamais il dure :
Tout en un coup je sèche et je verdoie.

Ainsi Amour inconstamment me mène :
Et quand je pense avoir plus de douleur,
Sans y penser je me trouve hors de peine.

Puis quand je crois ma joie être certaine,
Et être au haut de mon désiré heur,
Il me remet en mon premier malheur.

Louise Labé, *Œuvres* (1555)

La structure des rimes est celle de la deuxième variante présentée ci-dessus. La césure, après la quatrième syllabe dans tous les vers, est observée avec une parfaite régularité. Remarquons, en passant, le décompte du **-e** final de « vie » au troisème vers, possibilité qui disparaît à l'âge classique ; et la synérèse de « grief » au vers 6 : elle est étymologique, cet adjectif remontant à un latin « gravem » ; mais à partir du XVIIe siècle toutes les séquences prononcées *-ié-* suivant un groupe *consonne* + *r* ou *consonne* + *l* subissent la diérèse (*cf.* ouvrier, peuplier, sanglier, brièveté) malgré l'étymologie. Louise Labé multiplie les oppositions binaires, au point d'en placer une dans chaque vers des quatrains. Dans les tercets, elle passe à une conclusion plus générale (« Ainsi »...), dans une reprise plus développée (une par tercet), de l'opposition heur-malheur.

Le sonnet de Mallarmé « Le vierge, le vivace ... » (texte 70), que nous avons déjà rencontré, est encore très régulier, sauf à l'avant-dernier vers qui présente un mot atone à la césure :

Il s'immobilise au // songe froid de mépris

Celui-ci, de Rimbaud, est bien plus irrégulier :

TEXTE 77

Le dormeur du val

C'est un trou de verdure où chante une rivière
Accrochant follement aux herbes des haillons
D'argent ; où le soleil, de la montagne fière,
Luit : c'est un petit val qui mousse de rayons.

Un soldat jeune, bouche ouverte, tête nue,
Et la nuque baignant dans le frais cresson bleu,
Dort : il est étendu dans l'herbe, sous la nue,
Pâle dans son lit vert où la lumière pleut.

Les pieds dans les glaïeuls, il dort. Souriant comme
Sourirait un enfant malade, il fait un somme :
Nature, berce-le chaudement : il a froid.

Les parfums ne font pas frissonner sa narine ;
Il dort dans le soleil, sa main sur sa poitrine
Tranquille. Il a deux trous rouges au côté droit.

Arthur Rimbaud (1870)

L'opposition sémantique entre la nature tranquille et la mort est voilée jusqu'aux quatre derniers vers. Ce n'est que le tout dernier qui la révèle clairement. Les quatrains sont en rimes alternées, et non embrassées, et ne reprennent pas les mêmes rimes. La métrique classique est surtout utilisée dans ses possibilités d'assouplissement : les enjambements (v. 1 et 9, ce dernier s'achevant irrégulièrement sur le mot atone « comme »), les rejets (v. 3,4,7,14), les rejets à la césure (v. 7,9,10,14), l'alexandrin trimètre (au vers 5). Les nombreux décallages entre la syntaxe et la métrique isolent et mettent en relief les mots évoquant la lumière, le soleil, le sourire, la paix, mais, en même temps, suggèrent que quelque chose est faux dans ce paysage idyllique : le boitement violent du dernier vers le confirme au moment de la révélation.

4. L'évolution de la métrique. Quelques formes modernes

La régularité de la métrique classique, dont tous les effets possibles ont été exploités jusqu'à Baudelaire inclusivement, est mise en question à partir de l'époque symboliste. Nous venons de voir comment Rimbaud, dans un poème de 1870, en prend à son aise avec la césure et la pause de fin de vers. Quelques années plus tard, il écrit des poèmes où l'on a peine à retrouver le compte des syllabes tant ils sont désarticulés, et où les rimes peuvent faire place à de simples assonances (soleil-quelles), voire disparaître (Jupiter-lieux) :

Plates-bandes d'amarantes jusqu'à
L'agréable palais de Jupiter.
— Je sais que c'est Toi qui, dans ces lieux,
Mêles ton Bleu presque de Sahara !

Puis, comme rose et sapin de soleil
Et liane ont ici leurs jeux enclos,
Cage de la petite veuve ! ...
Quelles
Troupes d'oiseaux, ô ia io, ia io ! ...

Derniers Vers

Rimbaud finit peu après par abandonner toute forme versifiée. Verlaine, de son côté, se livre à des recherches sur les vers impairs, plutôt rares avant lui, et sur les rimes intérieures (finales rimant avec un mot placé en cours de vers). Voici des heptasyllabes :

Va, chanson, à tire-d'aile
Au-devant d'elle, et dis-lui
Bien que dans mon cœur fidèle
Un rayon joyeux a lui,

Dissipant, lumière sainte,
Ces ténèbres de l'amour :
Méfiance, doute, crainte,
Et que voici le grand jour !

La Bonne Chanson

Des vers de neuf syllabes, dans le fameux « Art poétique », qui théorise les vertus de l'impair et les excès de la rime :

De la musique avant toute chose,
Et pour cela préfère l'Impair
Plus vague et plus soluble dans l'air,
Sans rien en lui qui pèse ou qui pose.

[...]

O qui dira les torts de la Rime ?
Quel enfant sourd ou quel nègre fou
Nous a forgé ce bijou d'un sou
Qui sonne creux et faux sous la lime ?

Des vers de onze syllabes :

Chose italienne où Shakespeare a passé
Mais que Ronsard fit superbement française ;
Finie basilique au large diocèse,
Saint-Pierre-des Vers immense et condensé...

Sonnets et autres vers

De treize syllabes, comme dans « Sonnet boiteux » :

Ah ! vraiment c'est triste, ah ! vraiment ça finit trop mal,
Il n'est pas permis d'être à ce point infortuné.
Ah ! vraiment c'est trop, la mort du naïf animal
Qui voit tout son sang couler sous son regard fané.
[...]

Id.

Apollinaire, dès *Alcools* (1913), supprime la ponctuation de ses poèmes, obligeant le lecteur à une attention plus active, parfois partagée entre des lectures diverses en cas d'ambiguïté syntaxique :

TEXTE 78

Mai

Le mai le joli mai en barque sur le Rhin
Des dames regardaient du haut de la montagne
Vous êtes si jolies mais la barque s'éloigne
Qui donc a fait pleurer les saules riverains

Or des vergers fleuris se figeaient en arrière
Les pétales tombés des cerisiers de mai
Sont les ongles de celle que j'ai tant aimée
Les pétales flétris sont comme ses paupières

Sur le chemin du bord du fleuve lentement
Un ours un singe un chien menés par des tziganes
Suivaient une roulotte traînée par un âne
Tandis que s'éloignait dans les vignes rhénanes
Sur un fifre lointain un air de régiment

Le mai le joli mai a paré les ruines
De lierre de vigne vierge et de rosiers
Le vent du Rhin secoue sur le bord les osiers
Et les roseaux jaseurs et les fleurs nues des vignes

Guillaume Apollinaire, *Alcools* (1913)

Nous remarquons, en outre, l'inégalité des « strophes », puisque la troisième a cinq vers ; des rimes approximatives (mai-aimées, tziganes-âne), et un vers qui ne peut guère former qu'un décasyllabe parmi les alexandrins :

De lierr(e) / de vigne vierge / et de rosiers

Et cela en supprimant un **-e** caduc final devant consonne, comme dans la prononciation orale (classiquement, « lierre » exige la synérèse, venant d'un ancien français « ierre », du latin « hederam ») :

Ailleurs, il fait deux hexasyllabes d'un alexandrin (« Les colchiques ») :

Le pré est vénéneux mais joli en automne
Les vaches y paissant
Lentement s'empoisonnent

Ou il conserve la rime ou l'assonance en fin de vers, multiplie les rappels internes de sonorités, mais abandonne le décompte syllabique :

Zone

À la fin tu es las de ce monde ancien
Bergère ô tour Eiffel le troupeau des ponts bêle ce matin
Tu en as assez de vivre dans l'antiquité grecque et romaine
Ici même les automobiles ont l'air d'être anciennes
La religion seule est restée toute neuve la religion
Est restée simple comme les hangars de Port-Aviation
Seul en Europe tu n'es pas antique ô Christianisme
L'Européen le plus moderne c'est vous Pape Pie X
[...]

Ou il construit tout un long poème sur la reprise à chaque début de vers de « il y a », sans rime ni mètre :

Il y a

Il y a un vaisseau qui a emporté ma bien aimée
Il y a dans le ciel six saucisses et la nuit venant on dirait
des asticots dont naîtraient les étoiles
Il y a un sous-marin ennemi qui en voulait à mon amour
Il y a mille petits sapins brisés par les éclats d'obus autour de moi
Il y a un fantassin qui passe aveuglé par les gaz asphyxiants
Il y a que nous avons tout haché dans les boyaux de Nietzsche de Goethe et de
Cologne
Il y a dans mon porte-cartes plusieurs photos de mon amour
[...]

Calligrammes

Enfin il se lance dans une transformation beaucoup plus profonde avec les calligrammes, qui détruisent la succession des vers sur la page et transforment ceux-ci en lignes de dessin :

TEXTE 79

La colombe poignardée et le jet d'eau

Douces figures poignardées Chères lèvres fleuries
MIA MAREYE
YETTE LORIE
ANNIE et toi MARIE
où êtes-
vous ô
jeunes filles
MAIS
près d'un
jet d'eau qui
pleure et qui prie
cette colombe s'extasie

Tous les souvenirs de naguère
O mes amis partis en guerre
Jaillissent vers le firmament
Et vos regards en l'eau dormant
Meurent mélancoliquement
Où sont-ils Braque et Max Jacob
Derain aux yeux gris comme l'aube
Où sont Raynal Billy Dalize
Dont les noms se mélancolisent
Comme des pas dans une église
Où est Cremnitz qui sengagea
Peut-être sont-ils morts déjà
De souvenirs mon âme est pleine
Le jet d'eau pleure sur ma peine

CEUX QUI SONT PARTIS A LA GUERRE AU NORD SE BATTENT MAINTENANT
Le soir tombe O sanglante mer
Jardins où saigne abondamment le laurier rose fleur guerrière

Calligrammes (1918)

C'est l'association ingénieuse et enrichissante de la poésie et d'un art plastique, qui n'élimine pas, bien au contraire, les difficultés propres à la poésie, puisque les séquences doivent respecter les formes et les dimensions des traits du dessin. On constate que le texte reste bien un poème par de mutiples caractères :

— les rimes, même approximatives, ou assonances : « poignardées-Mareye », « fleuries-Lorie-Annie-Marie-filles-qui-prie-s'extasie », «naguère-guère », « firmament-dormant », « Max Jacob-comme l'aube », etc. ;

— les rythmes syllabiques : « Douces figures poignardées » (8) ; « Chères lèvres fleuries » (6) ; « Mia Mareye Yette Lorie » (8) ; « Où êtes-vous ô jeunes filles » ; (8) ; « Mais près d'un jet d'eau qui pleure et qui prie » (5-5) ; « Cette colombe s'extasie » (8) etc. ;

— les images : « figures poignardées », « lèvres fleuries », « jet d'eau qui pleure et qui prie », etc.

D'autres poètes conservent les mètres traditionnels en les variant de vers à vers, les rimes ou assonances, des éléments de refrains, et jouent sur les récurrences en début de vers. C'est fréquemment le cas d'Éluard.

Une tradition différente s'instaure à partir du début du XXe siècle, essentiellement avec Claudel, pour échapper aux contraintes multiples du vers cadencé. Cet écrivain la met en pratique dès sa première pièce de théâtre, *Tête d'or* (1890), et dans les *Cinq Grandes Odes* (1900). Il la théorise dans *Réflexions et propositions sur le vers français* (1925) :

> La même horreur du hasard, le même besoin de l'absolu, la même défiance de la sensibilité, qu'on retrouve encore aujourd'hui dans notre caractère et dans nos arrangements sociaux, ont modelé notre grammaire et notre poésie. Il fallait empêcher l'air d'entrer, il fallait exclure toute espèce de jeu et de décalage, il fallait serrer les mots par une contrainte extérieure et intérieure si forte, entre des coins si durs, que la ligne acquît l'immobilité définitive et infrangible d'une inscription, lisible pour l'éternité.

Pour Claudel, le rythme fondamental est l'**iambe**, mesure composée d'un temps faible, de dimension variable, et d'un temps fort : c'est le rythme du cœur, de la respiration, et, ajoute-t-il, de la pensée. C'est sur ce rythme fondamental que doit se constituer la poésie :

> On ne pense pas d'une manière continue, pas davantage qu'on ne sent d'une manière continue ou qu'on ne vit d'une manière continue. Il y a des coupures, il y a intervention du néant. La pensée bat comme la cervelle, le cœur. Notre appareil à penser en état de chargement ne débite pas une ligne ininterrompue, il fournit par éclairs, secousses, une masse disjointe d'idées, images, souvenirs, notions, concepts, puis se détend avant que l'esprit réalise à l'état de conscience

dans un nouvel acte. Sur cette matière première l'écrivain éclairé par sa raison et son goût et guidé par un but plus ou moins distinctement perçu travaille, mais il est impossible de donner une image exacte des allures de la pensée si l'on ne tient pas compte du blanc et de l'intermittence [...]. Tel est le vers essentiel et primordial, l'élément premier du langage, antérieur aux mots eux-mêmes : une idée isolée par du blanc.

Il conserve donc, des vers traditionnels, l'aération due aux blancs. Le vers lui-même devient verset, dépourvu de mètre et de rime, et d'une dimension dépendant de l'élan de la pensée, du nombre et de la puissance des images :

TEXTE 80

L'Esprit et l'eau

Après le long silence fumant,
Après le grand silence civil de maints jours tout fumant de rumeurs et de fumées,
Haleine de la terre en culture et ramage des grandes villes dorées,
Soudain l'Esprit de nouveau, soudain le souffle de nouveau,
Soudain le coup sourd au cœur, soudain le mot donné, soudain le souffle de l'Esprit, le rapt sec, soudain la possession de l'Esprit !
Comme quand dans le ciel plein de nuit avant que ne claque le premier feu de foudre,
Soudain le vent de Zeus dans un tourbillon plein de pailles et de poussières avec la lessive de tout le village !

Mon Dieu, qui au commencement avez séparé les eaux supérieures des eaux inférieures,
Et qui de nouveau avez séparé de ces eaux humides que je dis,
L'aride, comme un enfant divisé de l'abondant corps maternel,
La terre bien chauffante, tendre-feuillante et nourrie du lait de la pluie,
Et qui dans le temps de la douleur comme au jour de la création saisissez dans votre main toute-puissante
L'argile humaine et l'esprit de tout côté vous gicle entre les doigts,
De nouveau après les longues routes terrestres,
Voici l'Ode, voici que cette grande Ode nouvelle vous est présente,
Non point comme une chose qui commence, mais peu à peu comme la mer qui était là,
La mer de toutes les paroles humaines avec la surface en divers endroits
Reconnue par un souffle sous le brouillard et par l'œil de la matrone Lune !

Paul Claudel, *Cinq Grandes Odes* (1910),

À cette lignée poétique nous pouvons rattacher des écrivains comme Blaise Cendrars (voir le texte 71) et Saint-John Perse :

TEXTE 81

La Ville

L'ardoise couvre leurs toitures, ou bien la tuile où végètent les mousses.
Leur haleine se déverse par le canal des cheminées.
Graisses !
Odeur des hommes pressés, comme d'un abattoir fade ! aigres corps des femmes sous les jupes !
Ô Ville sur le ciel !
Graisses ! haleines reprises, et la fumée d'un peuple très suspect — car toute ville ceint l'ordure.
Sur la lucarne de l'échoppe — sur les poubelles de l'hospice — sur l'odeur de vin bleu du quartier des matelots — sur la fontaine qui sanglote dans les cours de police — sur les statues de pierre blette et sur les chiens errants — sur le petit enfant qui siffle, et le mendiant dont les joues tremblent au creux des mâchoires,
sur la chatte malade qui a trois plis au front,
le soir descend, dans la fumée des hommes...
— La Ville par le fleuve coule à la mer comme un abcès...

Saint-John Perse, Éloges (1911), © Éd. Gallimard

LECTURES COMPLÉMENTAIRES

AQUIEN Michèle, *La Versification appliquée aux textes*, Nathan, coll. 128, 1993.
DE CORNULIER Benoît, *Théorie du vers. Rimbaud, Verlaine, Mallarmé,* Le Seuil, 1982.
MAZALEYRAT Jean, *Éléments de métrique française,* A. Colin, 1974.
MESCHONNIC Henri, « La Métrique », in *Le Grand Atlas des littératures*, cité au chap. 15.
MILNER Jean-Claude et REGNAULT François, *Dire le vers. Court traité à l'intention des acteurs et des amateurs d'alexandrins,* Le Seuil, 1987.

Chapitre 18

Les sonorités

1. Les sons du français

Il est indispensable à la compréhension de la poésie de bien distinguer les différents phonèmes de la langue, qui sont les matériaux de base du poète. Le français possède seize voyelles ou sons constitués par une simple émission de voix, bouche ouverte, et vingt consonnes produites par des fermetures ou des resserrements de l'appareil phonatoire (larynx et bouche). Le système graphique ne correspondant qu'imparfaitement au système phonique, on représente les phonèmes par des symboles. Les plus usités sont ceux de l'Alphabet phonétique international, que voici :

VOYELLES		
	graphie courante	*comme dans*
/i/	i, y	*lit, Berry*
/e/	é (fermé)	*dé*
/ɛ/	è (ouvert), ai, e + voyelle double	*père, lait,* *belle*
/a/	a (antérieur)	*balle*
/ɑ/	a, â	*gras*
/ɔ/	o (ouvert)	*bol*
/o/	o (fermé), au, eau	*sot, seau*
/u/	ou	*trou*
/y/	u, parfois eu	*vu, eut*
/∅/	eu (fermé)	*jeu, Meuse*
/œ/	eu (ouvert)	*leurre*
/ə/	e (sourd, ou muet, ou caduc)	*devant, prends-le*
/ɛ̃/	in, ain, ein	*vin, plein, chien*
/œ̃/	un	*brun*
/ɑ̃/	an, en	*plan, lent*
/ɔ̃/	on, om	*fond, ombre*

CONSONNES		
/p/	p	*peau*
/b/	b	*beau*
/t/	t	*tôt*
/d/	d	*dos*
/k/	c (+ a,o,u), k, qu, parfois ch	*quand, Caen, orchidée*
/g/	g (+ a, o), gu	*gant, guide*
/f/	f, ph	*fut, phénomène*
/v/	v, parfois w	*vu, wagon*
/s/	s, ss, c (+ e, i)	*assurer, berceau*
/z/	z, s (intervocalique)	*azuré, rose*
/ʃ/	ch	*chou*
/ʒ/	j, g (+ e, i)	*joue, bouge*
/m/	m	*âme*
/n/	n	*âne*
/ɲ/	gn	*agneau*
/l/	l	*las*
/R/	r	*ras*
SEMI-VOYELLES		
/j/	i, y, (i) ll	*vieux, yeux, seuil, fille*
/ɥ/	u	*puis, pluie*
/w/	ou, w	*oui, whisky*

1.1. Voyelles

On distingue les **voyelles orales**, pour lesquelles la voix passe entièrement par la bouche, et les **voyelles nasales**, pour lesquelles, le voile du palais s'abaissant, l'air passe à la fois par la bouche et les fosses nasales. Le lieu de résonance fait distinguer entre **voyelles d'avant** ou **antérieures**, et **voyelles d'arrière** ou **postérieures**. La position des lèvres, arrondies ou plus ou moins écartées vers les commissures, l'ouverture de la bouche, distinguent les **voyelles arrondies** des **non arrondies**, et les **voyelles ouvertes** des **voyelles fermées**. Voici le tableau des voyelles, des plus fermées aux plus ouvertes :

Tableau I

	VOYELLES ANTÉRIEURES		VOYELLES POSTÉRIEURES
	NON ARRONDIES	ARRONDIES	ARRONDIES
VOYELLES ORALES	i e ɛ a	y ϕ ə œ	u o ɔ ɑ
VOYELLES NASALES	ɛ̃	œ̃	ɔ̃
			ɑ̃

Nous adoptons pour les symboles de l'alphabet phonétique international une représentation entre barres obliques ; cela signifie qu'elle est purement phonologique, c'est-à-dire ne tient compte que des valeurs oppositives des phonèmes, qui permettent les distinctions entre mots différents. Mais il est vrai que la réalisation des voyelles connaît des différences de longueur ou de timbre (sans même parler des variantes individuelles ou régionales) selon les mots et la place qu'occupent ces voyelles. Ainsi :

— le /ɑ/ et toutes les voyelles nasales s'allongent en syllabe finale devant consonne : « pâle », « grave », « rase » ; « jambe », » tombe », « grince », « humble » ;

— toute voyelle en syllabe finale s'allonge devant /R/, /z/, /ʒ/, /v/ ;

— du point de vue de l'**aperture** (ouverture), l'opposition entre /e/ et /ɛ/, entre /o/ et /ɔ/ est peu sensible dans les syllabes non toniques : « émerveillé », « monotone ».

Les poètes utilisent largement ces variations dues à la place des phonèmes, comme nous avons vu précédemment Baudelaire le faire sur les rimes d'« Harmonie du soir », où il a retenu uniquement des rimes en *-oir* et en *-ige* de façon à finir ses vers sur le double prolongement de la voyelle et d'une consonne continue.

1.2. Consonnes

Elles se classent selon différentes oppositions de mode et de point d'articulation. Lorsque l'articulation est accompagnée de vibrations des cordes vocales, les consonnes sont dites **sonores**. Dans les autres cas elles sont dites **sourdes**. Les sourdes sont /p/,/t/, /k/, /f/, /s/, /ʃ /. Les autres sont sonores.

Certaines sont **nasales**, c'est-à-dire prononcées avec passage d'une partie de l'air par les fosses nasales : c'est le cas de /m/, /n/, /ɲ/. Les autres sont dites **orales**, l'air ne s'écoulant que par la bouche.

Lorsque le canal buccal est successivement fermé, puis vivement ouvert lors de l'articulation, les consonnes sont dites **occlusives**. Ce sont /p/, /t/, /k/, /b/, /d/,/g/, /m/, /n/, /ɲ/. Mais le canal buccal peut être seulement resserré au passage de l'air : les consonnes sont alors **constrictives** ou **continues**. On distingue parmi ces dernières les continues **médianes**, pour lesquelles l'air s'écoule selon l'axe du canal buccal, et une continue **latérale**, /l/, pour laquelle l'air s'écoule par les côtés. /R/ est une médiane dite **à battements** parce que son articulation est parfois accompagnée de vibrations de l'arrière de la langue contre le palais (comme dans « cri »).

Le point ou lieu d'articulation est l'endroit où se produit l'occlusion ou la constriction de l'appareil buccal : lèvres, dents, alvéoles (c'est-à-dire les renflements du palais derrière les dents), palais dur, voile du palais. Aussi distingue-t-on, d'après ces points, les consonnes :

— bilabiales :/b/, /p/, /m/, /ɥ/, /w/.
— labio-dentales : /f/, /v/.
— dentales : /t/, /d/, /n/.
— alvéolaires : /s/, /z/, /l/.
— prépalatales (articulées sur l'avant du palais) : /ʃ/, /ʒ/.
— palatales (articulées sur le palais dur) : /ɲ/, /j/.
— vélaires : /k/, /g/, /R/.

Il existe encore une labio-palatale : /ɥ/, et une labio-vélaire : /w/.

Tableau II

			LIEU D'ARTICULATION						
MODE D'ARTICULATION			Bilabiales	Labio-dentales	Dentales	Alvéolaires	Post-alvéolaires	Palatales	Vélaires
	OCCLUSIVES	ORALES	p b		t d				k g
		NASALES	m		n			ɲ	
	CONSTRICTIVES	MÉDIANES		f v		s z	ʃ ʒ	ɥ j	
		LATÉRALES				l			
		MÉDIANES À BATTEMENTS							R
CONSONNES COMPOSÉES		[ɥ] bilabio-palatale et [w] bilabio-vélaire.							

Les occlusives sont aussi appelées **explosives** ; les médianes, **fricatives**. /s/ et /z/ sont dites **sifflantes** ; /ʃ/ et /ʒ/ **chuintantes** ; /R/ **vibrante**.

Les consonnes /j/, /ɥ/, /w/ sont souvent appelées **semi-voyelles** ou **semi-consonnes**, parce que leur articulation est proche de /i/, /y/ et /u/, et que le passage se fait facilement des unes aux autres. Par exemple, on passe facilement de « avoue », /avu/, à « avouer », /avwe/. Ou encore, dans les mots du type « plier », « crier », le /i/ développe un /j/ intermédiaire, d'où une prononciation /plije/, /kRije/.

Il existe aussi une opposition dans la force d'articulation des consonnes : les sourdes sont dites **fortes** ou **dures** et les sonores **douces**. Le /R/, dur après une sourde comme dans « crier », « travail », « prêtre », s'adoucit après une sonore (« briller », « dru ») et surtout en fin de syllabe et en fin de mot : « mer », « soupir ». Les écrivains ne manquent pas de tirer parti de ces faits de prononciation.

2. Assonances, allitérations

Pour en revenir aux vers, ceux-ci voient s'ajouter au retour régulier de sonorités à la rime, qui a au départ une valeur démarcative et mnémonique, de nombreuses reprises de voyelles, consonnes, syllabes ou autres séquences, continues ou discontinues, de phonèmes.

Le terme d'**assonance**, qui désignait initialement le retour d'une même voyelle dans la dernière syllabe du vers, est généralisé pour désigner tout retour de voyelle, quelle qu'en soit la place. Celui d'**allitération** désigne tout retour de consonne. Les deux sont des cas de **récurrence phonique**.

Étudions, de ce point de vue, les sonorités de la quatrième strophe de « La chevelure » de Baudelaire :

> Un port retentissant où mon âme peut boire
> À grands flots le parfum, le son et la couleur ;
> Où les vaisseaux, glissant dans l'or et dans la moire,
> Ouvrent leurs vastes bras pour embrasser la gloire
> D'un ciel pur où frémit l'éternelle chaleur.

Nous relevons :

— des assonances et allitérations simples (d'un phonème) dans les séries : « port-peut », « flots-parfum », « flots-vaisseaux », « vaisseaux-glissant », « glissant-dans », « or-moire », « où-ouvrent », « vaisseaux-ouvrent-vastes », « vastes-bras-embrasser-gloire » ;

— des récurrences complexes (syllabes, autres séquences) : « boire-parfum », « glissant-gloire », « bras-embrasser », « ciel-éternelle » ;

— des récurrences avec inversion : « retentissant-éternelle » (R-t, t-R), « ouvrent-leurs vastes » (v-R, R-v), « frémit-éternelle » (R-e, e-R) ;

— des récurrences avec disjonction : « ouvrent-vastes bras » (v-R).

Ces récurrences sont toujours plus perceptibles entre mots voisins (« leurs vastes bras ») et aux places privilégiées que sont, outre la rime, la syllabe précédant la césure, l'initiale de vers, toutes les syllabes sous l'accent tonique. Une autre place privilégiée est encore la position dans une mesure monosyllabique, comme dans « ou-vrent » : cette place confère à la première syllabe un relief exceptionnel, qui donne une impression d'allongement, renforcée par la présence à sa suite d'une syllabe atone, et qui favorise : d'une part le rapprochement avec le « où » initial du vers 3, d'autre part la perception de la série allitérative « vaisseaux-ouvrent-vastes ». En revanche, la récurrence de ce /u/ avec celui de « pour » dans le même vers est imperceptible, ce dernier appartenant à une syllabe atone.

Ainsi se forment des chaînes phoniques qui peuvent correspondre à un groupe syntaxique (« dans l'or et dans la moire », « leurs vastes bras ») et le renforcer, le lien phonique se superposant au lien syntaxique et au lien sémantique pour produire ce qu'on nomme une **surdétermination**. Elles peuvent réunir des mots appartenant à des groupes distincts, mais liés par la syntaxe (« à grands flots le parfum », « où les vaisseaux, glissant »), avec le même effet de renforcement, mais aussi de liaison. Elles peuvent aussi, et c'est plus original, relier des termes non réunis par la syntaxe, comme « retentissant-glissant-embrasser », ou « flots-parfum-frémit », de sorte qu'elles dépassent le cadre du vers, ou du distique, ou de la phrase, produisant un niveau de cohérence supplémentaire dans le texte : tous ces termes sont comme soulignés par leur rapprochement phonique, et ressentis à la lecture comme en quelque façon apparentés.

Aux récurrences proprement dites s'ajoutent les relations qu'entretiennent les phonèmes possédant des éléments d'articulation communs. Ainsi, « un port retentissant » se signale par ses trois occlusives sourdes, donc rudes, qui s'associent à l'évocation des bruits violents. Au contraire, le reste de la strophe présente une dominance de consonnes constrictives (nombreuses fricatives et sifflantes) et d'occlusives sonores, dont l'articulation douce convient mieux à la liquidité, au glissement, à l'espace calme.

Du côté des voyelles, Baudelaire obtient de tels enchaînements, par exemple celui des nasales en fin de mesure (« retentissant-parfum-son-glissant »). Mais il est particulièrement intéressant d'observer en outre des effets de modulation. Tous les vers de la strophe en présentent :

— au vers 1 : dominance des voyelles non arrondies, mais modulation des voyelles d'arrière (« port-retentissant-âme ») vers une voyelle d'avant (« boire ») ;

— au vers 2 : dominance des voyelles arrondies, et modulation entre les postérieures (« flots », « son ») et les antérieures (« parfum », « couleur ») ;

— au vers 3 : modulation entre les fermées (« vaisseaux ») et les ouvertes (« glissant », « or », « moire »), et modulation différente entre arrondies (« vaisseaux », « or ») et non arrondies (« moire ») ;

— au vers 4 : opposition entre le /u/ initial fermé, arrondi et postérieur, et la série des /a/ ouverts, non arrondis et antérieurs, correspondant à l'opposition métrique qui détache la première syllabe de tout le reste du vers ;

— au vers 5 : modulation des antérieures fermées (« pur », « frémit ») avec les antérieures ouvertes (« éternelle chaleur »), et modulation selon un ordre croisé (encore appelé **chiasme**) entre arrondies (« pur », « chaleur ») et non arrondies (« frémit », « éternelle »).

Toutes ces dispositions viennent surdéterminer des faits syntaxiques, métriques ou sémantiques (ici, un mouvement général vers l'élargissement), mais y ajoutent des oppositions ou rapprochements purement sonores qui apparentent ces effets à ceux de la musique.

3. Le symbolisme des sons

3.1. L'harmonie imitative

Les mots étant faits de matière sonore, les langues cherchent parfois, malgré la nature arbitraire de leurs signes, à imiter certains sons de la nature, tonnerre, explosion, bruits d'eau, craquements, cris d'animaux, etc., au moyen des onomatopées, et de mots qui en dérivent : un « glouglou », « cancaner »... Ces imitations approximatives sont surtout le fait de la langue parlée, familière, enfantine ou argotique et de ses dérivés écrits chers par exemple à la bande dessinée.

Mais les écrivains eux aussi cherchent à rassembler autour de certains mots, ou à propos de certains contenus, des sonorités dont l'articulation s'accorde bien avec le référent :

> Pour qui sont ces serpents qui sifflent sur vos têtes ?
>
> Racine

> [...] Vous avez jusqu'ici
> Contre leurs coups épouvantables
> Résisté sans courber le dos.
>
> La Fontaine

> Où les vaisseaux, glissant dans l'or et dans la moire
>
> Baudelaire

C'est ce qu'on appelle l'harmonie imitative. Mais il faut bien remarquer que cette harmonie ne réside pas seulement dans le choix des sonorités. Elle est un fait d'ensemble, qui concerne également le signifié des mots (« sifflant », « coups », « glissant »), la syntaxe et le rythme, comme l'anticipation, chez La Fontaine, de « contre leurs coups épouvantables » par rapport à la place usuelle du circonstanciel, et l'emploi par Baudelaire d'un alexandrin trimètre. L'imitation phonétique n'est qu'un des composants de l'harmonie imitative.

3.2. La motivation du signe en poésie

Ferdinand de Saussure a bien montré que le lien entre le signifiant et le signifié linguistiques est un lien non motivé, arbitraire (voir le 1er chapitre). Il admet cependant qu'il existe dans la langue des motivations relatives, qui font qu'un mot est immédiatement saisi comme apparenté à un autre : c'est le cas des mots composés ou dérivés (« anti-grippe » est immédiatement perçu comme motivé par rapport à « grippe ») ou apparentés par l'étymologie (« équestre » est rapporté à « cheval » pour qui connaît le mot latin *equus*).

Mais bien plus largement, les messages expressifs, et particulièrement les poèmes, traitent la langue comme si les signes, à commencer par les phonèmes, étaient directement motivés. Rimbaud attribue des couleurs précises aux voyelles :

> A noir, E blanc, I rouge , U vert, O bleu : voyelles,
> Je dirai quelque jour vos naissances latentes.
>
> *Voyelles*

Mallarmé, à la suite de grammairiens britanniques, voit des sortes d'onomatopées dans les radicaux des mots anglais. Bien d'autres voient un symbolisme dans la rondeur du O, la rectitude du I, la forme de chevalet du A, etc. Nous avons déjà rencontré, au chapitre 14, ce **cratylisme**, qui consiste à percevoir une motivation directe entre les signifiants et les signifiés. Il est le plus flagrant à propos des noms propres, et nous avons vu Proust se livrer à une véritable rêverie onomastique sur le nom de Parme. Voici encore, du même écrivain, le début d'une autre rêverie, sur le nom de Guermantes :

> Je savais que là résidaient des châtelains, le duc et la duchesse de Guermantes, [...] mais chaque fois que je pensais à eux, je me les représentais tantôt en tapisserie, comme était la comtesse de Guermantes dans le « Couronnement d'Esther » de notre église, tantôt de nuances changeantes, comme était Gilbert le Mauvais [...], tantôt tout à fait impalpables comme l'image de Geneviève de Brabant, ancêtre de la famille de Guermantes [...], enfin toujours enveloppés du mystère des temps mérovingiens et baignant, comme dans un coucher de soleil, dans la lumière orangée qui émane de cette syllabe : « antes ».

Pour le narrateur, la syllabe « -antes » est dotée d'une couleur orangée. Il semble présenter cette correspondance comme naturelle, mais c'est en fait parce que la séquence phonique finale /ɑ̃/ + consonne est commune à « Guermantes » et à « orange ». D'autres éléments de l'association proviennent du rapprochement, dans le texte, du nom propre avec le coucher du soleil, dont l'orangé est une des teintes, et avec les temps mérovingiens, dont l'ancienneté, qui rend les détails difficiles à distinguer, fait songer à un crépuscule. Ce genre d'interprétation cratylienne est caractéristique, chez le héros de Proust, de l'« âge des noms », c'est-à-dire de l'enfance et de l'adolescence, périodes de la vie les plus dominées par l'imagination.

En un large sens, les poètes en restent à cet âge des noms, où les mots en éveillent d'autres en écho, et enrichissent le sens du poème de ces correspondances. Pour ne considérer que les échos phoniques, à leur tour susceptibles d'éveiller d'autres échos sémantiques, voyons vers à vers comment Verlaine, dans « L'heure exquise », les multiplie en dehors même des rimes :

La lune blanche	(lune-luit, blanche-branche)
Luit dans les bois	(bois-voix)
De chaque branche	(blanche-chaque branche)
Part une voix	(part-ramée)
Sous la ramée...	(ramée-aimée)
Ô bien-aimée	(blanche-branche-bien-aimée)
L'étang reflète	(étang-vent, reflète-silhouette)
Profond miroir,	(profond-pleure)
La silhouette	(silhouette-saule)
Du saule noir	(noir-miroir)
Où le vent pleure...	(pleure-profond)
Rêvons c'est l'heure	(rêvons-profond, heure-pleure)
Un vaste et tendre	(vaste-astre, tendre-descendre)
Apaisement	(apaisement-semble-descendre)
Semble descendre	
Du firmament	(dominance des /ã/ dans la strophe)
Que l'astre irise...	(irise-firmament, astre-irise)
C'est l'heure exquise.	(que-exquise, irise-exquise)

À ces récurrences s'ajoutent des modulations vocaliques qui nous font aller des voyelles fermées du début à celles de la fin, en passant par des dominances ouvertes dans toutes les strophes, et des modulations consonantiques entre l'importance des chuintantes et des labiales dans la première strophe, celle des /l/ dans la seconde, et celle des /s/ dans la dernière.

Le discours poétique nous apparaît ici comme *engendrant* les mots à partir les uns des autres selon des convenances sonores. C'est très net encore dans ce début de poème d'Éluard, où les multiples dentales se développent à partir du « toi » initial :

Toi la seule et j'entends les herbes de ton rire
Toi c'est ta tête qui t'enlève
Et du haut des dangers de mort
Sous les globes brouillés de la pluie des vallées
Sous la lumière lourde sous le ciel de terre
Tu enfantes la chute.

Sur la question d'une corrélation entre sonorité et sens en poésie, Jakobson, à notre époque, pose l'affirmation suivante : « En poésie, toute similarité apparente dans le son est évaluée en termes de similarité et/ou de dissimilarité dans le sens « (*Essais de linguistique générale*). Ainsi, dans le vers de Mallarmé « Aboli bibelot d'inanité sonore », « aboli » et « bibelot », dont le rapprochement est pourtant exceptionnel, sont perçus comme apparentés par le sens d'après leur parenté phonique : leur valeur sémantique commune de vanité est soulignée.

Ainsi s'explique la conviction si répandue qu'il existe un symbolisme des sons du langage, et des correspondances avec des couleurs, des formes de la nature et des sentiments. Mais cette correspondance varie avec les individus. En revanche, certaines perceptions globales sont très généralisées, par exemple celle que le /u/ est plus « sombre » que le /i/ (de même que toutes les voyelles postérieures sont plus « sombres » que les antérieures, et les arrondies que les non arrondies). Et la prédominance dans un segment de l'une ou l'autre de ces voyelles peut « assombrir » ou « illuminer » l'impression qu'il nous donne. Les proportions relatives, dans un texte, de certaines catégories de phonèmes lui confèrent une certaine tonalité psychologique de douceur, rudesse, euphorie, dysphorie. Jakobson, reprenant une expression d'Edgar Poe, formule ainsi cette relation :

> Une accumulation supérieure à la fréquence moyenne d'une certaine classe de phonèmes, ou l'assemblage contrastant de deux classes opposées, dans la texture phonique d'un vers, d'une strophe, d'un poème, joue le rôle d'un « courant sous-jacent de signification ».

Bien plus, ce courant peut apporter des compensations à l'incapacité de certains mots à évoquer acoustiquement leur référent. Mallarmé a remarqué avec déception que si « ombre » a bien une sonorité « opaque », « ténèbres » en a une « claire », et que celle de « jour » est sombre tandis que celle de « nuit » est claire. Mais ce scandale est évité, selon lui, dans le contexte plus large du vers, qui « rémunère le défaut des langues, complément supérieur » (*Crise de vers*). Entendons que l'insuffisance évocatoire de certains signifiants est compensée (« rémunère ») par une meilleure conformité du contexte (« complément supérieur ») au symbolisme sonore. On peut, par exemple, entourer le signifiant « sombre » de « jour » par des mots à phonèmes plus clairs comme « soleil », « vie », « lumière », « éclatant », et le signifiant « clair » de « nuit » par « sombre », « tombe ». Ou encore remplacer l'image de clarté liée usuellement à « jour » par une autre plus « assombrie », par le moyen d'associations du type de : « la chaleur lourde du jour ».

3.3. Les jeux sur les sonorités

Nous avons déjà rencontré, en prose, des jeux sur les signifiants, en particulier chez Leiris. Celui-ci ne faisait, en réalité, que systématiser et transposer dans un discours humoristique et satirique des procédés courants en poésie. Cette dernière pratique les jeux de mots en les soulignant grâce aux ressources de la rime et de la métrique. C'est sur un calembour que s'achève le sonnet de Trissotin dans les *Femmes savantes* de Molière :

Et quand tu vois ce beau carrosse,
Où tant d'or se relève en bosse
Qu'il étonne tout le pays

Et fait pompeusement triompher ma Laïs,
Ne dis pas qu'il est amarante,
Dis plutôt qu'il est de ma rente.

Ces jeux se retrouvent nombreux dans les poèmes de circonstance ou humoristiques. Un poète comme Prévert les a pratiqués avec jubilation. On trouve chez lui une abondance de calembours :

Je vous salis, ma rue
pleine d'ogresses
(cf. Je vous salue Marie
pleine de grâce)

Le Temps nous égare
Le Temps nous étreint
Le Temps nous est gare
Le Temps nous est train.

d'à-peu-près :

J'aime mieux
tes lèvres
que mes livres.

Et Saint-Hubert
but le calice
jusqu'à l'halali.

de poèmes-charades :

... et
ÈVE vécut avec un
ANGE dans une
ILE
... et
l'habit bleu de l'ange
fut jeté aux orties.

Fatras (1966), © Éd. Gallimard

L'anagramme a été également souvent pratiquée en faisant commencer les premiers vers d'un poème par chacune des lettres d'un nom de personne (c'est alors un acrostiche). Mais il est une autre forme d'anagramme, dont on ne peut être certain qu'elle soit volontaire, et qui consiste à insérer dans le poème (le jeu est évidemment possible en prose également) les lettres, ou les phonèmes, du titre ou d'un mot important, nom propre ou d'objet en rapport avec le sens général. Ne peut-on percevoir un écho diffracté du titre de « La chevelure » dans ce distique du poème :

> Cheveux bleus, pavillon de ténèbres tendues,
> Vous me rendez l'azur du ciel immense et rond ?
>
> Baudelaire

(« cheveux bleus », « l' », finale de « azur »)

S'il n'y a pas de certitude d'une intention consciente de l'écrivain, du moins peut-il y avoir, à un niveau plus trouble, une tendance spontanée de sa part (ou, assurent les psychanalystes, une ruse de son inconscient) à entourer les mots importants de sonorités qui les rappellent, ou à évoquer ces mots, en leur absence, par leurs sonorités dispersées. Il n'est pas exclu non plus que ces anagrammes soient des effets de lecture, dus essentiellement à une interprétation du lecteur.

LECTURES COMPLÉMENTAIRES

CHEVALIER, BLANCHE-BENVENISTE, ARRIVÉ, PEYTARD, *Grammaire Larousse du français contemporain*, 1964 (à laquelle sont empruntés, avec quelques modifications, les tableaux des voyelles et des consonnes du français).

JAKOBSON Roman, *Questions de poétique*, cité au chap. 16.

JAKOBSON Roman et WAUGH Linda, *La Charpente phonique du langage*, Minuit, 1980.

JOUBERT Jean-Louis, *La Poésie*, cité au chap. 16.

Chapitre 19

Les réseaux du sens

Après avoir vu les niveaux de fonctionnement du poème selon le rythme, la versification, les sonorités, et pris conscience de leur solidarité, il reste à analyser celui du sens, qui est plus riche que dans la prose courante. Ce sens est tout d'abord global, comme d'ailleurs en prose, et non l'addition de sens particuliers qu'on pourrait tirer d'une lecture mot à mot. Il est le plus souvent multiple, parce qu'aux signifiés premiers des mots tels qu'on peut les trouver dans le dictionnaire, ou signifiés de **dénotation**, s'ajoutent des sens seconds, ou signifiés de **connotation**, variables selon les contextes, les niveaux de langue, les situations d'énonciation et de réception. Parce qu'aussi la proportion des figures est plus élevée, et leurs combinaisons plus denses.

1. Réseaux internes

Un bon procédé pour étudier un poème est de le considérer d'abord comme un système clos, dont tous les éléments fonctionnent les uns par rapports aux autres, et d'utiliser pour cela la notion d'**isotopie**, c'est-à-dire de récurrence de sèmes ou de groupes de sèmes le long de la chaîne du discours. À mesure qu'on avance dans la lecture du texte, de nouvelles isotopies apparaissent et entrent en combinaison avec les précédentes, avec lesquelles elles forment des réseaux. Les métaphores et comparaisons jouent un rôle particulier comme carrefours, ou embrayeurs, d'isotopies : ces figures font en effct se croiser deux axes sémantiques.

Ainsi, le sonnet suivant de Mallarmé a pu être analysé, pour le sens, à partir de trois isotopies combinées (voir F. Rastier, dans la bibliographie) :

TEXTE 82

Salut

Rien, cette écume, vierge vers
A ne désigner que la coupe ;
Telle loin se noie une troupe
De sirènes mainte à l'envers.

Nous naviguons, ô mes divers
Amis, moi déjà sur la poupe
Vous l'avant fastueux qui coupe
Le flot de foudres et d'hivers ;

Une ivresse belle m'engage
Sans craindre même son tangage
De porter debout ce salut

Solitude, récif, étoile
A n'importe ce qui valut
Le blanc souci de notre toile.

Mallarmé, *Poésies* (1893)

Si nous fermons le poème à tout ce qui lui est extérieur, nous rencontrons d'abord deux vers énigmatiques , « écume » pouvant désigner la mousse qui se forme à la surface de tout liquide agité, et « vers », qui lui est mis en apposition, ne pouvant désigner que le vers poétique. La « coupe » peut éventuellement se référer au contenant de l'écume, mais n'entretient aucun rapport avec « vers ». Nous n'avons donc qu'une ébauche d'isotopie sur un axe sémantique de /liquidité/. Les deux vers suivants, avec « se noie » et « sirènes », évoquent plutôt la mer et la mythologie, mais cette nouvelle /liquidité/, combinable avec l'écume, ne l'est guère avec la « coupe ». À partir du second quatrain, l'isotopie maritime se développe et se précise, et devient une large isotopie /navigation/, avec « naviguons », « poupe », « avant », « coupe le flot », « foudres », « hivers », « tangage », « solitude », « récif », « étoile » ; « le blanc souci de notre toile » peut se référer à la voile du bateau.

Si le premier tercet, lu seul, reste énigmatique, il peut cependant être relié au premier quatrain et on peut poser, au moins hypothétiquement, l'existence d'une isotopie /champagne/. François Rastier, le commentateur du poème, n'a pas hésité, lui, à établir d'emblée un des réseaux externes du sens en reproduisant la note de Mallarmé qui accompagne le poème : « Ce sonnet, en levant le verre, récemment à un banquet de *La Plume*, avec l'honneur d'y présider. » (*La Plume* était une revue littéraire contemporaine.) Et pour lui, à partir de cette indication (mais il n'en va pas de même pour le lecteur non renseigné), l'isotopie première est celle du /banquet/. Elle apparaît déjà dans « rien », le premier mot, qui renvoie à la légèreté de l'écume, se poursuit dans la troupe des sirènes renversées, qui représente métaphoriquement les bulles du champagne, dans l'apostrophe aux amis, dans la « poupe » et l'« avant » qui représentent les deux bouts de la table et, secondairement, le grand âge du président et la jeunesse des convives, auxquels s'adresse le compliment « fastueux ». Le « tangage » du bateau évoque l'ivresse du champagne, « porter debout ce salut » s'interprète comme « toast » sur l'isotopie /banquet/, et le dernier vers peut aussi lui être rapporté comme évoquant la nappe du banquet.

Les deux isotopies sont interdépendantes, /navigation/ étant la métaphore de /banquet/. En effet, elles possèdent en commun des groupements de sèmes comme la /forme allongée/ de la table et du vaisseau, la toile blanche, l'existence d'un chef (président, capitaine) et de compagnons (convives, matelots). Tous les termes de navigation sont par conséquent des métaphores de termes du banquet, même si ces derniers ne figurent pas explicitement dans le texte, comme le « haut bout » et le « bas bout » de la table métaphorisés par « poupe » et « avant » ; certains termes, comme « tangage », « toile », « blanc », « souci », conviennent aux deux isotopies. Il existe donc des mots inscrits dans les deux isotopies, polyvalents, d'autres sur une seule de façon apparente (« naviguons »).

Cette convergence des deux séries est bien représentée par le titre, qui lui aussi est bivalent, et permet de retenir son acception de « salutation » qui en fait un « toast », ou celle de « sauvegarde » qui convient au succès de la navigation. En fait, il ne faut pas choisir, et laisser à « salut » son ambiguïté, sa double valeur. Les mots ambigus, comme les métaphores, servent de plaques tournantes entre des isotopies différentes.

Ce n'est pas tout. À partir de quelques mots non indexés qui se présentent comme des résidus : « vers », « vierge », « solitude », de la situation extérieure (le banquet littéraire) et de ce qu'on connaît des autres textes de Mallarmé, donc par des relations externes au poème, on peut induire une troisième isotopie, l'/écriture/. Elle explique évidemment « vers », mais aussi « vierge » (par l'absence apparente de sérieux propre au toast), « solitude » (par le sort de l'écrivain à l'écart des autres hommes). Davantage, elle s'étend à l'ensemble du poème : le « salut » est celui de l'écrivain sauvé par (ou malgré) l'écriture ; « rien » correspond à l'apparente vanité de son travail, toute l'isotopie /navigation/ à l'activité littéraire, à ses risques, et au « blanc souci » de la page vierge. Quant à l'« ivresse belle », déjà indexée sur /banquet/, elle représente l'enthousisame du poète pour la beauté.

Le réseau sémantique est alors (ou, du moins, semble) complet. L'analyse d'ensemble du poème ne l'est, elle, qu'à condition d'intégrer aussi les niveaux phonique (récurrences du type « vierge vers »), métrique (enjambements, mises en relief), symbolique (la navigation littéraire comme odyssée, les sirènes sont là pour l'évoquer).

2. Réseaux externes

La considération du poème comme un objet clos est un concept opératoire pour l'analyse, non une vérité sur la nature même de cet objet. Nous avons vu qu'à deux reprises, des conditions externes à « Salut » ont contribué à la découverte de ses isotopies. Le texte poétique est pris dans d'autres réseaux de sens qui franchissent ses limites :

2.1. Références à un savoir factuel, social, historique

Ce savoir peut être créateur d'isotopies. Ces références ne portent pas, en réalité, directement sur les objets du monde, mais sur la perception que les lecteurs sont censés en avoir, faite de discours déjà entendus, d'expressions d'emprunt toutes faites. La compréhension d'une large partie de « La Maison du berger » de Vigny (voir texte 62) n'est possible que si on rapproche le texte des débuts du chemin de fer et de la terreur répandue dans le public par la première catastrophe ferroviaire. Même si la référence au monde est indirecte, elle joue un rôle indéniable.

2.2. Références intertextuelles

Elles peuvent renvoyer à d'autres textes du même auteur. « Salut » fait écho, par certains de ses termes, à d'autres poèmes de Mallarmé : nous retrouvons « vierge », « belle », « ivresse » dans « Le vierge, le vivace et le bel aujourd'hui » ; nous avons dans les deux poèmes une évocation de la catastrophe, qui est celle de la vocation poétique ; et, d'une façon plus générale, la poésie de Mallarmé est souvent réflexive, tournée vers le problème de sa propre production. Les écrits théoriques du poète le confirment. Par ces liens que nous signalons, la « clôture » du poème n'est pas détruite, mais elle constitue un système à l'intérieur d'un autre système.

L'intertextualité peut être externe par rapport à l'œuvre de l'auteur, et reprendre d'autres textes que les siens. Le cas est trivial pour le fonds culturel d'une civilisation : allusions à la Bible, aux œuvres mythologiques, aux auteurs classiques (quelle que soit leur époque). Mais tout texte est en même temps reprise d'autres textes plus particuliers, littéraires ou non, qu'il imite, parodie, inverse, loue, conteste, et dont on peut retrouver les traces, plus ou moins transformées. Ce sont encore des réseaux de sens qui pénètrent le poème. Peut-on saisir le poème « Les Montreurs » de Leconte de Lisle sans référence à la poésie romantique ? Peut-on négliger cette forme d'intertextualité dans les « Tombeaux » (d'Edgar Poe, de Baudelaire, de Verlaine) écrits par Mallarmé ? Le poème n'est pas une monade imperméable au sens venu de l'extérieur.

3. La surdétermination

Il y a surdétermination, c'est-à-dire **effet cumulatif**, sur un mot ou un segment de texte quand il appartient simultanément à plusieurs niveaux signifiants : syntaxique (inversion, détachement, retardement), métrique (place dans le vers ou enjambement), figural (métaphore, métonymie...), rhétorique (énumération, amplification, antithèse, parallélisme...), discursif (place dans le texte, dans une argumentation), descriptif (ensemble des lieux communs existant à propos d'un objet). Prenons à titre d'exemple le dernier vers de « Masque nègre » (texte 75) :

Je t'adore, ô Beauté, de mon œil monocorde !

C'est la clausule (fin remarquable) de tout le poème, un des deux seuls alexandrins du texte. Considérons plus particulièrement son dernier groupe syntaxique. L'expression correspond au second hémistiche du vers : niveau métrique.

Elle est soulignée par plusieurs récurrences phoniques en *-mon-* et en *-dor/ord-* dans le même vers : niveau des effets phoniques.

Elle forme un **oxymore** avec deux mots incompatibles, « monocorde » ne s'employant que pour qualifier un instrument de musique ou la voix. Il y a donc création d'une nouvelle isotopie où les deux puissent s'indexer, celle, difficile à formuler d'un seul mot abstrait, d'une « contemplation (œil) par des regards concentrés, non dispersés (monocorde) », avec en outre une connotation musicale. Cette isotopie converge avec celle de la /simplicité dépouillée/ qui s'applique dans le reste du poème à la femme noire et aux masques nègres. C'est là un niveau sémantique figural.

Si l'on tient compte de la dédicace du poème à Pablo Picasso, la signification entre dans un réseau référentiel plus largement artistique, en rappelant la période de ce peintre où il adopta les principes de l'art nègre, et ses fréquentes associations d'un visage et d'un instrument de musique.

4. Étude de « La chevelure » (Baudelaire)

TEXTE 83

La chevelure

Ô toison, moutonnant jusque sur l'encolure !
Ô boucles ! Ô parfum chargé de nonchaloir !
Extase ! Pour peupler ce soir l'alcôve obscure
Des souvenirs dormant dans cette chevelure,
Je la veux agiter dans l'air comme un mouchoir !

La langoureuse Asie et la brûlante Afrique,
Tout un monde lointain, absent, presque défunt,
Vit dans tes profondeurs, forêt aromatique !
Comme d'autres esprits voguent sur la musique,
Le mien, ô mon amour ! nage sur ton parfum.

J'irai là-bas où l'arbre et l'homme, pleins de sève,
Se pâment longuement sous l'ardeur des climats ;
Fortes tresses, soyez la houle qui m'enlève !
Tu contiens, mer d'ébène, un éblouissant rêve
De voiles, de rameurs, de flammes et de mâts :

Un port retentissant où mon âme peut boire
À grands flots le parfum, le son et la couleur ;
Où les vaisseaux, glissant dans l'or et dans la moire,
Ouvrent leurs vastes bras pour embrasser la gloire
D'un ciel pur où frémit l'éternelle chaleur.

Je plongerai ma tête amoureuse d'ivresse
Dans ce noir océan où l'autre est enfermé ;
Et mon esprit subtil que le roulis caresse
Saura vous retrouver, ô féconde paresse !
Infinis bercements du loisir embaumé !

Cheveux bleus, pavillon de ténèbres tendues,
Vous me rendez l'azur du ciel immense et rond ;
Sur les bords duvetés de vos mèches tordues
Je m'enivre ardemment des senteurs confondues
De l'huile de coco, du musc et du goudron.

Longtemps ! toujours ! ma main dans ta crinière lourde
Sèmera le rubis, la perle et le saphir,

Afin qu'à mon désir tu ne sois jamais sourde !
N'es-tu pas l'oasis où je rêve, et la gourde
Où je hume à longs traits le vin du souvenir !

Charles Baudelaire, *Les Fleurs du mal* (1857)

L'étude proposée ici portera principalement sur le sens, par l'intermédiaire des isotopies et des images. À première vue, le poème semble partir d'une « description » d'un objet du monde (les guillemets apportent une réserve, car il ne s'agit évidemment pas d'une description réaliste) et transformer très vite celle-ci en évocation imaginaire. Un premier temps de l'analyse pourrait donc être un relevé des isotopies, non ligne à ligne (cela est un point préalable à l'analyse elle-même), mais dans l'ensemble du texte, et en tentant de les grouper par catégories.

4.1. Les isotopies

4.1.1. Isotopies directes et isotopies métaphoriques

Elles peuvent apparaître soit **directement**, dans des mots désignant un objet par son nom ou ses propriétés habituelles, comme tous les termes qui décrivent la chevelure : « boucles », « tresses », « cheveux », « duvetés », « mèches », soit **indirectement**, et notamment par métaphore, quand le même objet est désigné par « toison », « mer », « océan », « pavillon », « crinière ». Ces dernières dénominations, diverses pour un même objet, se révèlent être productrices d'autres isotopies métaphoriques, qui se développent chacune dans un même **champ conceptuel**, c'est-à-dire autour d'un noyau sémique commun : « toison », « crinière » participent à un champ conceptuel où s'intègrent « moutonnant », « encolure », « lourde », dans une isotopie de l'/animalité/. « Mer », « océan » entraînent « voguent », « nage », « houle », « voiles », « rameurs », « flammes » (= pavillons des bateaux), « mâts », « ports », « flots », « vaisseaux », « glissant », « roulis », « bords », soit une vaste isotopie /mer/. De son côté, « pavillon » (tente ou construction légère) engendre « tendues », dans une isotopie plus restreinte /lieu fermé/. Toutes ces métaphores rattachées les unes aux autres selon une orientation commune constituent des *métaphores filées*. On voit comment le poète passe de l'isotopie directe aux autres : par « embrayage » à partir d'un sème ou groupement de sèmes communs. De « chevelure » il passe à « toison » par l'intermédiaire d'un sème /pilosité/. De « chevelure » à « mer » par un sème /ondulation/. De « chevelure » à « pavillon » par un groupe sémique /objet enveloppant/. Outre la bifurcation d'isotopie, chaque comparant métaphorique apporte l'enrichissement de ses propres sèmes, qui à leur tour peuvent engendrer de nouvelles réorientations : /mer/ se trouve au sein d'un vaste système de représentations de /liquidité/, /navigation/, /voyage/, /exotisme/, /sensations spécifiques/ que Baudelaire exploite largement.

Certains mots, par leur richesse sémique (*polysémie*), peuvent se trouver au carrefour d'une isotopie directe et d'une isotopie métaphorique. Dans ce poème, « tresses » (v. 13) désigne à la fois les tresses de la chevelure et les cordages faits de chanvre tressé.

4.1.2. Les médiatisations

Le poète effectue certains rapprochements entre termes qui, apparemment, n'ont pas de sèmes communs, par exemple « chevelure » et « mouchoir » dans la comparaison du vers 5 : ils n'entrent pas dans un même **champ conceptuel**. Baudelaire nous suggère pourtant l'orientation du rapprochement dans : « je la veux agiter ». Ce sème commun est /qu'on peut agiter/. Le mouchoir agité a ici une fonction explicite : il répand le parfum (vers 2), et les souvenirs (métaphore). Mais aussi, l'image mentale du mouchoir qu'on agite éveille chez le lecteur celle des saluts lors du départ pour un long voyage : elle est tirée du **système descriptif** de « mouchoir », qui est l'ensemble des expressions usuelles de la langue dans lesquelles le mot figure. Cette image fait donc transition avec les évocations exotiques et maritimes de la strophe suivante.

Grâce à elle, on peut dire que, dans le texte, l'évocation des pays exotiques et tropicaux dérive des sèmes de parfum et de voyage du début. Les parfums les plus extatiques, les plus capables de faire rêver, sont les parfums d'Orient, et les voyages les plus dépaysants sont les voyages vers les tropiques. La suite du poème développe les clichés associés à ces parfums et à ces voyages. De la chevelure à ces représentations, nous sommes passés par la **médiation** de l'image du mouchoir. Cette notion de médiation est très importante en poésie : on passe d'images à d'autres images, parfois sur plusieurs degrés, et avec des intermédiaires qui peuvent parfois être seulement implicites. Chaque terme qui, comme « mouchoir », sert de transition d'une isotopie à une autre, est **surdéterminé**.

4.1.3. Les isotopies à distance. La relecture

Jusqu'ici, nous avons vu des isotopies fonctionnant entre termes voisins ou proches. Il faut cependant élargir l'« ouverture de compas » jusqu'à des rapprochements lointains. Aux vers 16 et 17, la métaphore « où mon âme peut boire », bien sûr à ne pas prendre à la lettre, peut être simplement saisie comme « peut jouir de » (parfums, son et couleur), avec une connotation de grand désir, de besoin presque physique. Cette isotopie n'est pas développée sur-le-champ. Mais au vers 29 nous trouvons « je m'enivre ardemment des senteurs », qui reprend la même isotopie métaphorique : boire, c'est saisir par les sens avec avidité (et jusqu'à l'ivresse). Enfin les deux derniers vers du poème la mettent au premier plan, avec l'oasis, la gourde, « je hume » (ici au sens de « je bois »), « à longs traits », « le vin du souvenir ». À cette place surdéterminée de la conclusion, l'image occupe tout l'espace : la chevelure, ou la femme, alimente l'imagination du poète, l'exalte (« enivre ») et lui fournit en foule les souvenirs. L'isotopie devient /boisson fécondante/, opère sur un large espace (voir au vers 24 encore : « féconde paresse »), et reparaît après des moments d'effacement, à la manière d'un thème musical qui s'annonce, disparaît et revient pour constituer un des éléments de base d'un morceau.

Cette remarque nous entraîne à effectuer une nouvelle lecture du poème, et à mieux y percevoir dès le début des sèmes d'/abondance/ dans « toison », « moutonnant », « jusque », « chargé », « peupler », « tout un monde », « profondeurs », « forêt », « nage sur ton parfum », « mer », etc. Des sèmes aussi de /désir exalté/ (l'exaltation partageant d'ailleurs avec l'abondance un sème de /grandeur/) dans les exclamations et les apostrophes, dans « extase », « je la veux agiter ».

Il nous apparaît ainsi que l'analyse du sens se fait en plusieurs temps : pour commencer, en suivant l'ordre du texte et en détectant les isotopies ; puis en procédant à une relecture (voire plusieurs) afin de réintégrer le début dans le système d'ensemble et de percevoir les combinaisons entre isotopies.

4.1.4. Les isotopies paradoxales

Certains rapprochements de termes semblent au lecteur difficilement explicables, bien qu'il les admette plus facilement dans une lecture globale où ils peuvent passer pour des carrefours isotopiques. Ce sont des cas d'**oxymores**. Ils paraissent renfermer une contradiction, ou du moins être peu cohérents. C'est le cas de « mer d'ébène » (v. 14). L'ébène ne peut fournir ni la matière, ni la couleur de la mer. Mais il existe des médiations : la métaphore « cheveux d'ébène » désigne couramment une chevelure d'un brun très sombre. « Mer d'ébène » est donc une désignation métaphorique de la chevelure, obtenue par contamination de « cheveux ondulés comme la mer » et « cheveux d'ébène ». D'autre part, cette image apparaît dans une strophe consacrée à un « là-bas » exotique qui englobe l'Afrique et ses peuples couleur d'ébène (voir la locution « bois d'ébène » qui désignait jadis les esclaves noirs). L'ébène de la mer serait aussi déterminé par la couleur de ses riverains. Là encore ce sont les médiations métaphoriques qui justifient l'image.

« Cheveux bleus » est aussi une image paradoxale. On connaît une expression « cheveux si noirs qu'ils ont des reflets bleus » ; elle peut être invoquée comme médiatrice, avec, pour la justifier, le mot tout proche de « ténèbres ». Mais c'est aussi la même chevelure qui fait voir, en imagination, la mer tropicale et son ciel que les clichés représentent comme toujours bleu (voir « l'azur du ciel » au vers suivant). Baudelaire joue sur un bleu qui peut être alternativement, ou simultanément, le bleu ténébreux de la chevelure et le bleu éclatant des tropiques. Cette dualité est une création poétique et il faut la préserver.

Enfin, « bleus » peut avoir été attiré au contact de « cheveux » par l'affinité phonique de la finale en /ϕ/. C'est aussi une médiation, par effet contextuel, à ne pas négliger.

4.2. La double syntaxe du poème

Nous n'avons pas considéré toutes les images de « La chevelure ». Certaines seront commentées dans la suite, d'autres se rattachent aisément aux isotopies relevées. Ce qui importe maintenant est d'envisager la construction d'ensemble. D'un point de vue grammatical et discursif (entendons par ce dernier terme la construction qui dépasse la phrase), le poème repose sur une série d'apostrophes qui désignent la chevelure, de façon directe ou indirecte : « Ô toison », « ô boucles », « ô parfum », « mer d'ébène », etc.

Cependant, cette énumération d'apostrophes est développée sur d'autres modèles discursifs : des descriptions à la troisième personne dans les strophes 2 et 4, et différentes phrases-programmes à la première personne et au futur (ou forme équivalente) : « « je la veux agiter », « j'irai là-bas », « je plongerai ma tête », « ma main... sèmera ».

Enfin, dans la dernière strophe, le message change d'allocutaire : celui-ci devient la femme à qui appartient la chevelure. Et le poème, s'adressant à un « tu » ambigu qui peut être soit la femme, soit la chevelure (cette dernière n'étant qu'une représentation de l'autre), aboutit à une double métaphore appartenant à un champ nouveau : l'« oasis » et la « gourde », sur le mode interro-négatif oratoire, c'est-à-dire équivalant à une proclamation affirmative.

À cette syntaxe grammatico-discursive se superpose un autre mode de construction du texte, qu'on peut appeler **syntaxe des images**. Elle développe ses constructions à partir d'une représentation globale de la chevelure dans le premier vers. C'est ainsi qu'elle fait apparaître :

— les parties de celle-ci, sous forme de synecdoques : « boucles », « tresses », « cheveux », « bords duvetés », « mèches » ;

— ses « contenus » : « parfums », « souvenirs », « senteurs », « rubis », « perle », « saphir », sous forme de métonymies ;

— les « effets » qu'elle entraîne : « extase », « féconde paresse », « infinis bercements », sous forme de métonymies encore ;

— et de nombreux termes métaphoriques et comparaisons dont nous avons déjà énuméré une partie et qui se rattachent aux appellations de premier degré : « toison », « parfum », « forêt », etc.

À ce nouveau degré, les images sont produites :

— soit par l'intermédiaire de mots ou de constructions grammaticales indiquant en clair la contenance, et qui sont particulièrement nombreuses : « parfum chargé de nonchaloir », « souvenirs dormant dans cette chevelure », « tout un monde... vit dans tes profondeurs, forêt », « là-bas où l'arbre et l'homme, pleins de sève », « tu contiens, mer d'ébène, un éblouissant rêve de voiles,... un port où les vaisseaux... ouvrent leurs vastes bras pour embrasser... » (double niveau), « ce noir océan où l'autre est enfermé », « ma main dans ta crinière lourde sèmera... », « l'oasis où je rêve », « la gourde où je hume le vin », si bien que le poème semble fait d'emboîtements successifs ;

— soit par des glissements métonymiques : le port évoque « le parfum, le son et la couleur », le « pavillon » rend l'« azur du ciel » lointain ;

— soit par de nouvelles métaphores ou comparaisons : « toison moutonnant jusque sur l'encolure » (métaphore filée), « comme d'autres esprits... le mien... », « tresses, soyez la houle », « les vaisseaux, glissant dans l'or et dans la moire », « roulis » (métaphore évoquant la situation amoureuse du personnage) retrouvant les « infinis bercements » de la mer lointaine.

La syntaxe des images est donc la façon dont elles s'ordonnent en séries isotopiques grâce aux métaphores, métonymies et synecdoques. La syntaxe grammaticale et discursive, qui s'occupe de construire des phrases et des argumentations, interfère certes avec elle, mais est d'un autre ordre.

On peut encore remarquer que les diverses isotopies sont toutes ébauchées, ou annoncées, dès la première strophe : l'/animalité/, reprise à la fin (« crinière ») et rattachée à la /féminité/ et à la /fécondité/ ; l'/ondulation/, qui annonce la /mer/ ; le parfum, la paresse, annonciateurs des moiteurs tropicales (et c'est aussi du parfum que naît, au vers 10, la /liquidité/, si importante sous ses deux aspects d'étendue marine et de liqueur vivifiante) ; les souvenirs ; l'/obscurité/, qualifiant la chambre et la chevelure, et qui entrera dans une vaste opposition avec la luminosité des cieux imaginaires ; l'/activité/ (« agiter »), qui reprend à la fin dans le geste nouveau et important de répandre les pierres précieuses dans la chevelure : il symbolise l'activité poétique qui, nourrie aux sources de la féminité, mûrie dans une apparente paresse, devient créatrice de joyaux de langage.

Ainsi, nous pouvons comprendre le sens général du poème, qui n'est que faussement descriptif. Par sa sensualité et la fécondité littéraire qu'elle suscite, la femme, symbolisée par sa chevelure, ouvre au poète l'accès à un autre univers, celui des souvenirs et de l'imaginaire. Les apparences cachent une réalité supérieure qu'il peut retrouver et transmettre grâce aux images. La femme est la médiatrice sensuelle, l'image la médiatrice dans l'écriture.

4.3. Interférences des réseaux. Les réseaux externes

Les nombreuses séries isotopiques que nous avons relevées se croisent en de nombreux points, qu'elles surdéterminent. La chevelure est, bien entendu, au centre général. Mais nombreuses sont les autres interférences. Pour n'en citer qu'une non encore évoquée, l'« alcôve » se trouve au carrefour des isotopies de la femme, de l'obscurité, du lieu clos, de l'amour, de la paresse et de la fécondité.

Si l'on peut sans intervention extérieure saisir le sens de ce poème, il reste cependant que cette œuvre n'est pas isolée dans l'univers. Certains de ses éléments s'éclairent ou prennent une force particulière si l'on se rappelle que Baudelaire était l'amant de Jeanne Duval, une mulâtresse, dont la chevelure abondante et sombre et dont l'origine ont probablement éveillé sa rêverie sur les « cheveux bleux » et parfumés, et sur l'univers tropical ; si l'on sait aussi qu'à vingt ans il a fait un long voyage maritime et séjourné à l'île Maurice et à La Réunion, les souvenirs de ce périple, même si le poème ne retient d'eux que des clichés d'époque et nullement le détail vécu, ont un arrière-plan d'expérience qui joue un rôle dans la perception du lecteur renseigné.

Plus encore qu'à cet emprunt au biographique, il convient de relier le poème au reste de l'œuvre baudelairienne : il existe un poème en prose exactement parallèle, « Un hémisphère dans une chevelure », où nous retrouvons la plupart de ses développements, et des détails éclairants sur la chevelure considérée comme un « aliment » nécessaire : « Laisse-moi... y plonger tout mon visage, comme un homme altéré dans l'eau d'une source », « Quand je mordille tes cheveux élastiques et rebelles, il me semble que je mange des souvenirs. » Enfin, l'œuvre entière de Baudelaire nous aide à mieux percevoir ce qui apparaît ici de sa conception des « correspondances » entre les diverses sensations, de son sens du symbolisme des objets du monde, qui renvoient à une autre réalité, et du rôle, qu'il attribue au poète, d'alchimiste transformant par la métaphore les objets communs en objets d'art (« le rubis, la perle et le saphir »).

4.4. Le poème comme un tout

L'accent placé sur l'analyse du sens nous a momentanément détournés de la perception des autres éléments, eux aussi constitutifs du texte poétique et de son sens, que sont notamment les faits de versification et de sonorité. Un aperçu sommaire nous convaincra de leur pertinence. Baudelaire a choisi comme type de strophe le **quintil**, formé de cinq vers à rimes alternées, avec redoublement de la troisième. Par rapport au quatrain, plus habituel, cette forme se présente comme une extension, un gonflement interne ne détruisant pas l'harmonie, adapté ici à l'évocation des grandes houles océaniques, à l'ampleur du voyage exotique et à l'élargissement de l'objet-chevelure en symbole. Le nombre de strophes est de sept, nombre sacré dans la plupart des symboliques (religions, Talmud, sciences occultes).

D'assez nombreux enjambements miment à la lecture orale diverses amplifications : abondance des souvenirs (v. 3-4), mer peuplée de vaisseaux

(v. 14-15), grandeur du port et de la soif (v. 16-17), engendrement d'un océan par un autre (v. 21-22), mouvement perpétuel du roulis (v. 23-24), multiples « senteurs confondues » (v. 29-30), ampleur du geste généreux du poète (v. 31-32), intensité de la soif dans les deux derniers vers (avec, dans ce cas, le soulignement de « la gourde » par le contre-rejet).

Parmi les rythmes internes remarquables, des contre-rejets ou rejets à la césure (v. 2, 31, 34) favorisent la perception d'expansions. Des mesures monosyllabiques servent à la mise en relief (« vit » au vers 8) ou à l'allongement (« nage » au vers 10, avec une coupe enjambante). Plusieurs alexandrins trimètres marquent soit une étape narrative :

> J'irai là-bas, où l'arbre et l'homme, pleins de sève,
> [...]

soit le mouvement de la mer ou **sur** la mer :

> Fortes tresses, soyez la houle qui m'enlève !
> [...]
> Où les vaisseaux, glissant dans l'or et dans la moire,
> [...]

soit l'immensité du ciel :

> Vous me rendez l'azur du ciel immense et rond.

Les effets de sonorités de la quatrième strophe ont été relevés au chapitre précédent. Chaque autre strophe possède ses harmonies propres. Contentons-nous de signaler quelques faits particulièrement perceptibles de récurrences :

— vers 2 : « parfum chargé de nonchaloir » (retour de *-ar-*, *-cha-*) ;

— vers 4-5 : « Chevelure », « agiter », « mouchoir » (retour de chuintantes) ;

— vers 6 : « La langoureuse Asie et la brûlante Afrique » (retour symétrique des *-an-*, *-a-* et *-i-*) ;

— vers 13 : « Fortes tresses » (*-r-*, *-t-*). « La houle qui m'enlève » (retour des *-l-*, effet de l'hiatus) ;

— vers 25 : « Infinis bercements du loisir embaumé » (retour et combinaison des *-i-*, des *-b-*, des *-en-*, des sifflantes) ;

— vers 30 : « De l'huile de coco, du musc et du goudron » (occlusives vélaires) ;

— vers 32-35 : « Sèmera », « rubis », « saphir », « désir », « oasis », « souvenir » (chaîne des *-i-*, des sifflantes et des *-r-*).

Il s'agit en général d'échos, voire de chaînes phoniques favorisant la mise en relief, ou de constructions d'harmonies par des symétries. Ce qu'il faut enfin souligner, c'est le fonctionnement interdépendant des différents réseaux sémantiques, métriques et sonores. Pour ne retenir qu'un exemple, le vers 13 combine l'évocation des cheveux avec l'image des cordages, celle de l'ondulation des flots, celle du mouvement et de l'ascension, à la fois physique et symbolique (le départ vers le rêve) ; il est porté par une métrique ternaire exceptionnelle, sans pause entre les deux dernières mesures (ce qui produit une simulation d'élan) ; il comporte une modulation nette entre les deux finales accentuées assonantes de « tresses » et « enlève », et l'autre finale accentuée fermée de « houle » ; l'hiatus de « la houle » est aussi un phénomène de modulation. Tout converge dans ce vers pour entraîner l'imagination de la matérialité des tresses vers un au-delà rêvé.

5. Le jugement esthétique

L'explication d'un texte, si loin qu'elle aille, n'a pas sa fin en elle-même, ni dans l'ensemble de réseaux auxquels elle donne accès. Le lecteur de poème, ou de tout autre texte littéraire, inclut dans la notion de littérarité celle de valeur esthétique. Il perçoit dans l'œuvre (ou du moins cherche à percevoir) une œuvre d'art. Ce jugement, s'il lui est véritablement personnel, et non imposé ou suggéré par l'enseignement ou la pression sociale, peut varier d'un individu à l'autre, en fonction de la formation qu'il a reçue, de son expérience antérieure, des impulsions de chacun. La critique moderne est tellement consciente de ces fluctuations qu'elle a souvent renoncé à une appréciation aussi subjective, et la passe sous silence, ou la remplace par des critères de vérité ou de technicité. Elle ne dit plus que tel poème est beau, mais le présuppose en le choisissant comme digne de son intérêt et du nôtre. Et comme elle y trouve, après analyse, beaucoup d'éléments remarquables, elle fait reposer son choix et son étude sur des jugements implicites comme ceux-ci :

— « cela est beau (ou a de la valeur) parce que c'est vrai » : critère de réalisme, assez rare aujourd'hui ;

— « cela est beau parce que c'est riche » : riche en possibilités d'interprétation ;

— « cela est beau parce que c'est structuré » : riche en réseaux croisés d'équivalences ;

— cela est beau parce que c'est complexe » ;

— « cela est beau parce que c'est obscur ».

Plutôt que de le détourner ainsi, ne vaut-il pas mieux poser franchement le problème du jugement de valeur ? Celui-ci n'a pas à être, comme il le fut trop souvent dans la critique traditionnelle, de l'ordre de l'effusion paraphrastique, mais peut reposer sur un certain nombre de critères exigeants que le lecteur se donne à lui-même et sur lesquels il s'engage, au-delà de la technicité pure. Il est juste cependant de se rappeler qu'un point de vue esthétique est susceptible de changer, qu'il est difficilement généralisable malgré les efforts faits en ce sens, et que le consensus esthétique varie selon les époques.

Ces critères pourraient être simultanément — et c'est à eux que se réfère en tout cas l'auteur de ce livre :

— « le poème me parle » : il est intelligible, il a quelque chose à me dire de nouveau ou d'original ;

— « le poème me touche » : il atteint en moi une fibre personnelle ;

— « le poème prend forme à mes yeux » : il satisfait en moi l'intelligence par sa construction, son mouvement, ses réseaux, sa musicalité ;

— « le poème me résiste » : je ne l'épuise pas au premier contact, il est polysémique ;

— « le poème valorise le langage » : il lui fait dire plus que dans la pratique de simple communication, propose des rapprochements inédits de mots, des effets de sonorités et de rythme ;

— « le poème m'invite au dépassement » : au dépassement de mon jugement initial, de ma thématique personnelle.

LECTURES COMPLÉMENTAIRES

RASTIER François, « Systématique des isotopies », in GREIMAS, *Essais de sémiotique poétique*, Larousse, 1972.
RIFFATERRE Michael, *La Production du texte*, Le Seuil, 1979.
RIFFATERRE Michael, *Sémiotique de la poésie*, Le Seuil, 1983.

Chapitre 20

Le style des écrivains. La stylistique

1. La notion de style

Depuis l'Antiquité, la notion de style (le mot, à l'origine, nommait le poinçon servant à écrire sur les tablettes de cire) a été associée à la manière de plaider d'un orateur, puis, progressivement, aux caractères propres de l'exécution de tout artiste, mais aussi de celle de groupes ou d'écoles. Appliqué à un texte écrit, le terme en est venu à désigner ce qui fait l'originalité de son auteur, les traits qui n'appartiennent qu'à lui.

Ce n'est d'ailleurs que relativement tard qu'est apparue chez les écrivains la volonté de se forger un style personnel, car le principe d'écriture généralement admis jusqu'à l'époque post-classique était celui de l'imitation des Anciens, Grecs et Latins. La fantaisie de Rabelais et la liberté de ton de Montaigne se peignant dans les *Essais* faisaient figure d'exceptions. L'enseignement littéraire, au Moyen Âge et à l'époque classique, reposait sur la **rhétorique** qui, transmettant une norme d'imitation, posait en principe que l'écriture littéraire s'apprend en fonction de cadres prédéterminés. Pour elle, toute œuvre s'inscrivait dans un **genre** voué à traiter certains thèmes. Les principaux genres étaient les suivants, subdivisés à leur tour en catégories :

— *le genre lyrique*, destiné à la manifestation de sentiments personnels ;

— *le genre épique*, celui des récits d'aventures heroïques ou merveilleuses ;

— *le genre dramatique*, représentation d'actions au théâtre ;

— *le genre didactique*, ou d'enseignement ;

— *le genre pastoral* ou *bucolique*, chantant les beautés de la campagne.

Chaque genre possédait des règles propres, déterminant la construction de l'œuvre, le choix du vocabulaire, éventuellement un type de versification. Le choix des mots relevait de la distinction antique et classique des **tons** (appelés aussi **styles)** : ton *simple* ou *bas* pour ce qui se rapportait à la vie quotidienne ; ton *moyen*, ou *tempéré*, ou *médiocre* pour ce qui relevait de l'entretien de bonne compagnie ; ton *noble* ou *sublime* pour les situations exceptionnelles apparaissant dans la tragédie, l'épopée, le discours d'apparat.

Les traités de rhétorique présentaient encore des inventaires de *figures*, c'est-à-dire de constructions et d'expressions « vives et imagées » destinées à renforcer, à bien illustrer ou à décorer la représentation des objets. Elles avaient donc la plupart du temps une fonction emphatique ou ornementale. On distinguait parmi elles :

— *les figures de diction*, portant sur la prononciation, comme la synérèse et la diérèse, que nous avons déjà rencontrées ;

— *les figures de construction*, comme l'ellipse, la conjonction, le pléonasme, la répétition...

— *les figures de mots* ou *tropes*, comme la métaphore, la comparaison, la métonymie, la synecdoque...

— *les figures de pensée*, comme l'antithèse, l'apostrophe, l'exclamation, l'interrogation, l'énumération, la gradation, la litote, la périphrase[1]...

Jean-Jacques Rousseau, s'inspirant du modèle de Montaigne et suivant certains grammairiens du début du XVIIIe siècle qui proclamaient l'existence d'un « discours des passions », proche de la nature, est l'un des premiers écrivains à défendre la recherche d'un style personnel. Il le fait notamment dans le premier préambule de ses *Confessions*, où nous lisons :

> Il faudrait pour ce que j'ai à dire inventer un langage aussi nouveau que mon projet : car quel ton, quel style prendre pour débrouiller ce chaos immense de sentiments si divers, si contradictoires, souvent si vils et quelquefois si sublimes dont je fus sans cesse agité ?
> [...] Si je veux faire un ouvrage écrit avec soin comme les autres, je ne me peindrai pas, je me farderai. C'est ici de mon portrait qu'il s'agit et non pas d'un livre. Je vais travailler pour ainsi dire dans la chambre obscure ; il n'y faut point d'autre art que de suivre exactement les traits que je vois marqués. Je prends donc mon parti sur le style comme sur les choses. Je ne m'attacherai point à le rendre uniforme ; j'aurai toujours celui qui me viendra, j'en changerai selon mon humeur sans scrupule, je dirai chaque chose comme je la sens, comme je la vois, sans recherche, sans gêne, sans m'embarrasser de la bigarrure. En me livrant à

1. Pour un inventaire détaillé, voir par exemple Pierre Fontanier, *Les Figures du discours*, 1830 ; réédition Flammarion, 1968.

la fois au souvenir de l'impression reçue et au sentiment présent je peindrai doublement l'état de mon âme, savoir au moment où l'événement m'est arrivé et au moment où je l'ai décrit ; mon style inégal et naturel, tantôt rapide et tantôt diffus, tantôt sage et tantôt fou, tantôt grave et tantôt gai fera lui-même partie de mon histoire.

Le style, nous le voyons, est ici rapporté à l'homme, puisque les *Confessions* sont une autobiographie : il doit, selon Rousseau, refléter le modèle du portrait, et les changements d'humeur du portraitiste. À la suite de cet écrivain, toute une tradition se met à exalter l'individualisme du style, et à l'associer au génie, en quelque sorte surnaturel, de l'auteur. Tel Chateaubriand :

> En vain on se révolte contre cette vérité : l'ouvrage le mieux composé, orné de portraits d'une bonne ressemblance, rempli de mille autres perfections, est mort-né si le style manque. Le style, et il y en a de mille sortes, ne s'apprend pas ; c'est le don du ciel, c'est le talent.
>
> *Mémoires d'outre-tombe*

Ces jugements sont des déclarations de guerre à la rhétorique et à la longue patience de son apprentissage. Néanmoins, les règles de cette dernière continuent d'être enseignées jusqu'au début du XXe siècle et, malgré les proclamations romantiques d'indépendance, la plupart des écrivains continuent de s'en inspirer largement.

La conception du style comme effet du génie s'estompe à partir de Flaubert pour revenir à la notion de **travail**, non plus comme apprentissage mécanique de prescriptions, mais comme transformation volontaire et consciente des données de la langue en vue d'effets à produire. La correspondance de Flaubert nous apprend les efforts acharnés de l'écrivain pour choisir ses mots, trouver un rythme satisfaisant à ses phrases, essayer différentes images. Proust insiste également, de son côté, sur l'aspect construit du style. Dans le fragment suivant, extrait de ses brouillons, il explique comment il fait fonctionner la métaphore (qu'il appelle ici « alliance de mots ») :

> Comme la réalité artistique est un *rapport, une loi* réunissant des faits différents (par exemple des sensations différentes que la synthèse de l'impression pénètre) la réalité n'est posée que quand il y a eu style, c'est-à-dire alliance de mots. C'est pourquoi il n'y a pas de sens à dire que le style aide à la durée des œuvres d'art, l'œuvre d'art ne commence à exister qu'au style. Jusqu'alors il n'y a qu'un écoulement sans fin de sensations séparées qui ne s'arrêtent pas de fuir. Il prend celles dont la synthèse fait un rapport, les bat ensemble sur l'enclume et sort du four un objet où les deux choses sont attachées. [...] Pour prendre un exemple [...] dans la Préface de Sésame et les lys je parle de certains gâteaux du dimanche, je parle de « leur odeur oisive et sucrée ». J'aurais pu décrire la boutique, les persiennes fermées, la bonne odeur des gâteaux, leur bon goût, il n'y avait pas style, par conséquent aucun rapport tenant ensemble [...] des sensations diver-

ses pour les immobiliser, il n'y avait rien. En disant odeur oisive et sucrée j'établis au-dessus de cet écoulement un rapport qui les assemble, les tient ensemble, les immobilise. Il y a réalité il y a style.

Cahier 28

Pour tous les écrivains, le style a une existence incontestable. Mais lorsqu'il s'agit de le définir, les divergences surgissent. Trois principales conceptions se font jour :

a) Celle des écrivains et de la plupart des critiques littéraires, pour lesquels il est la marque originale propre au langage d'un individu. Sans être extérieur au langage, il est largement conditionné par les structures mentales de l'écrivain, par ses intentions, par les conditions d'énonciation de son message. C'est, en d'autres termes, le point de vue de Rousseau que nous avons cité.

b) Celle des linguistes, notamment structuralistes, pour lesquels le seul objet d'étude est la langue de la communauté. Pour ceux-ci, le style, au sens précédent, est une réalité vague échappant à leur champ. S'il a une existence, c'est comme une structure linguistique, ou sémiotique, d'un texte littéraire, non rapportée à un agent extérieur au message. Ou bien il est une propriété structurale générale de la langue, comme la fonction poétique chez Jakobson. Ou bien il est défini comme « choix que tout texte doit opérer parmi un certain nombre de disponibilités contenues dans la langue[2] ». L'expression « choix de tout texte » élimine le producteur du texte, et la formule présuppose encore que ce « choix », fait par on ne sait qui, est entièrement prédéterminé par les structures linguistiques.

c) Celle des stylisticiens qui considèrent le style comme relevant de l'énonciation. Pour eux, il est la marque individuelle du sujet sur son discours. Cela suppose l'existence et la pertinence du sujet (qui n'est pas là que pour occuper une case inerte dans un tableau) ; cela suppose encore l'action de conditions pragmatiques : le type de discours concerné, les intentions (conscientes ou inconscientes) de l'émetteur, la prise en compte, par ce dernier, du sujet de la réception (pensons à l'attitude d'auto-justification chez Rousseau, au rôle de mage que s'attribue Hugo, à celui de voyant que revendique Rimbaud ; à tous les effets d'ironie). Bien sûr, les différentes conceptions du sujet influent sur cette conception du style : on peut avoir affaire à un sujet « éclaté », à un sujet investi par l'inconscient, à un sujet porte-parole d'une collectivité. Mais dans tous ces cas, il est reconnu que le style ne se manifeste que dans le langage. D'où deux conséquences : on est fondé à l'étudier à partir de catégories linguistiques (lexique, morpho-syntaxe, structures phoniques) et sémiotiques (figures, isotopies, temporalité, formes du récit, etc). Et l'on

2. O. Ducrot et T. Todorov, *Dictionnaire encyclopédique des sciences du langage*, Le Seuil, 1972.

est également fondé à l'étudier du point de vue de l'activité esthétique du sujet, et à travers des contraintes socio-culturelles qui gouvernent les genres, les codes rhétoriques ou métriques, les codes de description, des personnages, de la relation diégésis-mimésis.

À partir de ces définitions, on peut se poser quelques questions. D'abord, y a t-il des styles non littéraires ? Certes oui, car tout sujet d'énonciation peut imposer une marque à son discours, selon des degrés variés d'élaboration : ainsi, on reconnaît dans chaque famille le style épistolaire de ses différents membres. La remarque vaut également pour la langue parlée. Ces marques personnelles peuvent être faibles, et le discours tendre à se fondre dans un discours banal ou collectif (selon le groupe social, ou le groupe d'âge, par exemple). On en arrive par là à concevoir des styles catégoriels, dans lesquels les marques de l'individu s'effacent au profit de marques collectives : le style juridique, administratif, médical, etc.

Y a-t-il des non-styles, ou des textes dépourvus de tout style ? On en revient au cas précédent : il est difficile de concevoir un texte qui ne comporterait pas la moindre trace d'un sujet, même collectif. On atteindrait alors le niveau de la langue, abstraction non encore réalisée.

2. La stylistique

Les remarques sur le style des écrivains ont été longtemps inséparables de leur étude générale (biographique, historique, idéologique) dont elles formaient un appendice final plutôt sommairement expédié. Elles n'avaient ni méthode ni terminologie spécifiques. La première mention d'une étude générale de « toute forme de style », ou « stylistique », figure dans un article allemand de 1866 (« Zur Stilistik », de Steinthal). Il faut attendre 1902 pour voir paraître la première systématisation de cette discipline nouvelle dans le *Traité de stylistique française* du Suisse Charles Bally, disciple de F. de Saussure. Cet ouvrage se veut purement linguistique. Il élimine toute considération du style comme « emploi individuel du langage par un poète, un romancier, un orateur », et oriente sa recherche vers l'étude des moyens expressifs, des marques de l'affectivité communes à tous les usagers : « La stylistique étudie donc les faits d'expression du langage organisé au point de vue de leur contenu affectif, c'est-à-dire l'expression des faits de la sensibilité par le langage et l'action des faits de langage sur la sensibilité ». Et Bally entreprend de reconnaître et de classer les faits de langue, essentiellement parlés, à partir de notions psychologiques ou esthétiques comme l'intensité, la valeur, le beau et le laid, l'ironie, et de notions socio-linguistiques comme l'influence du milieu, les terminologies techniques. Tout cela sans référence aucune à la littérature.

D'autres linguistes, après lui, sans employer le terme de stylistique, intègrent également dans des grammaires générales le problème des relations de la pensée aux mots (Ferdinand Brunot) ou, inversement, de celles des mots à la pensée (Damourette et Pichon).

Après la Seconde Guerre mondiale, une orientation nouvelle de la stylistique tend à prendre les textes littéraires en considération. C'est l'œuvre de Jules Marouzeau (*Précis de stylistique française*, Masson, 1946) et de Marcel Cressot (*Le Style et ses techniques*, PUF, 1947). Ils n'étudient pas d'œuvres en particulier, mais des procédés généraux. Ils suivent dans leurs ouvrages un plan grammatical, étudiant les possibilités expressives fournies par l'emploi des noms, des adjectifs, des verbes, etc., et ajoutent des chapitres spéciaux pour les rythmes, les figures, la versification.

Pendant ce temps, une véritable stylistique d'écrivains se développe dans les travaux de Leo Spitzer, linguiste autrichien installé aux États-Unis[3], qui développe une méthode immanente, c'est-à-dire partant des textes eux-mêmes : il recherche l'**étymon spirituel** d'un écrivain, à partir d'écarts linguistiques répétés par rapport à l'usage commun de la langue. À partir de cet étymon spirituel, il vérifie dans les textes la récurrence des mêmes écarts linguistiques, et en tire la confirmation que l'étymon lui a bien livré la clef de certaines grandes tendances stylistiques de l'auteur.

Cette première tentative sérieuse d'entreprendre une stylistique littéraire sur des bases linguistiques fut aussitôt vivement critiquée en France (par Charles Bruneau) et aux États-Unis (par Michael Riffaterre) comme insuffisamment scientifique et comme mentaliste, c'est-à dire prenant en compte un inconnaissable fonctionnement de l'esprit. Un effort de synthèse fut tenté par Gérald Antoine[4], affirmant que « la stylistique véritable [...] s'attache à l'étude d'un fait ou d'une œuvre de style [en décelant et analysant] tout ce qui sépare et isole son objet, c'est-à-dire les caractères irréductibles qui font cette œuvre unique, incomparable à toute autre ». Pour lui, la tâche du stylisticien consiste à « 1°) constituer le catalogue des procédés utilisés par l'artiste, *i.-e.* les identifier par rapport à l'état de langue où ils ont vu le jour ; 2°) les "expliquer", *i.-e.* les motiver et les caractériser en fonction de l'intention qui les a fait choisir ». Cette position a soulevé un autre débat : le style doit-il être recherché du côté des **intentions** de l'écrivain, ou du côté des **effets**, uniquement dans les textes, et indépendamment des intentions déclarées ou présumées ? Néanmoins, cette orientation a suscité de grandes recherches, soit dans un vaste genre, comme le genre dramatique (Pierre Larthomas, *Le Langage dramatique*, A. Colin, 1972), soit sur des aspects du style d'écrivains précis (Alain-Fournier, Chateaubriand, Diderot, La Bruyère, Marivaux, Pascal, Proust, Racine, Vigny).

---

3. Voir notamment la traduction de ses *Études de style*, Gallimard, 1970.

4. « La stylistique française : sa définition, ses buts, ses méthodes », *Revue de l'enseignement supérieur*, 1959. Voir aussi, plus important, *Vis-à-vis ou le regard critique*, PUF, 1982.

3. Le redécoupage du champ d'étude

Dans le courant des années 1960, un important renouveau des études linguistiques s'est produit en France, après certains pays étrangers, sous l'impulsion du structuralisme, dérivé des enseignements de Ferdinand de Saussure. Il entraîna une recomposition complète des catégories formelles selon lesquelles la langue était étudiée, et une multiplication de celles-ci. La stylistique, appuyée sur la langue, vit son vaste champ entamé par des disciplines nouvelles. Au contraire, d'anciennes disciplines abandonnées, comme la rhétorique, furent reprises et renouvelées. Bien plus, l'étude des contenus cessa de se contenter de catégories trop générales comme la pensée, l'affectivité, l'expressivité, le concept, l'idée, et calqua ses analyses sur les modèles de l'analyse phonologique pour dégager des unités minimales et étudier ensuite leurs combinaisons. Une revue générale de ces nouvelles orientations nous permettra d'entrevoir la richesse de leur développement.

L'analyse de la communication linguistique par Jakobson a attiré l'attention sur la fonction poétique du langage (voir le chapitre 1), fonction qui s'applique à toutes les formes de discours, même les plus quotidiennes et les moins littéraires. Par le fait même, elle fait perdre une partie leur valeur exemplaire aux textes de la littérature. Dans la célèbre étude qu'il a faite, avec Claude Lévy-Strauss, des « Chats » de Baudelaire, Jakobson ne voit la valeur poétique de ce sonnet que dans le système complexe des nombreuses équivalences qu'il y décèle, et s'efforce, sans d'ailleurs vraiment y parvenir, d'éliminer toute référence à l'auteur ou à d'autres de ses poèmes. D'autres auteurs vont plus loin encore, et veulent se limiter à une « description linguistique des textes littéraires », ce qui condamne toute stylistique d'auteur. Pour d'autres en revanche, comme les créateurs de la revue *Poétique* en 1970, la poétique reste dans la mouvance littéraire, et se conçoit comme l'étude de la littérature dans sa **littérarité**, autrement dit ce qui la constitue en propre comme littérature. C'est d'ailleurs le sens qui est retenu dans le titre du présent livre. Dans une acception assez proche, Henri Meschonnic, auteur d'une série de volumes *Pour la poétique*[5], entend cette étude comme la « recherche d'un langage textuel qui n'est pas seulement pris comme un tissu complexe, mais comme présence et action de l'inconscient autant que de l'histoire ». Le texte n'est donc pas entièrement isolé de l'instance énonciative ni du contexte extratextuel. La poétique ne prend plus seulement comme objets des textes brefs ou des aspects de leur forme immédiatement perceptible, comme le choix des mots, la construction des phrases, l'usage des temps des verbes, etc., mais l'ensemble de tout ce qui les rend littéraires, et qui agit

5. Gallimard. Le premier est également de 1970.

souvent dans de grandes dimensions : le récit, la thématique, les structures logiques. On a pu dire que, dans la mesure où elle tend vers un haut degré de conceptualisation, la poétique est la « science de la littérature ».

En même temps, la rhétorique est remise en honneur, non plus comme activité de classification et de prescription, mais comme réflexion sur les structures argumentatives, et comme méthode d'analyse des figures[6].

L'étude des signifiés, jusque-là quelque peu délaissée faute de savoir procéder à des découpages dans le contenu mental, est entreprise sur le modèle de la phonologie. Elle affine la notion de sème qui repose, comme celle de phonème, sur des oppositions distinctives. La nouvelle discipline prend d'abord le nom de sémantique structurale[7], puis celui de sémiotique[8]. De l'étude des signifiés élémentaires, au niveau des mots, on passe à celle des systèmes de signification dans les enchaînements qui construisent le récit. Cette extension se fait soit en construisant la notion de cellules élémentaires du récit, à partir des unités minimales de signification, comme le font Greimas et ses disciples[9], soit en inaugurant un mode de découpage original du texte pour en faire ressortir les articulations sémantiques, comme Roland Barthes dans *S/Z* (1970), soit en reprenant et développant d'anciennes recherches russes sur les contes populaires dans le sens d'une mise en lumière de rôles et de fonctions abstraits[10], soit encore en considérant un vaste récit comme une seule longue phrase que l'on peut étudier, sur le modèle d'un verbe, selon le temps et selon la « voix », comme Genette dans *Figures III* (cet auteur donne à ce type de recherches sur le récit le nom de **narratologie**).

Dérivée des théories de l'énonciation de Benveniste, la pragmatique, encore peu appliquée au discours littéraire, se propose d'étudier les textes comme **actes** ou, plus exactement, comme modèles d'actes que le lecteur peut analyser et évaluer, avec lesquels il peut jouer, par exemple en les transposant dans d'autres situations imaginaires.

Plus ancienne et plus indépendante de la linguistique, la thématique s'intéresse aux thèmes (terme très général et aux définitions fluctuantes) comme éléments répétitifs de contenu. Variée dans ses orientations, elle s'appuie tantôt

---

6. Voir Gérard Genette, *Figures, Figures II, Figures III*, Le Seuil, 1966, 1969, 1972 ; ou les volumes collectifs *Rhétorique générale*, Larousse, 1970, et *Rhétorique de la poésie*, Bruxelles, Complexe, 1977 (ces deux derniers réédités au Seuil, collection Points).

7. C'est le titre de l'ouvrage de Greimas, Larousse, 1966.

8. Voir Greimas, dans des ouvrages de lecture difficile : *Du sens*, Le Seuil, 1970 ; *Maupassant, la sémiotique du texte*, Le Seuil, 1976 ; et dans le collectif *Sémiotique narrative et textuelle*, Larousse, 1973.

9. Voir Joseph Courtès, *Introduction à la sémiotique narrative et textuelle*, Hachette, 1976.

10. Voir Claude Bremond, *Logique du récit*, Le Seuil, 1976.

sur l'imagination des éléments de la nature (Bachelard [11]), tantôt sur de grandes formes de construction (le baroque, la vision, chez Jean Rousset [12]), tantôt sur les formes de la représentation mentale (l'espace, le temps, chez Georges Poulet [13]), tantôt sur des univers imaginaires comme manières d'appréhender le monde sensible (Jean-Pierre Richard [14]).

Les études d'intertextualité s'intéressent aux rapports des textes avec d'autres textes, du même auteur ou d'autres auteurs. Il peut s'agir de citations, de plagiat, d'allusion, de commentaire, de transformation (dans la parodie, le pastiche, la charge, le travestissement). Ce domaine peut toucher de très près au style [15].

La génétique textuelle, orientée vers la formation des textes, n'est pas un simple rajeunissement de l'étude des sources et des manuscrits. Elle commence par décrire les **avant-textes**, qui sont tous les documents écrits précédant l'édition imprimée d'une œuvre (notes, dossiers, brouillons, manuscrits, dactylographies, épreuves corrigées) ; puis elle les analyse selon différentes perspectives : étude structurelle visant à saisir les systèmes de construction successifs sur lesquels l'œuvre s'est fondée ; étude intertextuelle portant sur les emprunts et traces d'autres textes, souvent plus visibles dans les stades préparatoires que dans l'état définitif ; étude de stylistique génétique, portant sur la formation, et l'évolution du style de l'écrivain [16]. Cette discipline est également liée à l'édition des textes : elle permet de rétablir des textes justes après les avoir débarrassés d'erreurs parfois nombreuses ou de transformations accomplies sans l'accord des auteurs. Elle fournit des éditions génétiques qui retracent l'histoire de la formation du texte, et en procurent les états antérieurs (entièrement ou en extraits), de telle sorte que le lecteur se trouve en face non d'un livre achevé et « parfait », mais d'un ouvrage en devenir, considéré dans toute son épaisseur historique [17].

La psycho-critique est une application de la psychanalyse à la littérature. Elle se rapproche de la critique thématique, mais en un sens où les thèmes et leur agencement sont des manifestations de l'inconscient. Elle peut s'appli-

---

11. Voir *L'eau et les rêves*, José Corti, 1943.

12. Voir *Forme et signification*, José Corti, 1962.

13. Voir *Études sur le temps humain*, Plon, 1950 ; *L'Espace proustien*, Gallimard, 1963.

14. Voir *Poésie et profondeur*, Le Seuil, 1955 ; *Microlectures*, Le Seuil, 1979.

15. Voir Gérard Genette, *Palimpsestes*, 1982.

16. Voir Jean Bellemin-Noël, *Le Texte et l'avant-texte*, Larousse, 1972 ; collectif, *Essais de critique génétique*, Flammarion, 1979 ; Jean Milly, *Proust dans le texte et l'avant-texte*, Flammarion, 1985 ; Michel Contat (dir.), *L'Auteur et le manuscrit*, PUF, 1991.

17. Voir par exemple Marcel Proust, *Albertine disparue*, édition intégrale, Honoré Champion, 1992.

quer à la forme stylistique des textes, en voyant dans celle-ci, comme dans les thèmes, l'action de l'inconscient [18].

La socio-critique, travail de nature sociologique sur les textes littéraires, peut rencontrer l'analyse stylistique, dans la mesure où certains procédés d'écriture relèvent d'une tendance d'école (comme les procédés symbolistes, opposés au naturalisme), elle-même insérée dans un large débat idéologique. Les procédés de style peuvent aussi être influencés par des faits de société contemporains [19].

4. Place actuelle de la stylistique

La stylistique, discipline de base, s'est trouvée, à la suite de tous ces développements, entraînée vers de nombreuses spécifications. On en a parfois conclu à sa mort, alors que c'est plutôt à une diversification qu'on a assisté. Un stylisticien authentique comme Riffaterre a même abandonné cette étiquette, après 1971, pour celle de sémiotique.

Cette relative désaffection touche surtout les théoriciens, séduits par le discours plus formalisé et plus systématique des branches nouvelles. Et il est vrai que le vaste programme tracé par Gérald Antoine a souffert d'un manque de théorisation. Des tentatives ont cependant eu lieu tout récemment [20], qui sont l'indice d'une reprise de la réflexion sur les données nouvelles. En fait, le flou de la théorisation tient probablement à ce que la stylistique est une **pratique**, qui se définit essentiellement par son champ d'application, et par des procédures inductives (des faits aux principes) plutôt que déductives (des principes aux faits).

Ce champ est, à vrai dire, un carrefour de champs. *Au niveau conceptuel*, la stylistique étudie les marques particulières de l'énonciateur sur son énoncé, autrement dit le discours au moment où il s'individualise. *Au niveau textuel*, elle saisit le texte dans sa manifestation, c'est-à-dire tel qu'il apparaît au lecteur, expression et contenu réunis, sous ses aspects :

— linguistiques : spécificité du vocabulaire (archaïsmes, néologismes, créations, emprunts, niveaux, images), de l'emploi des signaux de l'énonciation, de la temporalité, de la longueur et de la configuration des phrases

---

18. Voir Jean Bellemin-Noël, *Vers l'inconscient du texte*, PUF, 1979 ; Jean Le Galliot, *Psychanalyse et langages littéraires*, Nathan, 1977 ; Max Milner, *Freud et l'interprétation de la littérature*, SEDES, 1980.

19. Voir le collectif *Sociocritique*, Nathan, 1979 ; Henri Mitterand, *Le Discours du roman*, PUF, 1980 ; *Le Regard et le signe*, PUF, 1987.

20. Georges Molinié, *La Stylistique*, PUF, « Que sais-je ? », 1989. Et Gérard Genette, *Fiction et diction*, Le Seuil, 1991.

(degrés de subordination, parenthétisation, suspensions, duplication, énumérations, etc) ;

— rhétoriques : argumentation, disposition, figures ;

— et éventuellement métriques.

Au-delà de cette saisie générale, l'analyse entre dans des secteurs spécialisés définis par des champs restreints (la lexicologie, par exemple), des points de vue spéciaux (comme la socio-critique) ou des a priori méthodologiques (comme la sémiotique de Greimas) : leurs étiquettes sont souvent préférées par les chercheurs, qui tiennent à souligner leur spécificité d'école ou de démarche, et leur modernité. Mais on peut considérer que « stylistique » est une étiquette générique satisfaisante, à un niveau aisément accessible aux non-spécialistes, comme la « médecine » l'est par rapport à ses spécialités. Et cela, pourvu que l'on trouve réunis devant l'objectif les trois pôles que sont l'expression linguistique, le contenu manifeste et les marques particulières de l'énonciateur.

Une fois reconnue la fonction pratique de la stylistique, il est aisé de distinguer ses grandes orientations de fait :

4.1. Une stylistique générale

Son rôle est :

a) soit d'identifier et de classer les procédés d'individualisation selon les catégories d'analyse de la langue et du discours ; c'est une stylistique lexicologique, phraséologique, tropologique, qui continue la manière de Cressot, mais sur des bases linguistiques et sémantiques renouvelées ;

b) soit de s'interroger sur des problèmes généraux de champ et de méthode, comme l'a fait Riffaterre : stylistique de l'émission ou de la réception, délimitation des faits de style, surdétermination, etc. La sémiotique, tant qu'elle en reste au niveau de la manifestation, interfère avec cette étude.

4.2. Des stylistiques particulières

Elles sont orientées :

a) soit vers l'analyse des procédés d'individualisation propres à un auteur ou à un texte ; et plus synthétiquement vers la recherche des **lois** d'une écriture individuelle ;

b) soit vers l'analyse de procédés de groupes, littéraires (on a étudié par exemple l'écriture « artiste » en honneur à l'époque des Goncourt) ou non (groupes sociaux ou professionnels : on touche là à des **sociolectes**, ou langages de groupes, mais ils comportent des aspects stylistiques tels que des marques d'expressivité communes, des signes de reconnaissance à usage interne).

LECTURES COMPLÉMENTAIRES

COMBE Dominique, *La Pensée et le style,* Éditions Universitaires, 1991.
FROMILHAGUE C. et SANCIER A., *Introduction à l'analyse stylistique,* Bordas, 1991.
GARDES-TAMINES Joëlle, *La Stylistique,* A. Colin, 1992.
GUIRAUD Pierre, et KUENTZ Pierre, *La Stylistique*, Klincksieck, 1970.
HERSCHBERG PIERROT Anne, *Stylistique de la prose,* Belin, 1993.
MOLINIÉ Georges, *La Stylistique,* PUF, 1993.
MOLINIÉ Georges et CAHNÉ Pierre (sous la direction de), *Qu'est-ce que le style ?,* PUF, 1994.
MOREL Mary-Annick, PÉTIOT Geneviève, ELUERD Roland, *La Stylistique aux concours,* Champion, 1992.
TODOROV Tzvetan, « Les études de style. Bibliographie sélective », *Poétique 2*, 1970.
Les Enjeux de la stylistique, revue *Langages*, n° 118, Larousse, 1995.
Questions de style, revue *Littérature*, n° 105, Larousse, 1997.

Liste des textes cités

1. Marcel Proust, « La lanterne magique », in *Du côté de chez Swann* (1913).
2. Marcel Proust, « Lectures de vacances », in *Sur la lecture, Contre Sainte-Beuve* (1905).
3. Chrétien de Troyes, *Cligès* (vers 1176), Honoré Champion.
4. Stendhal, « Avertissement », in *La Chartreuse de Parme* (1839).
5. Jean-Jacques Rousseau, *Confessions* (1782).
6. Eugène Nicole, *L'Œuvre des mers* (1988).
7. Eugène Nicole, *L'Œuvre des mers*.
8. Alexandre Dumas, « Panique à Meung », in *Les Trois Mousquetaires* (1844).
9. Voltaire, *Candide ou l'optimisme* (1759).
10. Diderot, « Jacques le Fataliste », in *Jacques le Fataliste et son maître* (1773).
11. André Malraux, *La Condition humaine* (1946).
12. Roger Nimier, *Le Hussard bleu* (1950).
13. Gustave Flaubert, « Le boulevard Bourdon en été », in *Bouvard et Pécuchet* (1881).
14. Alain Robbe-Grillet, « Un jour sans direction », in *Les Gommes* (1953).
15. Émile Zola, « La méthode de Claude Bernard appliquée à la littérature », in *Le Roman expérimental* (1880).
16. Champfleury, « L'art et la photographie », in *Le Réalisme* (1857).
17. Guy de Maupassant, « Les Illusionnistes », in Préface de *Pierre et Jean* (1887).
18. Gisèle Prassinos, « Apparition fantastique », in *Le Grand Repas* (1966).
19. Honoré de Balzac, « Les lois de la société », in *La Comédie humaine* (1842).
20. Stendhal, « Un paysage-symbole », in *Le Rouge et le Noir* (1830).
21. Honoré de Balzac, « Un nom symbolique », in *Z. Marcas* (1840).
22. Jules Michelet, « Ce livre, c'est moi-même », in *Le Peuple* (1846).
23. Charles Perrault, « Les fées », in *Contes du temps passé* (1697).
24. Jean de La Fontaine, « Le Héron », in *Fables* (1668-1694).

25. Émile Zola, « Arrivée au pays minier », in *Germinal* (1885).
26. Jean de La Fontaine, « Le Coche et la Mouche », in *Fables* (1668-1694).
27. Alain Robbe-Grillet, « Intérieur », in *Dans le labyrinthe* (1959).
28. Stendhal, « L'enfance de Fabrice », in *La Chartreuse de Parme* (1839).
29. Gustave Flaubert, « Chocs narratifs », in *L'Éducation sentimentale* (1869).
30. Marcel Proust, « Géologie du souvenir », in *Du côté de chez Swann* (1913).
31. Yves Navarre, « Rencontre familiale », in *Le Jardin d'acclimatation* (1980).
32. Pierre Guiraud, « La roue de Virgile », in *La Stylistique* (1957), Que sais-je ?, PUF.
33. Paul Scarron, « Le soleil et son char », in *Le Roman comique* (1651).
34. Charles de Gaulle, « Un quarteron de généraux en retraite », in *Journal officiel*, 24 avril 1961.
35. Louis-Ferdinand Céline, « Départ en ballon », in *Mort à crédit* (1936).
36. Marcel Proust, « Chambres d'hiver, chambres d'été », in *Du côté de chez Swann* (1913).
37. Jacques Prévert, « Le Discours sur la paix », in *Paroles* (1949).
38. Henri Michaux, « Dimanche à la campagne », in *Plume* (1938).
39. Marcel Proust, « Monocles », in *Du côté de chez Swann* (1913).
40. Louis-Ferdinand Céline, « La mort du père », in *Mort à crédit* (1936).
41. Jules Renard, « La trompette », in *Poil de Carotte* (1894).
42. Honoré de Balzac, « Portrait de Michu », in *Une ténébreuse affaire* (1841).
43. Gustave Flaubert, « Yonville », in *Madame Bovary* (1856).
44. Marcel Proust, « Portrait de Swann », in *Du côté de chez Swann* (1913).
45. Édouard Dujardin, *Les lauriers sont coupés* (1887).
46. Maurice Genevoix, « Vie de la forêt », in *La Dernière Harde* (1938).
47. Claude Simon, « Prisonniers en route vers l'Allemagne », in *L'Acacia* (1989).
48. Patrick Modiano, « Temps superposés », in *Voyage de noces* (1990).
49. Pierre Loti, « Souvenirs d'enfance », in *Madame Chrysanthème* (1888).
50. Jean de La Fontaine, « La Vieille et les deux servantes », in *Fables* (1668-1694).
51. Émile Zola, « Défilé de grévistes », in *Germinal* (1885).
52. Jacques Prévert, « Inventaire », in *Paroles* (1949).
53. Pierre Loti, « Arrivée à Nagasaki », in *Madame Chrysanthème* (1888).
54. Marcel Proust, « Panorama de Combray », in *Du côté de chez Swann* (1913).
55. Duc de Saint-Simon, « Portrait de l'abbé Dubois », in *Mémoires* (vers 1745).
56. Michel de Montaigne, « Au lecteur », in *Essais* (1580).
57. James Joyce, « Monologue intérieur », in *Ulysse* (1922).

58. Samuel Beckett, « Mais je me disais aussi », in *Molloy* (1948).
59. Valery Larbaud, « Rêverie en train », in *Mon plus secret conseil* (1923).
60. Raymond Queneau, « Zazie », in *Zazie dans le métro* (1959).
61. Serge Doubrovsky, « Commémoration », in *Le livre brisé* (1989).
62. Alfred de Vigny, « Le chemin de fer », in *Les Destinées* (1864).
63. Gustave Flaubert, « Dictionnaire des idées reçues », in *Bouvard et Pécuchet* (1881).
64. Michel Leiris, « Glossaire », in *Glossaire j'y serre mes gloses* (1939).
65. Marcel Proust, « La politesse de Françoise », in *La Prisonnière* (1923).
66. Albert Cohen, « Pauvre Mozart », in *Belle du seigneur* (1968).
67. Marcel Proust, « L'Affaire Lemoine dans un roman de Balzac », in *Pastiches et Mélanges* (1919).
68. Pierre Loti, « Monsieur Sucre », in *Madame Chrysanthème* (1888).
69. Jacques Prévert, « Intemperféerie », in *Soleil de nuit* (1980).
70. Stéphane Mallarmé, « Le vierge, le vivace et le bel aujourd'hui », in *Poésies* (1887).
71. Blaise Cendrars, « Pourtant j'étais fort mauvais poète », in *La Prose du Transsibérien et de la petite Jehanne de France* (1913).
72. Paul Éluard, « Tu te lèves l'eau se déplie », in *Facile* (1935).
73. Charles Péguy, « Sainte Geneviève patronne de Paris », in *La Tapisserie de sainte Geneviève et de Jeanne d'Arc* (1912).
74. Léopold Sédar Senghor, « Joal » in *Chants d'ombre* (1945).
75. Léopold Sédar Senghor, « Masque nègre », in *Chants d'ombre* (1945).
76. Louise Labé, « Je vis, je meurs », in *Œuvres* (1555).
77. Arthur Rimbaud, « Le dormeur du val », in *Poésies* (1870).
78. Guillaume Apollinaire, « Mai », in *Alcools* (1913).
79. Guillaume Apollinaire, « La colombe poignardée et le jet d'eau », in *Calligrammes* (1918).
80. Paul Claudel, « L'Esprit et l'eau », in *Cinq Grandes Odes* (1910).
81. Saint-John Perse, « La Ville », in *Éloges* (1911).
82. Stéphane Mallarmé, « Salut », in *Poésies* (1893).
83. Charles Baudelaire, « La chevelure », in *Les Fleurs du mal* (1857).

Index des notions

Table des matières

Deuxième partie
Le récit

Troisième partie Les figures

Quatrième partie
La poésie